U0582143

后浪出版公司

像托尔斯泰一样写故事

[英]理查德·科恩（Richard Cohen） 著

徐阳 译

中原出版传媒集团
中原传媒股份公司

大象出版社
·郑州·

HOW TO
WRITE
LIKE TOLSTOY

列夫·托尔斯泰，尼古拉·格（Nikolai Ge）绘于 1882 年，
彼时托尔斯泰 54 岁

献给约翰·达恩顿（John Darnton）

目录

圭多·泽波第·马尔凯西（Guido Zibordi Marchesi）创作的歌德扑克牌：《红心3》（*The Three of Hearts*）

引言

彼得·凯里（Peter Carey）：我终于成了作家。

采访人：是什么让你成功的？

凯里：年龄、阅历、简化的形式、实践、阅读、影响以及超越影响。

——《巴黎评论》（*The Paris Review*），2006

写小说有三条原则。不幸的是，没人知道是哪三条。

——W. 萨默赛特·毛姆

（W. Somerset Maugham）

20世纪80年代某时某刻，在洛杉矶的一场跨年晚宴上，魔术师里奇·杰伊（Ricky Jay）正用一叠普普通通的扑克为客人们表演别出心裁的小魔术，突然一位用餐者说："快，里奇，为什么不来点让人大吃一惊的魔术？"尴尬一刻过后（**刚才**表演的魔术已经很惊人了），杰伊请那位客人点一张卡片。"红心 3。"对方答道。杰伊将一叠扑克洗牌，抓在右手中，然后弹出，52 张牌像瀑布般落下，飞过餐桌，连续投击一个开口的酒瓶。

"你的牌是什么？"

"红心 3。"

"看瓶子里。"

那个人按他说的去做，发现蜷曲在瓶颈处的，正是红心 3。

任何一位优秀魔术师的特效及其让观众产生幻觉或转移观众注意力的手法，都同伟大作家的手法有异曲同工之妙，至少从引发的惊奇感来说是这样的，弗拉基米尔·纳博科夫（Vladimir Nabokov）将其称为"托尔斯泰式完美无瑕的魔术"。以《安娜·卡列尼娜》（*Anna Karenina*）中三十二岁的地主康斯坦丁·列文向基蒂小姐求婚的场景为例。列文是一位感情炽烈却腼腆的贵族，和他那些莫斯科的朋友不同，他住在乡间大宅中。实际上，他经历了两次求婚。第一次，年方十八的基蒂笨拙地拒绝了他，说自己是不可能嫁给他的。那时基蒂认为自己和英俊的阿列克谢·弗龙斯基伯爵彼此相爱，且弗龙斯基很快就会向她求婚。然而，弗龙斯基将他和基蒂的调情视为儿戏，转而追求安娜。遭遇基蒂拒绝后，列文心灰意冷，回到乡间住所，对婚姻不再抱有任何希望，努力将她遗忘。

感情炽烈、深沉、关注平等、热爱乡间生活，列文和他的创作者有很多相似之处（这是创作者有意为之：在俄语中，"Levin"的意思是"of Lev"，而列夫则是托尔斯泰的名字）。从某些方面来看，他是一个笨手笨脚的人物，很容易遭到嘲讽，但我们会和他站在一起，我们希望基蒂转变想法，但无法想出如此严重的误解要怎样消除。

最终，两人的一位同辈亲戚巧妙地让他们聚到了一起，他们在某家的会客厅中碰面，并有机会独处。基蒂走到牌桌前坐下，拿起一支粉笔开始在绿毡子上画圈。他们沉默许久，托尔斯泰告诉我们，基蒂的眼睛"闪着柔光"。列文前倾，从她那儿拿起粉笔，写下"w, y, s, i, i, i, w, i, i, t, o, a"。

它们是这句话的首字母："When you said 'It is impossible', was it impossible *then*, or *always*?"（当你说"这不可能"，指的是**那时**，还是**永远**？）

基蒂很可能读不出这个复杂的问题。不过，列文还是看着她，似乎她是否能猜出这些词对他来说关乎性命。她回过头，深沉地瞥了他一眼，然后把额头枕在手上，努力解读。有时，她会抬头望望他，眼睛似乎在问："我想得对吗？"

"我知道是什么意思。"她终于开口了，脸涨得通红。

"这是什么词?"他问道,指着代表"不可能(impossible)"的"i"。

"指'不可能'。但不是这样的。"

他迅速擦除刚刚写的,把粉笔递给她,站起来。

她写道:t, i, c, n, a, d...

列文立刻面露喜色,他读懂了回答:"Then I could not answer differently."(那时我只能那么说。)

他羞怯地看着基蒂。"只是**那时**?"

"是的。"

"**但是 —— 现在呢?**"

"看这里。我会告诉您我的愿望,我迫切的愿望。"她迅速写出了这些首字母,t, y, m, f, a, f, w, t, p。意思是:"That you might forgive and forget what took place."(您可以原谅我,忘了发生的一切。)

他手指颤抖,抓起粉笔,用力写下这些词的首字母:"I have nothing to forgive and forget. I have never ceased to love you."(我没什么要原谅和遗忘的,我对您的爱从未停止。)

基蒂看着他,笑容转为腼腆。

"我明白。"她低声说道。

我第一次读到这个场景时才二十岁,之后又重读许多遍,现在仍惊异于它对我的影响。书页上的单词组合 —— 这些翻译的文字——为何如此深得我心？托尔斯泰为何能创作出这样一个令人着迷的场景，让我与两个虚构人物产生强烈的共鸣（而且还错过了学院大厅的晚餐）？后来，我发现粉笔游戏正是现实生活中托尔斯泰对索菲娅·别尔斯（Sophia Behrs）求婚的翻版，列文坚持给未婚妻看他记录着少年时期寻欢作乐的日记，也源自作者的亲身经历。托尔斯泰是怎样把如此个人化的事件融进小说的呢？

　　这就是我将结合平生阅读经历在本书中努力解决的问题。"谁在乎你啊？"正要离开奇幻世界时，爱丽丝嚷道，"你只是一叠扑克牌！"可我们的确在乎，这就是魔法。当然，小说家不只是表演魔术，重要的是创造一个完整的世界，里面有主题、人物、观点、文化语境等。但永远别忘了魔法和惊奇感：藏在那个瓶子里的秘密。

　　我是家中的独子，在英格兰南海岸布莱顿的海边长大，儿时大部分时间都泡在书里。我也会贪婪地翻阅连环画，差不多一周六本，那时我以为威廉·布朗（William Brown）写的就是我〔同时也迷恋詹宁斯（Jennings）、绝望的丹（Desperate Dan）还有比利·邦特（Billy Bunter）等〕，随后又过渡到《爱丽丝漫游奇境记》（*Alice's Adventures in Wonderland*，这仍是唯一一本我读过十遍的书）、《诱拐》（*Kidnapped*）还有史蒂文森（Stevenson）、儒勒·凡尔纳（Jules Verne）、约翰·巴肯（John Buchan）〔啊！《三十九级台阶》(*The Thirty-Nine Steps*)还有那个"举起了一只少三根指头的手"的人〕、伊迪丝·内斯比特(Edith Nesbitt)的全部作品,我还读了大仲马(Dumas)和莱德·哈格德(Rider Haggard)的大部分作品,此后又把阿加莎·克里斯蒂(Agatha Christie)的每一个故事(我承认)都读了一遍。走进虚构人物的生活,对我而言不仅是一种消遣,还塑造了我的精神世界。

除自己写作外,从1969年起我开始编辑他人的散文[1],与各类小说和非虚构类作品打交道〔在此仅列举少数作者,如金斯利·艾米斯(Kingsley Amis)、安东尼·伯吉斯(Anthony Burgess)、塞巴斯蒂安·福克斯(Sebastian Faulks)、琼·奥尔(Jean Auel)、菲·维尔登(Fay Weldon)、约翰·勒卡雷(John Le Carré)、A. 阿尔瓦雷斯(A. Alvarez)、维多利亚·格伦迪宁(Victoria Glendinning)、理查德·霍姆斯(Richard Holmes)、V. S. 普里切特(V. S. Pritchett)、希拉里·斯珀林(Hilary Spurling)、玛德琳·阿尔布赖特(Madeleine Albright)、西蒙·温彻斯特(Simon Winchester)、瓦妮莎·雷德格列夫(Vanessa Redgrave)、戴安·弗西(Dian Fossey)、斯塔兹·特克尔(Studs Terkel)、约翰·基根(John Keegan)和史景迁(Jonathan Spence)〕。我也以客

---

[1] 本书中"prose"均译作"散文",取散文广义,即非诗歌或韵文、不用韵律写作的文体。——译者注

座教授的身份教了几年创意写作。

本书将会描述任意点中的"红心3"是怎样落入瓶中的——我阅读或共事过的作者们是怎样创作、怎样做出创意选择的,本书以正面举例为主,偶尔也有反例。

《像托尔斯泰一样写故事》源自我在高校的授课内容。不过,本书雏形初现时,目标也随之发生了变化。虽然提供实用写作建议是本书的目标之一,但我却逐步痴迷于伟大的作家是如何解决具体问题的,比如查尔斯·狄更斯(Charles Dickens)和乔治·艾略特(George Eliot)如何让小说完美地收尾,威廉·福克纳(William Faulkner)怎样实验不同的叙述视角以及埃尔默·伦纳德(Elmore Leonard)怎样打磨对话语言。

至于希望热爱高质量虚构文学的读者关注什么,我已在前文中做出讨论。美国作家兼教师理查德·G.斯特恩(Richard G. Stern)说,他总是毫不犹豫地将"大师级作品"带入课堂。他解释道:"不是想让这些大作降低身价,而是想激发学生创造经典。目的是让学生爱上伟大的作品,告诉他们这些作品并非遥不可及。"我致力于类似的工作,并试着尽可能地用作者们自己的话来解释他们的手法,力图将读者带上一段旅程,探索那些最耀眼的作者,他们的兴趣点、技巧、诀窍、瑕疵,也会谈及困扰他们的事情。

写作到底是否具有可教性？布兰登·贝汉（Brendan
Behan）公开将自己描述为"有写作病的酒鬼"，他曾受一
所美国名校邀请，就自己的创作手法发表午后演说。鉴
于贝汉嗜酒和擅于煽动暴乱的名声，大礼堂中人潮涌动，
后排站着学生，过道也挤满了人，但过了开讲时间，仍不
见这位名人的踪影。时间一分一秒地过去，他还是没出现
在台上。四十五分钟左右之后，贝汉踉踉跄跄地来了，衣
冠不整甚于平日，观众满怀期待，既好奇又惊讶。

"下午好，"他含糊地说，"现在，所有想当作家的人举
手。"几乎所有人都举起了手。贝汉看着这一大片密密麻麻
的胳膊，流露出厌恶的表情。"那好吧，"他说道，"回家往
死里写吧。"说罢，他摇摇晃晃地走下台。

至此，写作到底是否可教的讨论尚未结束。库尔特·冯
内古特（Kurt Vonnegut）在爱荷华作家工作坊（Iowa Writers'
Workshop）执教多年，他认为没人能教出作家，并自比为
职业高尔夫球手，说自己所能做的最多只是指导别人在比赛
中少被罚几杆球。被问及写作是否能学会时，弗吉尼亚大学
教员安·比蒂（Ann Beattie）答道："难道你听谁说过，'这
是 X，我把 X 教成了作家'？"她认为老师不能将写作天赋
强塞给学生，但如果发现了学生的写作天赋，就会努力帮助
他们避免误入歧途。

让我们沿着这种思路继续。小说家约翰·加德纳

（John Gardner）教了一辈子书，他认为："优秀的教学，辅以对写作的挚爱，成就写作能力。"他也指出，尽管海明威（Hemingway）公开（与贝汉相呼应）声称，作家学习写作手法的唯一途径就是多动笔，但他本人曾受过格特鲁德·斯泰因（Gertrude Stein）的指导。在给斯泰因的信中，海明威写道："写作难道不是件苦差事吗？见到你之前它的确很简单。当时我很差劲。天啊，现在我也很差劲，不过换一种差劲法儿了。"

再看看创作初期的乔治·奥威尔（George Orwell），那时他可是个笨拙的作家。二十四岁那年，他搬进伦敦的廉价住所，和著名诗人鲁思·皮特（Ruth Pitter）成了朋友。皮特是第一个看到奥威尔练笔之作的人，她发觉奥威尔的文字很笨拙，"就像奶牛在用火枪"。他们两人会久久地漫步河畔，讨论奥威尔写的故事。倘若皮特打算严厉批评，有时会开一瓶便宜的红酒与奥威尔共进晚餐；但无论怎样调侃，皮特都会告诉奥威尔问题到底出在哪儿。总之，虽然皮特没有将写作天赋灌进奥威尔的脑中，但她指导了奥威尔该如何组织故事。

本书从起笔写故事讲起——首句、首段以及怎样定位正确的出发点。此后章节大致按照创作的过程组织。如何创造人物理应成为重要的问题——大部分情况下，读完某个故事后，人物都会留在我们的脑海中——但怎样赋予他们生命力呢？该取什么名字、说出多少背景故事呢？马克·吐温（Mark Twain）为一个在南方监狱中玩火柴，烧了监狱也烧死了自己的人物苦恼了几个月——不过这个人物最终还是被删了，既没出现在《汤姆·索亚历险记》（*The Adventures of Tom Sawyer*）中，也没出现在《哈克贝利·费恩历险记》（*The Adventures of Huckleberry Finn*）中。吐温自嘲了这种自讨苦吃的愧疚感，但对此欲罢不能。所以我也会讨论人物"接管"故事的概念——从简·奥斯汀（Jane Austen）到简·斯迈利（Jane Smiley），始终有作家提及，小说人物拥有独立的生命力，独立存在于作者的小说之上。

随后讨论的是以前写作类书籍鲜有提及的话题：抄袭。每位作家都会"借用"他人的作品或生活经历。莎士比亚建构在普鲁塔克（Plutarch）和霍林斯赫德（Holinshed）创作之上的作品受到了赞誉，多丽丝·凯恩斯·古德温（Doris Kearns Goodwin）则因不加说明地采用其他作家的研究而遭众人嘲弄。两人的所作所为是否符合职业道德？哪些情况下，借用可被视为创意之举？劳伦斯·斯特恩（Laurence Sterne）对自己的剽窃沾沾自喜；马尔科姆·格拉德威尔（Malcolm Gladwell）发现自己作品遭剽窃后，还恭喜剽窃者为他的原创注入了新的价值。"原创"到底指什么？创意从何而来？作家及其盗用的内容，既有单纯的抄袭，也涉及描写熟人可能造成伤害的灰色区域。这个问题可不简单。

每位作家都要决定讲故事的视角——不论是第一人称、第三人称，还是多个视角。如果采用多个视角，采用几个？何时转换叙述者？随后讨论的就是作者离书中事件的距离，在控制叙事距离和叙事声音方面，托尔斯泰的作品将多次充当优秀案例。伟大的小说家中不少人喜爱实验——从简·奥斯汀、威尔基·柯林斯（Wilkie Collins），经由福克纳和卡夫卡（Kafka），到诺曼·梅勒（Norman Mailer）和萨尔曼·拉什迪〔Salman Rushdie，他承认在《午夜之子》（*Midnight's Children*）中故意犯了事实和判断性错误，但后来发现里面也有意料之外的错误——这些都服务于他的目标，让叙述者听起来不可靠〕。

每一位伟大的作家都有自己独特的声音，这种声音不同于人物的声音。"声音"指的是言语，有的作家几乎全部依靠对话〔艾薇·康普顿伯内特（Ivy Compton-Burnett）较为典型〕，还有的则很少使用。在小说中使用对话的目的何在？要说出多少对话、省略多少对话？使用直接引语、间接引语，还是内心独白？接下来就要引出讽刺的话题了。几十年来，随着潮流的变化，"讽刺"一词的含义日益丰富。不过，这一演变过程本身就饶有趣味，因为它在任何优秀文字中都处于核心地位，用于挑战读者，只可意会不可言传。

困扰了我多年的问题是：何谓"故事"？"故事"与

"情节"有何区别？这到底只是语义之差，还是小说家手法的核心问题？斯蒂芬·金的《写作这回事》（*On Writing*）仍是最佳写作指南，第一次阅读时，我发现他和 E. M. 福斯特（E. M. Forster）在故事与情节的问题上有较大分歧，后者六十多年前也就同一话题开过讲座——两人说起自己的论点都热血沸腾。二者都不该站在极端立场上，不过倘若将两种观点进行对比，有助于我们理解优秀故事的写作技巧和成分。

　　数年前，我的三个孩子还很小，妻子和我会轮流读书给他们听。有天晚上轮到我读书，我便早早下班，那时我们快读完菲莉帕·皮尔斯（Philippa Pearce）1958 年的经典故事（魔力非凡的）《汤姆的午夜花园》（*Tom's Midnight Garden*）了。上楼去孩子卧室时，我听到了妻子的声音——她也特别想给孩子读那最后几页，因此居然安排孩子们提前睡觉！我坐在楼梯上侧耳倾听，这些带着乐感的语词让我心潮澎湃。因此，在本书中我特意安排一章，讨论散文写作的节奏问题，我会谈到居斯塔夫·福楼拜（Gustave Flaubert）在他家附近林中漫步念出新句及查尔斯·狄更斯和托马斯·曼（Thomas Mann）经历了气喘吁吁的巡回朗读后，为何更注意笔下文字**听起来**的实际效果。

　　另一个常处于文学评论边缘的主题是性爱。怎样写？究竟该不该尝试？对此，不同小说家的处理手法千差万别，从塞缪尔·理查逊（Samuel Richardson）所谓的含蓄，到约翰·厄普代克（John Updike）刻意为之的开放描述，作家们或避开直观描写，或想方设法围绕感官来写。在大部分优秀小说中，描写性爱活动本身不是终极目标，而是用来刻画人物、讲述故事。或许，描述肢体亲密接触的确会令人尴尬，但我想作家们**应该**试试。

　　不管是自行修改，还是根据他人的建议修改，都极其重要。"删，删！从第二页开始。"契诃夫（Chekhov）如此建议想和他一样当作家的兄弟。然而，虽说大部分情况下修改是删减清理，但最佳状态应为"重新观看"[1]。作者需要用全新的眼光观看，而不仅仅是做木匠活（尽管有时**的确**只是做木匠活）。巴尔扎克（Balzac）总是大幅修改，诺曼·梅勒亦是如此。P. G. 伍德豪斯（P. G. Wodehouse）讨厌修改，而杰克·凯鲁亚克（Jack Kerouac）、威廉·戈尔丁（William Golding）和约翰·契弗（John Cheever）数年间不得不与或优秀，或爱干预，或糟糕的、热爱删减的编辑共事。

　　最后一章是关于——好吧，就是关于最后一章的：故事有长有短，但总是要收尾。狄更斯和艾略特在结尾的问题上都遭遇过麻烦，而海明威则发现这件事近乎无法完

---

[1] re-vision，英文"revision"指修改、修订，此处作者一语双关，拆成"重新-所见之物"。——译者注

成。托尔斯泰很难与人物告别，尤其是在《战争与和平》
（*War and Peace*）中。我会频繁提及列夫——我最爱的作
家之一，但也会用其他作家举例说明。除 19 世纪的杰出
小说家外，还有贝克特（Beckett）、菲利普·罗斯（Philip
Roth）、厄普代克、乔纳森·弗兰岑（Jonathan Franzen）
和伊丽莎白·斯特劳特（Elizabeth Strout）。

在《像作家那样阅读》（*Reading Like a Writer*）中，
弗朗辛·普罗斯（Francine Prose）回忆，自己听过作家同
行们说"在创作期间不能阅读他人作品，因为担心会受到
托尔斯泰或莎士比亚的影响"。伟大的作家的确会影响新一
代作家——读了斯科特·菲茨杰拉德（Scott Fitzgerald）
或亨利·詹姆斯（Henry James），也许就会无可避免地模
仿他们，但更多情况下，阅读这些作家的文字能够激发创
造力。显然，我就深受启发。本书的主旨是带读者经历伟
大作家的挣扎和成就，我不指望大家读罢就成为当代托尔
斯泰——但没准呢？

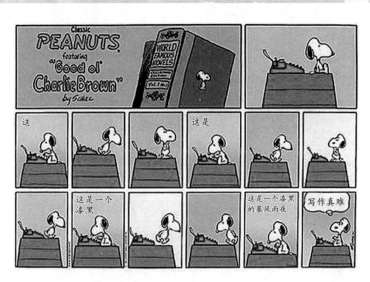

开头不易

抓住、邀请、诱导：关于开头

伦纳德：我们讨论到哪儿了呢？

凯特：首句。

伦纳德：哦对，上帝啊。

——特蕾莎·雷贝克（Theresa Rebeck）

《研讨班》（*Seminar*），2011

一位年轻人坐在戛纳璀璨酒店的露台上，面露难色，那种躲躲闪闪、充满负罪感的表情说明，英国人要张嘴说法语了。

——P. G. 伍德豪斯

《博德金家的运气》（*The Luck of the Bodkins*）

开场白，1925

如何起笔？我脑海中浮现出作家盯着一张白纸（如今

可能是电脑屏幕）的画面，好像举重运动员在估量硕大的哑铃，似乎写下一个词都困难重重。来杯咖啡吧——再来一杯，赶紧发一会儿邮件，然后散散步，甚至还要再打个电话。拖延许久，灵感终于袭来：关注点与最初的计划完全不同，可能要好得**多**。道格拉斯·亚当斯（Douglas Adams）是怎么说的来着？"我喜欢截止日期，我喜欢听它们嗖嗖飞过。"

格特鲁德·斯泰因喜欢在写作间歇看奶牛，为此不得不去乡间写作。伍迪·艾伦（Woody Allen）常靠淋浴找灵感。战后英国那些伟大的女性小说家们，如艾丽丝·默多克（Iris Murdoch）和缪丽尔·斯帕克（Muriel Spark），想不出令人满意的开头就绝不动笔。"小说是一项漫长的工作，"默多克解释道，"开头错了，后面可就不愉快了。"约翰·欧文（John Irving）（此处我刻意塞进一些例子）的每部小说，却都是从最后一句开始写的。博学的小说家乔治·斯坦纳（George Steiner）动笔前，会找出一页相应语种的"一流之作"大声朗读，常常要到熟读成诵的地步，"但所选文章必须和写作主题无关"。在《鼠疫》（*The Plague*）中，阿贝尔·加缪（Albert Camus）安排自己的人物约瑟夫·格兰德不断重写小说首句，每次都只是微调。

开头之难，众所周知。E. L. 多克托罗（E. L. Doctorow）讲述了给女儿的老师写请假条的故事。他提起笔，然后想："不，不能这样写。"又重新开始，第二稿仍未达到标准。几稿下来，揉皱的纸在地板上堆成了山，小姑娘慌了。最后妻子进来，一脸难以置信的表情，干脆利落地写完了要求的请假条。多克托罗总结道："我想努力写出完美的假条。这段经历极具启示意义，说明写作很难，尤其是字数较少的体裁。"

并非他一人有这样的感受。两次世界大战之间，美国才子罗伯特·本奇利（Robert Benchley）为《纽约客》（*The New Yorker*）撰稿时，坐在打字机前为开篇发愁。他站起身来，和几个朋友聊天，一小时后又回到桌前。再次整理思路后，他打出了一个"The"，然后离开去大厅参加欢快的聚会，但内心的不安促使他回到桌前。他坐下，重新打起精神，敲出了三个新词，"……去它的"，随即又走入了狂欢的人群。

在 A. A. 米尔恩（A. A. Milne）的《小熊维尼》（*Winnie-the-Pooh*）中，身份不明的叙述者是这样开始故事的："很久很久以前，距今很长时间以前，大概是上周五……"具体时间并不重要，唯一重要的是，我们即将躲进幻想世界。

"很久很久以前"这个表达可上溯到 1380 年，不过直至 1600 年才逐渐变成口头叙事的常见开头。其他语言中也有与之类似的说法，或更模糊的表述——爱沙尼亚语中说："在七大陆和海洋的那边，住着……"古阿拉伯语中对应说法的字面意思为："在最古老的日子、岁月和时代中，曾经有，哦，曾经有……"而坦桑尼亚的伊拉库族语中则是："我记得我们的父亲曾告诉过我一些事……"

故事讲述者用固定用语表明即将进入虚构世界，邀请读者从现实生活踏入虚构之境。〔19世纪90年代，罗伯特·格雷夫斯（Robert Graves）的父亲给他们讲故事时总会以"然后老园丁用红手帕擤了下鼻子……"开头〕但从何时何处开始叙述，才是好开头呢？开头这个难题困扰了许多作家，好像必须深吸一口清新空气（或清一清嗓子）才能开始。格雷厄姆·格林（Graham Greene）《恋情的终结》（The End of the Affair）的开头几近道歉式："故事本身无始无终；人们从经历中任意选取某个时刻，然后以此出发，观看之前或之后发生的事情。"

赛前想起前辈的举重运动员，会有很重的心理负担。早在《英国病人》（The English Patient）中，迈克尔·翁达杰（Michael Ondaatje）就表示："许多书在开篇时，作者都会营造井然有序的氛围，下水时静静地划着……但（和非虚构类作品不同的是）小说则从犹豫或混乱开始。读者无法真正保持平衡，闸门堤坝打开，他们便随着水流奔涌向前，一手扶船舷，一手抓帽子。"其实小说是可以慢慢展开的——从奥斯卡·王尔德（Oscar Wilde）1890年的《道林·格雷的画像》（The Picture of Dorian Gray），到阿兰达蒂·洛伊

（Arundhati Roy）1997 年的《微物之神》（*The God of Small Things*），我们看到的开场白都有关天气[1]。

同理，非虚构类书籍也可以用轰动性或夺人眼球的文字开场——以伊莎多拉·邓肯（Isadora Duncan）的自传为例，书中有这样的句子："我最初的记忆是一场火，我记得自己被从楼上的窗户扔进一名警察的怀中。"但非虚构类作品一般是具体的——作家或多或少了解将收获什么；而小说，却要与其他所有已出版的小说竞争。

只有一本书能这样开篇："最初有一个词，这个词与上帝同在，这个词就是上帝。"公元 1 世纪左右，不时被称作"笔名-朗吉努斯（Pseudo-Longinus）"的异教徒在《论崇高》（*On the Sublime*）中称赞《创世记》的开头十分出色，因为作者"理解并充分表达了神的力量"。另一位《圣经》学者则评论说，"最初"是"最令人满意的开篇"。但问题来了，除了让故事开始，还要考虑，怎样才能吸引读者注意？

在关于好莱坞的闹剧《笑气》（*Laughing Gas*）一书中，P. G. 伍德豪斯整个开场都用来写——开场应该**是**怎样的。类似于伯蒂·伍斯特的人物雷吉·哈弗绍特正在尝试写第一

---

[1]　2006 年，在一次大学讲座中，我引用了一些著名的文学作品开场白。"有一笔可观财产的单身汉一定需要妻子，这是众所周知的真理"；"这是最好的时代，这是最坏的时代"；"幸福的家庭总是相似，不幸的家庭各有苦衷"；"那是四月一个晴朗清冷的日子，时钟敲响了十三下"。座无虚席的大厅中看不出是否有人对这些内容感到熟悉。我接着读道："住在女贞路四号的德思礼先生和德思礼太太，可以自豪地宣称他们家完全正常，非常感谢。"底下突然开始窃窃私语：这是《哈利·波特》系列第一部的开场白。

部小说，他偶遇朋友（很久之后才反应过来这位朋友当时醉了），坚持要为对方读一读自己写的开头，听完黔驴技穷的糟糕描述后，朋友评价道："讲故事的首要原则，是开篇就亮明人物、时间、地点和原因。你还是从头再来吧。"

说得没错，但仅凭这一点就能驱动读者继续阅读吗？伟大的阿加莎·克里斯蒂在《高尔夫球场疑云》（*The Murder on the Links*）中的开场，选择将这个问题转化成解决方案：

> 有这么一则逸闻，说的是一个年轻的作家，他一心想让自己的故事开头新颖有力，足以吸引那些最不耐烦的编辑，于是写下了这个句子：
>
> "见鬼！"公爵夫人说道。
>
> 怪得很，我的故事也将以类似的方式开始。不过喊出这句话的女士，并非公爵夫人……

然后故事就开始了，紧接着下一段，出场的自然是赫尔克里·波洛，万事大吉。

每位作家都必须选择符合写作目的的风格，以此确定叙事声音、选词范围、句法习惯等，开场也是对故事做出的承诺——它可以构建期望。

克里斯蒂笔下不假思索骂人的公爵夫人，用的是我称之为"抓注意力式"的开场白——刻意用首句或首段抓住读者的注意力。此类较为典型的是埃尔默·伦纳德的大部分惊悚小说——作者希望读者立刻明白，这是一个**惊悚**故事。1985 年小说《浮华》（*Glitz*）的开篇为："文森遭遇枪击的那一夜，他已经预料到了。"还有三年后的《疯狂炸弹专家》（*Freaky Deaky*）：

> 克里斯·曼考斯基在这个岗位上的最后一天，下午两点，离下班还有两个小时，他接到了一个请求拆除炸弹的电话。

下一句为我们介绍了"一名叫布克的 25 岁小伙子，被判过两次刑，犯过重罪，他躺在浴缸中，电话响了，于是便起身，坐到他最喜欢的绿皮扶手靠背椅上，却被来电者告知，他正坐在炸弹上，起身就会引爆炸弹"。

用"抓注意力式"句子开场的，不只是悬疑故事。加夫列尔·加西亚·马尔克斯（Gabriel García Márquez）读《变形记》（*The Metamorphosis*），第一句话是："格里高尔·萨姆沙清晨从令人不安的梦境中醒来，发现自己变成了一只巨型昆虫，躺在床上。"他说，这句话"让我惊得差点滚下床，我震惊了……居然有人可以写出这样的句子"。

优秀的开场白不仅能吸引读者继续阅读，还能借机引出人物、基调和背景。在《布莱顿硬糖》（*Brighton Rock*）

中，格雷厄姆·格林的开场极具戏剧性：

> 到布莱顿不出三小时，黑尔便明白了他们打算谋杀他。

该段剩余部分则巧妙地设好了场景：

> 染墨的手指，被啃过的指甲，紧张多疑的神情，任何人都能猜到他不属于——不属于初夏的太阳，拂过海面的圣灵节的凉风，度假的人群。他们乘火车从维多利亚赶来，每五分钟一拨，站在当地小电车顶部沿着皇后路颠簸而来，下车后加入困惑的人群，走进清新透亮的空气：光斑在码头水面闪烁，乳白色的房子一直延伸向西，好似一幅淡淡的维多利亚式的水彩。小汽车在赛跑，乐队在演奏，花园中的花朵含苞欲放，一架打着健康广告的飞机穿过行云，掠过天际。

从某种意义上来说，优秀的开场白都是"抓注意力式"的，因为作者期待读者读下去，正如捷克小说家博胡米尔·赫拉巴尔（Bohumil Hrabal）《暮年舞蹈课》（*Dancing Lessons for the Advanced in Age*）中的叙述者，那个喋喋不休的鞋匠所言："没有哪本好书想催眠，它只想让你穿着内裤从床上跳起来，狠狠追打作者。"

《大卫·科波菲尔》（*David Copperfield*）的著名开场就是典型的"抓注意力式"——"无论我成为自己生活的英雄，还是任由他人摆布，都会在本书中呈现。"——此类开场是在宣告："我来了！"

类似的还有拉尔夫·艾里森（Ralph Ellison）的《我是隐形人》（*I Am an Invisible Man*）、《鲁宾孙漂流记》（*Robinson Crusoe*），乃至《哈克贝利·费恩历险记》、索尔·贝娄（Saul Bellow）的《赫索格》（*Herzog*）以及道迪·史密斯（Dodie Smith）的《我的城堡》（*I Capture the Castle*）——"我坐在厨房水池里写下这些"——还有哈珀·李（Harper Lee）《守望之心》（*Go Set a Watchman*）的开篇："过了亚特兰大，她就一直望着餐车窗外，怀揣着想一跃而起的喜悦。"比透露信息更重要的，是让叙述者自信地宣布自己将成为故事的中心。

不过，这么做有点冒险，因为读者可能会将叙述者等同于作者。"我遇到过麻烦，"马塞尔·普鲁斯特（Marcel Proust）写道，"在书的开篇一用'我'这个词，读者立刻就会认为我不是探索普遍规律，而是从这个词语个体化、恶心的层面做自我剖析。"然而，这仍然是开启故事的有力方式，用虚拟的"我"，的确会迫使读者进入与叙述者的对话。

与这种方式接近但目的和效果大不相同的，是那些试图震惊读者的开头。如汤姆·罗宾斯（Tom Robbins）《隐身别墅》（*Villa Incognito*）的开场："据报道狸猫从天空中落下，用阴囊做降落伞。"伊恩·班克斯（Iain Banks）的《乌鸦公路》（*The Crow Road*）如此开场："就在那天奶奶爆炸了。"[1] 这就是作者自我炫耀、哗众取宠的例子。作者可能会忘了开首句之后还得继续，随之而来的也许就是虎头蛇尾的效果。托马斯·曼的第一部小说《布登勃洛克一家》（*Buddenbrooks*）是这样开场的："然后——然后——会发生什么？"接着第二个人物回答："哦，是的，是的，接下来究竟会发生什么？"托尔斯·曼少有的笑话。

斯蒂芬·金如此开启《闪灵》（*The Shining*）："杰克·道伦斯想道：多管闲事的小蠢货。"在该语境中，效果很好，但维多利亚·格伦迪宁的第一部小说《成年人》（*The Grown Ups*）这样开头："爱比做爱更有意义。"那时作为她

---

[1]　多年来，临终的母亲成了开篇的陈词滥调。《卫报》（*The Guardian*）在对爱丽丝·西伯德（Alice Sebold）2007 年小说《近月》（*The Almost Moon*）的评论中指出："（它）以一种厚颜无耻的开场白抓住了注意力：'该说的说了，该做的做了，杀死母亲就很容易。'"〔《本周》（*The Week*），2007 年 11 月 3 日〕阿贝尔·加缪也以类似的方式为《局外人》（*The Stranger*）开场："母亲今天走了。"威廉·博伊德（William Boyd）的《新忏悔录》（*The New Confession*）首句为："我来到这世上做的第一件事，就是杀害母亲。"杰弗里·阿切尔（Jeffrey Archer）的《事关荣誉》（*A Matter of Honor*），开篇同样是叙述者母亲过世。

的编辑，我并没有质疑，但该书出版后，我们一致同意，第一句话招来了不愉快的关注。但并不是说言辞激动的开头无效，古怪难料也许会有不错的效果：米哈伊尔·布尔加科夫（Mikhail Bulgakov）这样为《狗心》（*The Heart of a Dog*）开场——"Ooow-ow-ooow-owow!"似乎找不到合适的语言，汤姆·沃尔夫（Tom Wolfe）在《虚荣的篝火》（*The Bonfire of the Vanities*）开篇发出了长时间的咯咯声："Heh-hegggg-gggggggggggggggghhhhhhhhhhhhhhh"。

加里森·凯勒（Garrison Keillor）在巧妙的语境中解释了此类做法。他写道："如果有人像作家那样闯到你跟前，你要么爱他，要么恨他。"他还以读过的回忆录为例，该书讲的是两个在明尼苏达州牧羊的女同性恋。书的开篇叙述的是两人去牧人学校，学习怎样通过握住公羊的睾丸来估测生殖力。"一本把手伸到公羊后腿之间开篇的书深得我心。"

在《双星》（*Double Star*）再版的序言中，科幻作家罗伯特·海因莱因（Robert Heinlein）说："吸引人的叙事……不是烦躁地大吼大叫求人注意，而是能激起读者的好奇心，让人更想读下一句。"这就要说到我列为"邀请式"的一些开篇。"世纪之交，在 D 省——"这种开头不想立刻抓住我们的注意力，而是慢慢地、献殷勤一般邀我们进入作者的世界。**本书很有趣，你会发现很多吸引人的**

东西，请试试吧。

弗朗辛·普罗斯曾让学生对比巴尔扎克《欧也妮·葛朗台》（*Eugénie Grandet*）和罗伯特·斯通（Robert Stone）《日出的旗帜》（*A Flag for Sunrise*）的前几章。巴尔扎克带领读者悠闲地在外省小镇漫步，而斯通却在开篇处安插了明显"抓注意力式"的内容——在一个动荡不安的中美洲国家，一具嬉皮士背包客的尸体出现在部队中尉的冷藏室中。普罗斯告诉学生，对比这两处也许能体会到 19 世纪和 20 世纪小说的重要差别："也许这些形成强烈对比的开篇，和我们注意力时长的改变有关——或是进步，或是退步——电影的跃动和满足感以及电视节奏教会了我们，第一次广告出现前肯定有'诱饵'。"

我对此表示赞同，但要补充一句，不同品种的鱼需要用不同的诱饵。无须隆重介绍，作者也可以有效地引入主要人物。《白鲸》（*Moby-Dick*[1]）就是一个漂亮的例子，如普罗斯所言，它的开头给出了"一种权威感……（它）让我们感受到了作者对全局的掌控"——作者掌控了**他的经历**。说出"喊我以实玛利吧"（本身就有点讽刺，因为小说后文仅有一位人物如此称呼叙述者）之后，梅尔维尔（Melville）为我们展现了以实玛利的生平，并在其中带入

---

[1]　"Moby-Dick"在最初的美国版扉页和中扉页都出现了，不过该名称在文本中多次出现时只有一处用了连字符。用连字符的标题在 19 世纪中叶的美国出版界很常见。

了对捕鲸海滨城市曼哈托斯的描述。我们应邀而入了。

在《老人与海》（*The Old Man and the Sea*）中，海明威最棒的开场白之一给人留下了深刻的印象：

> 他是一位独自划小船顺墨西哥湾流捕鱼的老人，出海已八十四天，一条鱼也没捕到。头四十天有个男孩和他在一起，但四十天一无所获后，男孩的父母告诉他，老人绝对是"salao"的，这个词是不幸中的不幸。男孩遵命离开，上了另一条船，接下来一周就捕获了三条好鱼。每天看到老人的空船，男孩感到难过，他总是去帮助老人拿盘区的绳索、渔钩、渔叉和堆在桅杆附近卷起来的帆。风帆上有用面粉袋打的补丁，卷着，看起来像一面象征着百战百殆的旗帜。

关于联盟和背叛的各种关系，作者都说清楚了，还包含了吊起读者胃口的小细节和体现声音的基调[1]。

---

[1] 然而，对海明威来说，开头常常是个问题。从新版《太阳照常升起》（*The Sun Also Rises*）可以看出，在最终选择第一人称叙事前，海明威曾尝试过用第三人称叙事写第一章，读起来完全不同。现在的开首句是"罗伯特·科恩曾是普林斯顿中量级拳击冠军"，而被替换的章节则以介绍书中女主人公布莱特·阿什利开场："这部小说是关于一位女士的"。完成修改版后，海明威用铅笔草草加上了格特鲁德·斯泰因的评价作为题词："你们都是迷失的一代。"这个表达因此流传开来。——见帕特丽夏·科恩（Patricia Cohen）：《〈太阳照常升起〉的不同开头》（*Edition Has Alternate Opening of "The Sun Also Rises"*），《纽约时报》（*The New York Times*），2014 年 7 月 5 日，C3 版。

由于故事以更轻松的节奏开始，在"邀请式"开篇的故事中，作者无须用放烟花般的节奏继续下去，这与"抓注意力式"有所不同。以福斯特《印度之行》(*A Passage to India*)的开篇为例："除了二十英里[1]开外的马拉巴岩洞外，昌德拉布尔城没什么特别之处。"读到这句话，我们同样也会被吸引住，虽然我们预想这些岩洞的确很特别，但不难料到小说中最激烈的场景可能也会在其中发生，福斯特的开篇结合了彬彬有礼的介绍和罪恶的预兆。

让读者进入一段对白中，也是一种效果不错的"邀请式"开篇——通常是家庭成员间的对话，此类有《董贝父子》(*Dombey and Son*)、安·泰勒(Anne Tyler)的几部小说，以及效果出众的《到灯塔去》(*To the Lighthouse*)：

> "行啊，当然可以，明天天气不错，"拉姆齐夫人说道，"但你得起得和云雀一样早。"她补充道。
>
> 对她儿子来说，这些话会带来无穷的喜悦，一切已成定数，探险即将启程，他期盼多年的美好，将在一夜黑暗和一日航行后近在咫尺。
>
> 六岁的詹姆斯·拉姆齐渴望航行到海湾那边的灯塔去，

---

[1]　1英里约为1.609千米。——编者注

父亲答应了会带他去。我们仅在作者拐弯抹角的帮助下就获得了这些信息，这种手法让我们紧随人物的内心活动。评论家、小说家大卫·洛奇（David Lodge）在讨论弗吉尼亚·伍尔芙另一部小说《达洛维夫人》（Mrs. Dalloway）中，称这类开头"让读者突然跳入流动的生活中"。

这种小技巧，伍尔芙可能是从福特·马多克斯·福特（Ford Madox Ford）那里学会的，福特擅长把读者扔进场景中让他们自己定位。福特《队列之末》（Parade's End）等四部有关联性的小说，均于 1924 年至 1928 年间问世，此后，《到灯塔去》便与读者见面了。小说以这样的方式开头并不算新鲜——劳伦斯·斯特恩的《项狄传》（Tristram Shandy）就使用过。人们需要一个起点，每部小说都像一段旅行。除此之外，《到灯塔去》还采用了另一种颇为有效的开篇方式：让人物去探险。不过，在伍尔芙的故事中，拉姆齐先生并未兑现承诺。

有些作家对开头却漫不经心。著名作家雷克斯·斯托特（Rex Stout）写了七十多部小说和短篇故事，塑造了深受喜爱的侦探尼禄·沃尔夫，他总是以沃尔夫公寓门铃响起作为开头，至少有四个故事是这样开头的——《金色蜘蛛》（Golden Spiders）、《谁是真凶》（Eeny Meeny Murder Mo）、《寻母》（The Mother Hunt）和《家事》（A Family Affair），另一部小说则直接被命名为《门铃响起》（The Doorbell Rang）。门打开后，不知道接下来会发生什么：故事情节便由此展开。托马斯·曼也不喜欢计划得过于详细，他吐露道："如果需要事先把一件苦差事的所有麻烦问题都想清楚……足以让人打寒战放弃。"不过，这个问题仁者见仁智者见智。

许多作家脑海中都浮现过触发小说灵感的特定图景，并用它们开启整个故事。保罗·斯科特（Paul Scott）说激发他写"统治四部曲"（"Raj Quartet"）系列小说的画面，是一位年轻英国女孩夜间在印度的村庄逃命。他写道，"它的到来"：

> 像任何图景一样，具有偶然性，突如其来——那是一个难以入眠的夜晚。可以模糊追溯到之前发生的事情：印度村庄经历的创伤，渴望逃离，想要逾越界限时意识到的危险，英国人在印度的整体感觉，还有印度自身给人的感觉——广袤的地域、出奇的可怕、有点难以莫测、丑陋却美丽。她就那样出现了，我的关键谜题，那个黑夜中的女孩，她精疲力竭地狂奔，受了伤，却坚强得令人难以置信——坚韧，她的脸和形体是我感觉到的，而非肉眼清晰所见。但她在逃跑。
>
> 逃离什么？逃到哪儿去？

在完成的小说中，第一段成了这样：

> 想象一下，平原，此时一片漆黑，对一个在比比加花园城墙投下的凝固深影中奔跑的女孩来说，它是如此广阔而遥远，就像克莱恩小姐那些年一样，彼时她仍未意识到自己来到了小路尽头的庄稼地：面对另一种景观，但依旧是在北边群山和南边高原之间的冲积平原上。

同样，尽管材料具有强烈的戏剧性，但语气是邀请性质的。后来，斯科特解释道，显然，奔跑的女孩不是克莱恩小姐，而让地点固定下来的城墙，也不是脑海中原先画面的一部分，但"优质清晰的图像会留存下来，没什么可以侵蚀"。话虽如此，但这并非斯科特的开篇段，尽管这是第一个闯入他脑海的场景。"在原始图像和定稿之间，常有时过境迁的可怕距离。"填充想象的是具体信息：

> 图像没有精确的时刻表。名字、地点、时间安排、情节选择——这些都由图像创造。小说的一切，都从原始图像中萌芽。观看你的图像，尽情感受，竭尽所能让它丰富起来，然后认真呈现于纸上。

2010年8月，著名电影艺术指导罗伯特·波义耳（Robert Boyle）去世，享年一百岁。他的主要合作者是阿尔弗雷德·希区柯克（Alfred Hitchcock），因此他设计的大部分电影都有强烈的叙事特点。他说，电影"从地点开始，从人们生活的环境以及人们如何在环境中活动开始"。他回忆起那些使用"望远镜"式开场的电影：我们先看到旋转的地球，然后镜头拉近到某个国家的某座城市，再到某条街道的某栋房子，然后放大到特定的房间。一些著作也是这样开场的〔如巴尔扎克1835年小说《高老头》（Le Père Goriot）〕。邀请已发出。

如果人物无法进入故事，这要紧吗？在《鸽之翼》（The Wings of the Dove）中，亨利·詹姆斯邀我们关注凯特·特洛伊女士，她在等父亲……等啊等。第一页结束时，我们还沉浸在第一段的状态中，还在等待。我们看到了环境和主角的心理活动，但故事的生命力已被消耗殆尽。除了《等待戈多》（Waiting for Godot）外，读者和观众可不喜欢这样长时间的等待。故事需有进展。

也许正是意识到了这一点，一些小说家直接跳进简洁的叙事——《包法利夫人》（Madame Bovary）这样写道：

> 我们正在做课堂准备，校长突然进来了，身后跟着一个身着"平民装"的新男生，还有搬着大桌

子的校工。那些本已睡着的学生醒了，每个人都站
了起来，一脸被打扰的表情。

　　此处鲜有修饰——福楼拜直接开始讲故事，我们也乐
意听下去。其他邀请式开头的例子——我随便说几个——
马克·哈登（Mark Haddon）的《深夜小狗神秘事件》（*The
Curious Incident of the Dog in the Night-Time*），托尔斯泰的
《童年》（*Childhood*）、《少年》（*Boyhood*）、《青年》（*Youth*），
以及希拉里·曼特尔的《一个更安全的地方》（*A Place of
Greater Safety*）。

　　还可以使用重大的宣言邀请读者进入虚构世界，如："这
是最好的时代，这是最坏的时代。"甚至可以是"半重大式"
的宣言，如威尔基·柯林斯的《白衣女人》（*The Woman in
White*）这样开头："这个故事将要讲述女人的耐心能坚持多
久、男人的决心会成就什么。"19 世纪德国哲学家弗雷德里
克·施莱格尔（Friedrich Schlegel）将这种表述称为"豪猪"，
他认为重大宣言应独立于环境，本身具有完整性，像豪猪一
样。但这样做也略为冒险，从乔治·艾略特的《米德尔马
契》（*Middlemarch*）或此处 D. H. 劳伦斯（D. H. Lawrence）
《查泰莱夫人的情人》（*Lady Chatterley's Lover*）开篇段落
中可窥见一斑：

> 我们的时代基本上是个悲剧，所以我们不愿以悲观的态度去看它。灾难发生了，我们身处废墟中，开始重建小小的栖息地，燃起小小的希望。这是艰难的工作：此刻，通往未来不再有坦途——绕开障碍，或从上面爬过去。不论塌下来几重天，我们都要继续生活。

这并非毫无趣味，但在当代人听来显得浮夸，既虚张声势又华而不实。如今，我们不太喜欢说教，因此当代小说家很少使用这种手段，而是换一种更安静的叙述方式，另一种能激起感情的方式，如路易丝·厄德里克（Louise Erdrich）在《痕迹》（*Tracks*）中给我们的开头那样。这是四部曲的第三部，讲述了北达科他州原住民区四户人家的故事："落雪前我们就开始走向死亡，像雪花一样，不断落下。"

"框架故事"也是一种引人走进故事的方式，这种结构实际有两处开头，叙述者会解释主线故事的发现过程。例如，詹姆斯的《螺丝在拧紧》（*The Turn of the Screw*）中有一本已故女人的日记。这可以为后文故事赋予独特的权威性，但亦能引发读者的关注，这是一层软软的壳，邀请读者走进去，看看里面有什么。

一上来就引入众多人马，看似十分诱人，但这样做容易导致读者分心——第一版法文译本《卡拉马佐夫兄弟》(*The Brothers Karamazov*)省略了原版开篇章节"家族史"，将其整章删除——该版将陀思妥耶夫斯基(Dostoyevsky)的人物一览表也一并删除了——也许是担心读者会困惑吧。

伍迪·艾伦的电影《曼哈顿》(*Manhattan*)在开头讽刺了开场白写作：首先是近三分钟的纽约镜头，太阳升起，开启了新的一天，然后艾伦以人物艾萨克·戴维斯的身份开始说旁白。这是一位四十二岁的喜剧作家，正苦于如何为他的第一部小说开头：

> 第一章。他迷恋纽约城。他不理智地将其完美化了。(额，不，这样吧)他不理智地将其浪漫化了。(好一点)对他而言，无论季节如何变换，它仍是那座黑白世界中的城市，跟随乔治·格什温的节奏舞动。(啊，不，让我重来……)

他的确重来了。又重写两次后，现在是第四稿：

> 第一章。他迷恋纽约城——尽管对他来说，纽约是当代堕落文化的代名词。这座城市被毒品、喧哗的音乐、电视、犯罪和垃圾麻痹了，在其中生活是多么艰难啊……(不行，太愤怒了……我不想发怒……)

　　然后到了终版，讽刺式地模仿了新手小说的前几页内容以及无可救药的浪漫：

　　　　第一章。他和他爱的这座城一样坚强、浪漫。在他黑框眼镜后隐藏的，是丛林之猫一般的性感魅力。（我爱这句话）纽约是他的城市，一直都会是……

　　现在我们自然地过渡到了第三类：开篇旨在诱导读者，通常靠声音语气或独特的形式来实现。抓注意力的句子和邀请式开头也可能让读者着迷；邀请式开头能加速我们对小说感兴趣的过程，但从定义上来说，无法快速地抓住注意力。

　　从小说诞生之初，作家们就努力避开过于正经的开头。威廉·萨克雷（William Thackeray）《名利场》（*Vanity Fair*）的开场并没有惊人的宣言、家庭对话或吊胃口的诱饵，而是安排了一段舞台监督的"幕前笔记"，总结读者接下来要读的内容：

　　　　这里满是吃吃喝喝、男欢女爱、抛弃情人、大哭大笑、吞云吐雾、欺骗打斗、载歌载舞和虚度时光。有推推搡搡欺负人的家伙、向女人抛媚眼的花花公子、小偷小摸的贼、四处巡视的警察、在摊子前大声吆喝的庸医（跟我们抢生意的庸医，让他们死于瘟疫吧！），还有盯着盛装舞者的乡巴佬和可怜的老杂耍演员，而此时此刻，手脚利索的小偷正在从后面掏他们的口袋。

这不仅铺出了后续事件的全景图，还充满戏剧性——自然不同凡响。约四十年后，马克·吐温《哈克贝利·费恩历险记》选择以"通告"开场：

> 想在叙述中寻找动机的人会被检举，想寻找道德感的人会被放逐，想寻找情节的人会遭射杀。

吐温不只是在利用为小说的讽刺性辩护绕开创作开场的问题，更重要的是，他确定了叙述的**声音**。他迷住了我们，我们想继续读下去。

作家们还有其他奇思妙想。凯特·阿特金森（Kate Atkinson）的第一部小说《博物馆幕后》（*Behind the Scenes at the Museum*）荣获惠特布莱特（Whitbread）年度之书，她在随后的第三本小说《古怪情感》（*Emotionally Weird*）中给了三个不同的开头。菲利普·罗斯《波特诺伊的抱怨》（*Portnoy's Complaint*）并未使用连贯的独白开场，而是仿写了一段医学词典对标题的定义。当代小说家中也有人引用文学作品开场〔如斯蒂芬·金的《撒冷镇》(*Salem's Lot*)〕，而马丁·艾米斯(Martin Amis)的《金钱》(*Money*)则以主人公的自杀留言条开始。托妮·莫里森(Toni Morrison)小说《家》(*Home*)的开头"这是谁的房子？"甚至不是正文的一部分，而是题词，引自作者约二十年前创作的连篇歌曲。

　　这些都是作家的小绝招，但均为孤例。论及首句，我最常联想到的特质是叙述声音瞬间确定，能够吸引人继续阅读。《麦田里的守望者》(*Catcher in the Rye*)的开篇很出名，**不太热情**，但引人入胜：

　　　　要是你真想听故事，估计你想知道的第一件事就是我在哪儿出生、肮脏的童年是怎么过的、父母做什么、我出生前他们过得怎么样，还有其他那些《大卫·科波菲尔》里面能看到的破事，不过说实话，我不想说那些。第一，说那些东西我嫌烦，再就是，要讲了关于父母的私事，他俩准要气得吐血。

　　叙述声音立刻就确定了：这个少年离经叛道、玩世不恭、满脑子血腥的想法，**不同寻常**，但也（不确定，从故事叙述者来看）很有趣。

　　还可以举出其他例子，如萨巴蒂尼(Sabatini)的《丑角》（Scaramouche）："笑声和对世界疯狂本质的认识，是他与生俱来的天赋。"再如达芙妮·杜穆里埃（Daphne du Maurier）的《蝴蝶梦》（Rebecca）："昨夜，我又梦到重返曼德利庄园。"或纳博科夫，我心中典型的迷人开头：

> 洛丽塔，我的生命之光，性欲之火。我的罪恶，我的灵魂。洛——丽——塔：舌尖向下三阶到上颚，在牙齿上，轻轻击打三下。洛——丽——塔。
>
> 早上她是洛，只是洛，只穿了一只袜子，身高 4 英尺 10 英寸。[1]穿着宽松长裤时，她是洛拉。在学校里，她是多丽。在落款处，她是多洛莉丝。但在我怀中，她永远是洛丽塔。
>
> 在她之前我还有谁吗？有的，的确有的。实际上，若不是某个夏天，我爱上了某个小女孩，洛丽塔可能就根本不会存在。那是在海边的一个王国里。哦，什么时候？大概在洛丽塔出生多年前的夏天。杀人犯总是可以把故事讲得迷人。

正如小说家莫欣·哈米德（Mohsin Hamid）所言，亨伯特·亨伯特这个叙述者不太讨人喜欢——"但叙述声音。

---

[1] 1 英尺约 0.3048 米，1 英寸为 2.54 厘米。——编者注

啊。那叙述声音让我的'性欲之火'被点燃"。这不只是为了展现纳博科夫式的魅惑，弗朗辛·普罗斯指出："在那彻底疯癫的裸露癖中，纳博科夫为我们传递了一些难以接受的信息。我们已经知道了叙述者和洛丽塔的关系是……性爱方面的（"性欲之火"），她只是个少女（一个高4英尺10英寸的女学生），叙述者不仅能引用埃德加·爱伦·坡（Edgar Allan Poe）的诗歌（"在海边的一个王国里"），还能用它玩文字游戏，最后，他还是个杀人犯。"找不到比这更契合创作者目的的开头了。

　　基调很重要，但它好比墙上的油漆，不是墙体本身。无论第一句话说了什么，均需与下文相关。在马尔克斯讨论卡夫卡《变形记》的同一期《巴黎评论》中，他提到了何种元素需将影响力扩展到第一句话之后。"第一段是一大难事"，他写道：

> 　　我在第一段上花了数月时间，一旦完成，剩下的自然就出来了。在第一段中，你需要解决书中大部分的问题。主题确定了，风格和语气自然就确定了。后文都将以第一段为样本，至少对我来说是这样的。

　　琼·狄迪恩（Joan Didion）评论道："首句难，难就难

在你可能会被卡住，其余的文字都将从这句话中流出。等
写下开头两句话，你的其他选择就全部消失了。"而读到加
拿大作家梅维斯·迦兰（Mavis Gallant）的话，你会更加
欣慰——写作"就像谈恋爱，开头是最美妙的"。

躲藏能手把奥立弗·退斯特介绍给费京。

乔治·克鲁克山（George Cruikshank），1838

第 2 章

环形废墟：创造人物

《曼斯菲尔德庄园》(*Mansfield Park*) 中范妮·普莱斯眼睛的颜色和冰冷小屋的装饰很重要。

——弗拉基米尔·纳博科夫，1948

我为那些不得不提及女人眼睛的小说家感到难过：没什么可选择的……她有双蓝眼睛：纯真。她有双黑眼睛：热情深邃。她有双绿眼睛：狂野嫉妒。她有双棕眼睛：可靠、通情达理。她有双紫罗兰色的眼睛——我说的小说家是雷蒙德·钱德勒 (Raymond Chandler)。

——朱利安·巴恩斯 (Julian Barnes)，1984

19 世纪 50 年代晚期，伊万·屠格涅夫 (Ivan Turgenev) 曾去亚斯纳亚·波利亚纳（"明亮的林间空地"）庄园拜访列夫·托尔斯泰，主人陪他参观了一个住满动物的大牲口棚。没过几分钟，屠格涅夫就怒气冲冲地跑回了主屋。后来，他向一位朋友抱怨托尔斯泰细数每种动物——不管是马、奶牛还是鸭子——托尔斯泰都要解释一番其性格、交配、家庭关系。"忍无可忍！他知道我不能像他那样塑造人物，就跟我用动物展览显摆！"[1]

　　尽管人们似乎一致认为，令人难忘的人物是故事的内在属性，但涉及灵活性和范围的术语"人物刻画"（charac-terization）实际上直到 19 世纪中期才出现。该词源于古希腊语，原指打造明显标记的印花工具，从而也衍生出个人特别标记的意思，类似于签名，但仅此而已。"ethics"（道德伦理）的词源是另一个希腊词语"ethos"，更偏向于指性格。虽然亚里士多德（Aristotle）意识到了性格的重要性，但他相信驱动情节的叙事高于人物，在《诗学》（Poetics）中，他称悲剧是"事件和生活的代表，而非人的代表"。

　　小说兴起于古典时代晚期，到骑士故事，随后重现于

---

[1]　此后两人争得很厉害，有段时间似乎都要决斗了，他们多年没有交谈。1878 年，托尔斯泰五十岁，屠格涅夫六十岁，后者又拜访了这位伯爵。在屠格涅夫给托尔斯泰全家读完自己的一个故事后（家人们礼貌却毫无热情地听完了故事），两位小说家去散步。"他们路遇一座跷跷板，两人看看跷跷板，对视一眼，都意识到了微妙的较量，觉得难以抗拒。屠格涅夫坐在一端，托尔斯泰坐在另一端，然后他们玩了起来，上上下下，上上下下，越来越快——有时屠格涅夫和"他的"想法翘起，然后是托尔斯泰。当然，托尔斯泰的孩子们是很开心的。"——见保罗·斯各特：《论写作和小说》（On Writing and the Novel），纽约：莫罗出版社（Morrow），1987 年，第 97 页。

日本和西班牙，于 18 世纪在法国和英格兰确立。"小资产阶级的现实主义小说"引发了从强调外部生活到强调内部生活的转变——随着精神分析的发展，这个转变又得到了强化。因此，如今的我们相信，人物是小说作品中最重要的个体元素。我们贪婪地读着贝基·夏普和德伯家的苔丝、费京和埃比内泽·斯克鲁奇、安娜·卡列尼娜和梅什金公爵、夏洛克·福尔摩斯和德古拉伯爵、疯帽子还有小熊维尼。他们穿越时空与我们同在，随着年龄增长，我们也许会重新诠释他们或产生新的理解。卡尔·马克思（Karl Marx）说，众多作家中，巴尔扎克的人物直到在作者过世后才获得全面生长。的确，巴尔扎克临终前喊出，唯一能救他的人是皮安训，《高老头》中的那位医生。约瑟夫·康拉德（Joseph Conard）写《在西方的注视下》（*Under the Western Eyes*）时，遭遇了长达数周的崩溃，其间不停地用波兰语和小说人物对话。

即使在识字前，我们的生活中也存在虚构世界的人物。其他媒介也能讲故事，但没有哪种像小说一般饱满、有心理深度。小说中的人物属于我们，我们也和他们紧密地联系在一起。狄更斯的书迷们对《老古玩店》（*The Old Curiosity Shop*）中小内尔的命运备感焦虑——1841 年，6000 名读者冲向纽约城码头，冲着可能已经在英国读过完结篇的到岸水手大喊："小内尔活着吗？"近年来，每逢《哈利·波特》

系列书发行的日子，书店的长队就排到了街上。

　　甚至连那些无法引发共鸣或令人不快的人物，都会在我们的心中占据一席之地：他们可能因不为人知的愤怒或童年记忆而满嘴谎话，但伊阿古或莫里亚蒂活在我们的想象中。一定要让大恶棍死得轰轰烈烈，这是小说中不成文的规定——或至少稍费笔墨来写他们的离场：看看德古拉伯爵、比尔·赛克斯或铁钩船长就明白了。柏拉图（Plato）在《理想国》（*The Republic*）中说，大反派反复无常而有趣；单纯的好人无趣，一成不变。多少个世纪以来，小说家们都发现描述善良很难，但只要我们可以对着恶棍喝倒彩就无所谓。

　　如果我们心爱的正面或反面人物在电影或舞台上被赋予了实在的形象，选角不符合想象时我们会异常地愤怒。那不是**我们**的艾玛·伍德豪斯，那不是**我们**的罗切斯特。有时我们接受演员，却不是严格地接受：苏珊娜·约克（Susannah York）在 1976 年版《汤姆·琼斯》（*Tom Jones*）中将索菲娅塑造成一位高挑、近乎假小子的金发女子，而菲尔丁（Fielding）笔下的索菲娅实则为纤细的棕发女郎："她的体型不是纤细，而是极度纤细。还有……她浓密的黑发，垂到腰际……"但大部分人都接受了她，正如他们接受了在约瑟夫·冯·斯登堡（Josef von Sternberg）的影片《罪与罚》（*Crime and Punishment*）中饰演拉斯科尼科夫的彼得·洛（Peter Lorre）一般，彼得·洛瘦小、眼睛突出，而备受折磨的主人公在小说中被描述成一个"非常英俊的年轻人，好看的黑眼睛，深棕色的头发，中等身高，瘦瘦的，很结实"，但这位演员抓住了该角色备受煎熬的实质，足矣。

所体会到的亲切感将会决定我们的共鸣程度。从某种程度上说，是因为小说能让我们看到历史学家、传记作家和精神分析学家无法触及的隐秘想法。大卫·洛奇认为："小说，多多少少能为我们提供令人信服的典型人物，反映人们的行为及其动因。"他最喜欢的人物是《尤利西斯》（Ulysses）的主人公利奥波德·布卢姆——"在他身上，我们大部分人都能看到人之常情、愚蠢、欲望和恐惧。透过创造者的意识流，我们了解他的方式也许比之前或之后的其他小说人物都更直接"。

下面这段文字摘自《在斯万家这边》（Swann's Way），可以很好地说明这个问题，叙述者思考了自己为何对小说创作如此着迷。小说人物怎样影响现实生活中的人呢？

> 现实生活中的人，即便能引发我们的强烈共鸣，这种共鸣也是由感官所触发的，他仍是不透明的，其沉重感，让我们的感情难以承担。如果他遭遇不幸，激起我们情感的只是对他的片面了解。

小说家能够用普鲁斯特所谓的"非物质的部分"替代"不透明的部分"。这点足以让人物转化成我们自己，因为"这个过程发生在我们身上，我们被人物迷住了，疯狂地翻页，呼吸急促，瞪大眼睛"。每种情绪都被放大了十倍，体验到最为紧张激烈的情感，这在日常生活中是不可能发生的。

虚构人物和现实中的人做着同样的事情——他们也会相恋、互相欺骗、谋杀、有愧疚感、偷窃、私奔、背叛、编造谎言、自我牺牲、懦弱、发狂、复仇，最后自杀（更别提无聊、消化不良、需要填报税单了）。可即使论及此类具体的行为，我们最了解的还是虚构人物。与普鲁斯特同时代的 D. H. 劳伦斯认为："精心安排的小说，能展现生活最隐秘之处：正是在生活中**热切的**隐秘处所，敏感的意识最需要潮起潮落。"也许亨利·詹姆斯朴素的表达与该说法有异曲同工之妙：了解人物的最佳途径，就是让他们心烦意乱。

再回到屠格涅夫：在后来两封给朋友的信中，他先提及自己发现托尔斯泰对狩猎、夜间雪橇滑行及类似场景的描述是"一流、了不起……无与伦比的大师之作"，随后便开始抱怨托尔斯泰历史题材作品的细节刻画，"读者很喜爱，但这太可笑了，都是装内行的小把戏"。托尔斯泰用

"亚历山大靴子的尖头"或"斯佩兰斯基的笑声"取悦读者，"让读者认为他之所以能够如此详尽地描述，是因为他了解关于某事的**一切**，可他只知道琐事啊——仅仅是小把戏而已，读者竟然买账"。

屠格涅夫继续道："人物没有发展……只会堆砌老套的心理分析（对此我做何感想？别人怎么看我？我是爱还是恨？）。"他抱怨托尔斯泰反复诉诸"感情的波动"，直接将其用作写作手法；他还抱怨托尔斯泰反复提及人物的小特征，如"博尔孔斯基公爵夫人上唇的绒毛"。

实际上，被屠格涅夫贴上"小把戏"标签的，正是表现人物特点的有效手段，是小说家的必备技能之一。在托尔斯泰的作品中，无论是在背后摆弄手指的管家，还是弗龙斯基的一口牙齿，都是用来表现人物的（安娜"忽闪忽闪的灰眼睛"就是一例——虽说本章开篇处朱利安·巴恩斯的评论很睿智），由于张弛有度，这些细节的功用超越了技巧层面。作者功力深厚，此类细节并没有僵化。除了这些小细节，我们对安娜或卡列宁的外貌一无所知，不过可以从卡列宁在妻子眼中的形象管窥蠡测：

> 到了圣彼得堡，火车停下后她注意到的第一个人就是她丈夫。"哦，天啊！他的耳朵为什么长成那样？"安娜想道。她望着这个冷漠而威严的形象，尤

其是支撑着圆帽子边沿、此刻令她惊讶的耳朵……

读完这段话，我们对卡列宁冷酷权威的形象便略知一二，但更清楚的是他耳朵的模样让妻子多么不满——这段文字对卡列宁的相貌未做详细描述，而是主要传达了安娜的感受。对于描述的力量，托尔斯泰如此说道：

> 你们是否记得……荷马怎样描述海伦的美？只言片语而已："当海伦进来时，元老们惊艳于她的美貌，纷纷起身。"光彩夺目的美感瞬间呈现。无须描述她的眼睛、嘴巴。每个人都可以自由想象海伦的模样，但同样会被那种让元老们倾倒的美貌震撼。

我们不必将屠格涅夫的评论视作批评，反其意而用之更有价值——珍妮特·马尔科姆（Janet Malcolm）就将托尔斯泰誉为"文学界最伟大的操纵大师之一"。他操纵了我们关注的主人公，也操纵了那些只算作小角色的人物。

创意写作指南常讨论刻板人物——这些人物拥有的特质与人们对某一群体的预期相符，不作为个体发展。此外，写作指南还会讨论以下概念：中心人物，即主要人物；反面人物，即与主要人物产生冲突的人物；陪衬人物，即特质与主要人物形成对照的人物。这些分类能起一定的作用，但实用性可能不太强。比如华生医生和夏洛克·福尔摩斯在 56 篇短故事和 4 部小说中就毫无发展〔可能《最后的致意》(*His Last Bow*)中的福尔摩斯有所变化，故事中大侦探想退休了，完全沉浸于养蜂的世界〕，不过，这就是早期侦探故事的写作特点。而多萝西·L. 塞耶斯 (Dorothy L. Sayers) 将彼得·温西公爵从经历世界大战后遭受创伤的人，变成了一位怀着怜悯心却训练有素的专家，她扭转了大趋势。

我们将人物刻画视为小说的中心，但不能绝对化。纳博科夫称，所有伟大的小说都是伟大的童话。然而，正如菲利普·普尔曼 (Philip Pullman) 在《格林童话》(*Fairy Tales from the Brothers Grimm*) 前言中所提及的那样："童话没有心理描写，人物鲜有心理活动、动机清楚明确。"除童话外，其他不含心理细节的虚构作品也能够给人留下深刻的印象。在《城堡》(*The Castle*) 的序言中，卡夫卡的遗著保管人马克斯·布罗德 (Max Brod) 写道：

> 卡夫卡的人物往往被抽象成类属的人，只有基本的外观描述和少量心理分析。（"再也不写心理描述了。"他写道。）正是这种人物刻画，让读者对人物的行为生成了多重解读，似乎他们也在某种程度上"写"故事。的确，叙述行为本身要求至少有一

点点心理描写，但卡夫卡很少"进入"人物。对卡夫卡的主人公来说，最重要的不是他们自己的"内在生命"，而是在叙述谜团中必须扮演的角色。

卡夫卡的人物，和童话故事人物一样更偏向叙事功能，而非"内在生命"。不过，大部分小说仍然需要丰富的人物特征刻画。

像古典小说那样进行外貌描述并概括生平，是介绍人物的最简单方式。但一些作家会避开长篇大论的描述，防止过度影响读者。简·奥斯汀就是其中之一。在爱情小说中，她对主要人物的刻画很少在外貌描写上费笔墨。她的角色"英俊""讨人喜欢"或"一点儿都不帅气"，这样读者就能想象其余的部分了。而在《简·爱》（Jane Eyre）中，我们在第 1 页就遇到了暴戾的里德太太，但直到第 43 页，对该人物的外貌描述才出现。花费多少笔墨进行描述，由每位作家自行决定。有的作家倾向于竭尽所能大段描述，这不见得有错，却可能会阻断叙述。

还有些作家从名字开始，然后到肢体语言、声音、人物心愿和秘密。V. S.普里切特凭借身体部位来传递情绪：《副领事》（The Vice-Consul）中的麦克·道威尔有"不可理喻的下巴和情绪化的膝盖"；《和比特尔太太共进下午茶》（Tea with Mrs. Bittell）中的费恩尼先生则有"责备人的双下巴和

茂盛的大嗓门"。安东尼·特罗洛普（Anthony Trollope）
和托马斯·曼都与托尔斯泰呼应，聚焦于女性的牙齿，用
以暗示人物性格。托马斯·哈代（Thomas Hardy）则更关
注女性的唇[1]，他常常纠结于人物的命名，他最著名的女
主人公，名字从拉芙·伍德洛换成希斯·伍德洛，再到
苏·特拉伯威尔，然后是苔丝·伍德洛，接着换成罗丝玛
丽·特拉伯菲尔德，最终定为德伯家的苔丝。柯南·道尔
则曾想把他的侦探命名为"谢林福德·霍普"（华生医生
最初命名为"奥蒙德·萨克尔"），"霍普号"曾是他 1880
年以医生身份服役的捕鲸船，换名字只是因为太太路易莎
不喜欢。

　　选择合适的名字可能很复杂。在针对洛丽塔命名的采
访中，弗拉基米尔·纳博科夫滔滔不绝：

　　　　我要为我的小仙女找一个纤细的名字，带有诗
　　意的轻快感。"L"是最明朗闪亮的字母之一，后缀
　　"-ita"饱含拉丁语的柔情，这也是我需要的。这样就

---

[1]　不只是为了描述特征，也是为了描述性感。他的日常生活笔记写满了此类观察，"见
了某小姐……吸烟：好看的女孩，残酷的小嘴，她是那种男人不敢娶的有趣女人"；"火车
车厢中的克莉奥佩特拉……从声音和湿润的厚唇可以看出，这是个善良多情的女子"；"拜
访了'卢卡斯·马莱特'耀眼的女人：丰满、略微撩人的嘴，红唇"。——见迈克尔·米尔
盖特（Michael Millgate）编：《托马斯·哈代的生活和作品》（*The Life and Work of Thomas
Hardy*），雅典：佐治亚大学出版社（University of Georgia Press），1985 年，第 221、240
和 258 页。

是：Lolita。然而它的发音不该像……大多数美国人那样念 Low-lee-ta，笨重的"L"和长音"o"。不对，第一个音节发音应同"lollipop"[1]中的发音，"L"清脆柔和，"lee"不能太尖锐。西班牙和意大利语发音，自然地用上了此处需要留心的狡黠和轻抚感。还有名字的源泉中令人愉快的弱元音："Dolores"（多洛莉丝）中那些玫瑰和露珠。我的小女孩的命运令人心碎，需要将可爱和无忧无虑结合在一起考虑。

多少个世纪以来，作家们都为命名头疼不已。巴尔扎克认为编造的名字不能"为人物赋予生命"，只有现实中真正属于某个人的名字才富有表现力。他曾拖着一个朋友跑遍半个巴黎，为故事的主人公找名字，最后在一家裁缝店找到了"Marcas"（马卡斯），随后他补充了像"火焰、一束火光、星辰"的名字首字"Z"，他说"Z. Marcas"在他看来是一位伟大却可能默默无闻的哲学家或诗人。查尔斯·狄更斯翻遍英国枢密院议事录来寻找与众不同的名字，他的"科波菲尔"源于伦敦贫民窟一家商店的标牌。他和安东尼·特罗洛普都喜欢用名字来暗示人物特质：汤玛斯·葛莱恩[2]、

---

[1] 意为"棒棒糖"。——译者注
[2] Thomas Gradgrind，狄更斯《艰难时世》中人物，重金钱交易。"grind"意为磨碎。——译者注

斯克鲁奇[1]、奥兰多·德劳特爵士[2]、尤赖亚·希普[3]、德西莫斯·泰特·班纳克勋爵[4]、亚特佛·道奇[5]、悲观的反空话博士瓦克福德·斯奎尔斯[6]和莎拉·甘普[7]，令人惊讶的是，莎拉·甘普竟是福克纳最爱的小说人物。现代小说家也很在乎命名，艾伦·古尔加努斯（Allan Gurganus）甚至在墓地徘徊找名字（此处能提供"很棒的虚构人物名"）。

　　美国作家希尔玛·沃利特（Hilma Wolitzer）承认，想不出满意的名字，她就不确定小说能否写下去。著有 16 本书的保罗·奥斯特（Paul Auster），常用奇怪、近乎超现实的名字，这些名字往往象征了名字主人的特质。一次公共讲座上，被问及怎样取名，奥斯特称自己的人物出现时"就已经洗礼命名了"，他知道人物的名字，正如洞悉他们的命运和癖好一般。然而，大部分作家没有这种顿悟，需

---

［1］ Scrooge，狄更斯《圣诞颂歌》中的吝啬鬼，英文中"scrouge"意为挤、压。——译者注

［2］ Sir Orlando Drought，特罗洛普议会小说系列中的人物，从政之路不顺，英文中"drought"意为缺乏、枯竭。——译者注

［3］ Uriah Heep，狄更斯《大卫·科波菲尔》中的人物，虚伪、奉承，"Uriah"英文名意为上帝之光，此处或为反讽。——译者注

［4］ Lord Decimus Tite Barnacle，狄更斯《小杜丽》中的人物，在效率低下的兜圈子式政府机构工作，"barnacle"英文意为难以摆脱的人或物。——译者注

［5］ Artful Dodger，狄更斯《雾都孤儿》中的人物，其名之意为"躲藏能手"，该人物为扒手，是一个健谈、反传统的人物。——编者注

［6］ Wackford Squeers，狄更斯《尼古拉斯·尼克贝》中虐待孤儿的寄宿学校负责人，英文中"wack"有糟糕之意，而"queer"则是坏的、有问题的。——译者注

［7］ Sarah Gamp，狄更斯《马丁·朱述尔维特》中懒惰酗酒的护士，非常不称职，"Sarah"在希伯来语中有公主的意思，《圣经》中亚伯拉罕之妻、以撒之母，此处或为反讽。（英文中"gamp"一词表大伞之意反而源自狄更斯这个人物。）"gamp"在英式英语中为卷叠松散不齐的大伞。——译者注

要努力寻找合适的名字。

教师、言情小说作家卡罗琳·朱厄尔（Carolyn Jewel）在她的网站上称，取名要考虑三个方面。"你必须考虑这些名字在纸上看起来怎样、在脑海中出现怎样、大声说出来听起来怎样，三方面都不容忽视。"常见的名字也能创作出耀眼的人物，从伊丽莎白·班内特、伊莎贝尔·阿切尔到詹姆斯·邦德〔当代作家中，大卫·米契尔（David Mitchell）在这方面尤为出色〕，但不同凡响的名字也可颇有成效：哈克贝利·费恩、阿蒂克斯·芬奇、杰伊·盖茨比，不仅便于记忆，还代表了一个时代，代表了一种精神状态。

押头韵的特别的名字也可以引发读者的特别关注，因此出现了菲尼斯·费恩（Phineas Finn）、比尔博·巴金斯（Bilbo Baggins）、尼古拉斯·尼克贝（Nicholas Nickleby）、拉索·里佐（Ratso Rizzo）、西弗勒斯·斯内普（Severus Snape），甚至还有《第二十二条军规》（Catch-22）中的梅杰·梅杰·梅杰上校（Major Major Major Major）——不过这是个例外，荒唐可笑的名字很少奏效。据估测，狄更斯在一生疯狂的创作中，创造了 1.3 万个角色，其中包括 318 名孤儿，他甘愿牺牲心理细节描写来创造普遍典型。他将《艰难时世》（Hard Times）中的一个人物命名为麦乔克蒙恰尔德先生[1]，萧伯

---

[1] Mr. M'Choakumchild，该小说中一位注重填鸭式记忆、扼杀儿童想象力的教师，英文中 "choke" 为让人窒息的意思，"child" 为孩子，仿 "choke+child" 让孩子窒息。——译者注

纳（Bernard Shaw）怒称这"简直是侮辱认真的读者"。菲利普·罗斯在阴郁无趣、讽刺尼克松执政的《我们的帮派》（*Our Gang*）中，塑造了一位特里克·E.迪克松[1]；约翰·契弗的第三部小说《子弹庄园》（*Bullet Park*）主人公为哈默先生[2]和奈利斯先生[3]；唐·德里罗（Don DeLillo）将《大琼斯街》（*Great Jones Street*）主人公命名为巴基·翁德里克（Bucky Wunderlick）。这些作者都试图逗读者一笑，然而大家并不买账。不过，随后威廉·福克纳在大部分小说中都使用或暗示了当时连环画中广为流传的名字，读者并无反对意见。[4]

人物命名还可用于清算旧账。据说狄更斯《大卫·科波菲尔》中反派尤赖亚·希普的外观特征乃至部分性格特征原型都可能是安徒生，后者曾拜访狄更斯，但是逗留太久，不再受主人欢迎。伊夫林·沃（Evelyn Waugh）在早期创作中常安排一个边缘化的荒唐角色，名叫克鲁特维尔，取名源自牛津大学赫特福德学院中一位不受欢迎的院长，沃曾就读于这座学院。H. G. 威尔斯（H. G. Wells）在《神一样的

---

[1] Trick E. Dixon，"trick"意为骗人小把戏，"Dixon"则为对"Nixon"的模仿。——译者注

[2] Mr. Hammer，"hammer"意为锤子。——译者注

[3] Mr. Nailles，"nail"意为钉子，"les"或为仿"less"意为没有。——译者注

[4] 连伟大的作家都有疏忽之时。大卫·洛奇写道："备受尊崇的亨利·詹姆斯为何要将人物命名为范妮·埃辛厄姆（Fanny Assingham），是文学史上最大的谜团之一。"〔《小说的艺术》（*The Art of Ficiton*）第 36 页〕

人》（*Men Like Gods*）中戏仿了温斯顿·丘吉尔（Winston Churchill）。最淘气的要数狄兰·托马斯（Dylan Thomas），他在广播剧《牛奶树下》（*Under Milk Wood*）中创造了一个虚拟小村庄，命名为拉里加布（Llareggub），众人皆以为是威尔士语[1]——直到播出后，有人大声倒着念出名字，才发现其中奥妙。[2]

　　刚开始做编辑时，我接手负责的作者之一是苏格兰探险作家阿利斯泰尔·麦克莱恩（Alistair MacLean）。那时，他每本书都荣登畅销书榜，便有点马虎了。审校他最近一本小说《马戏团》（*Circus*）打印稿时，我小心翼翼地指出（大家都知道麦克莱恩的脾气）大反派的三个追随者分别叫约翰逊（Johnson）、约翰斯通（Johnston）和杰克逊（Jackson）。这三人差不多可以互换，且都被主人公利索地杀了，但名字如此接近……"想换就换吧，"麦克莱恩说道，"但别让我看见校对稿。"所以我换上了近期在击剑比赛中击败我的三位选手名字。没人注意到。

　　为人物命名时，作者可以下意识地顺应类型，或反其道

---

[1]　村庄名的字母顺序倒过来是"bugger all"，即英文俚语"什么都没有"。——译者注
[2]　2014年10月，17位作家宣布将出售未来小说中人物的命名权，作为慈善拍卖的一部分，其中包括玛格丽特·阿特伍德（Margaret Atwood）、朱利安·巴恩斯、罗伯特·哈里斯（Robert Harris）、特雷西·雪佛兰（Tracy Chevalier）以及艾伦·霍灵赫斯特（Alan Holinghurst）。雪佛兰女士需要为"19世纪50年代淘金时代旧金山一处寄宿公寓强硬的房东太太"找名字。这种做法或将引领潮流。李·恰尔德（Lee Child）已将最爱的足球队阿斯顿维拉（Aston Villa）队员中二十人的名字用进书中。

而行之。故事发展到最后，名字还能和开始时一样有效吗？人物已与名字融为一体，还是已经脱离名字了？狄更斯说，自己为《远大前程》（*Great Expectations*）"找到了好名字"，匹普（Pip）这个名字在整部小说主人公发展的轨迹中的确适合。普兰塔格内特·帕利瑟（Plantagenet Palliser，后一个词原意"木匠"，可延伸理解为"使……变平整的人"）在特罗洛普《阿灵顿小屋》（*The Small House at Allington*）中只是一个小角色，后来却在系列小说中成了主要人物，随后又提升到了新高度，成为奥姆涅姆公爵（Duke of Omnium）。[1]

　　一些人物的名字还展示了创作者的精巧构思。在《罪与罚》〔原名《醉鬼》（*The Drunkards*）〕中，"拉斯科尼科夫"有"分裂的"含义，似乎没怎么增色，但该词包含"被撕成碎片"的含义，就像石头被劈成两半那样——罗迪恩（Rodion，讽刺的是，意为"英雄赞歌"）·拉斯科尼科夫的确如此。拉斯科尼科夫是"raskolnik"的衍生物，指离经叛道者或反对者。陀思妥耶夫斯基刻意选择这些从广义上描述情绪或性格的名字：迪芙谢恩（Devushin）源于"deva"，意为少女；卡拉马佐夫源于鞑靼语"kara"，意为黑色；卡玛兹

------

[1]　当菲利普·罗斯创作《波特诺伊的抱怨》（1969）这部让他一举成名，因直白描写自慰而引发极大争议的小说时，他为主人公选了在犹太语和俄语中意为"裁缝"的姓氏波特诺伊。2013年《纽约客》作家大卫·邓比（David Denby）致信罗斯，尖酸地评论了本·尤兰德（Ben Urwand）以好莱坞和纳粹主义为主题的《合作：好莱坞和希特勒的协议》（*The Collaboration: Hollywood's Pact with Hitler*）。罗斯立刻回复，表示尤兰德是个很棒的名字，"我应该将波特诺伊命名为尤兰德"。——见"私人通信"，2013年9月29日。

诺夫（Karmazinov）源自法语"cramoisy"，意为深红色；夏托夫（Shatov）源自"shatkiy"，意为不稳定；斯莫迪亚科夫（Smerdyakov）源于"smerdyet"，惹人厌的；等等。

除了符合人物的长处或短处，名字还应符合时代和性别。在《安东尼与克莉奥佩特拉》（*Antony and Cleopatra*）中，莎士比亚将后者的侍女命名为"夏米安（Charmian）"——源于希腊语"愉快"或"小小的快乐"，不过，其中微妙的形式暗示她没有侍女头衔，曾为奴隶，在宫中侍奉克莉奥佩特拉，地位完全取决于她与女主人的关系。

还需留心，若无特殊用意，最好别选用押尾韵的名字，读者会感到恼火。〔17世纪，有个海盗名叫亚里士多德·多德尔（Aristotle Tottle），可他并未发迹。〕应该避免使用生活和文学作品中名人的名字，这看似容易理解，但我们还是得提醒一下。金斯利·艾米斯常批评儿子的作品，他透露，在《金钱》中读到一个名为马丁·艾米斯（Martin Amis）的人物后，他把书稿扔到了屋子的另一边。

有时，昵称、人物的举止或明显特征也能像全名一样有效（昵称通常表明一个人物的权力盖过另一个人物）[1]。在吉

---

[1] 在《大卫·科波菲尔》中，大卫了不起的姨婆贝齐坚持喊他"特洛特伍德（她的姓）"，随后只喊"特洛特"，作为收留他的条件；后来大卫允许自私自利、毫无道德之心的斯蒂尔福斯喊他"黛西"，暗示着他们关系的不平等和模糊性。〔蒂姆·帕克斯（Tim Parks）：《他怎样归我所有？》（*How Does He Come to Be Mine?*），《伦敦书评》（*London Review of Books*），2013年8月8日，第11页。〕

卜林（Kipling）的故事《巴瑟斯特夫人》（*Mrs. Bathurst*）中，一个被称作维克里（Vickery）的英国水手绰号"咔哒维克里"，因为他的假牙不太合适。在书中，读者对他的了解仅此而已，不过他只是个小角色，就此止步足矣。至于 J. M. 巴里（J. M. Barrie）对托马斯·卡莱尔戴着宽檐帽、拿着手杖在街上走的描述，斯克里布纳（Scribners）出版社知名编辑麦克斯韦尔·珀金斯（Maxwell Perkins）是如此评价的："没有任何人物描述，也没有浮华的语言……（但）读了那段后，我脑海中的卡莱尔更加清晰了，感觉他更真实。"在电影中，这被称作"主镜头"，一幅清晰的图像，携带让人物与众不同的小细节。电影行业的新术语，不少可以描述小说家所做的事，一位早期的陀思妥耶夫斯基传记作家写道："他所创作的特写镜头是有意义的……瞥见放大的眼睛，我们就能窥视灵魂的活动。"

作家既可以直接告诉读者人物是怎样的（通过叙述者、其他人物或该人物自身），也可以让读者自己从人物的想法、言行举止中推测信息。出版商兼小说家索尔·斯泰因（Sol Stein）在《斯泰因论写作》（*Stein on Writing*）中引用了一个句子："她总是侧着站，这样人们就能看出她到底有多瘦了。"这段描述一举两得，既让读者看到了人物的态度，又明白了她很苗条。最近，我读到关于两个黛西的鲜明对比——《了不起的盖茨比》中的黛西·布坎农和艾德蒙·威尔森第一部小说《我思念黛西》（*I Thought of Daisy*）中的主人公、歌舞团女演员。威尔森的黛西被沉闷地描述为"有趣、有魅力、引人发笑、非常通情达理"，而我们初见盖茨比的黛西时，她被刻画成好像"绕房子短途飞行了一圈后，刚被风吹送回来"，立刻呈现出一个愚蠢、悲哀却有魅力的人物。因此黛西·布坎农可谓"被形象化了"（bodied forth）——此处借用莎士比亚的说法再合适不过了。

E. M. 福斯特公开宣称，小说既需要"圆形"人物，也需要"扁平"人物。人物能否"以令人信服的方式惊到读者"，是前者的检验标准。扁平人物（在 17 世纪被称为"humors"）由单一印象或品质构成，圆形人物则须适应、成长并与身边其他人物互动。海明威的作品往往包含圆形的男性人物和扁平的女性人物，艾丽丝·默多克正好相反。但多圆才算"圆"呢？1944 年，一位名叫索尔·贝娄的年轻人给《党派评论》（*Partisan Review*）寄了一份书稿，一位编辑告诫他要避免"过度阐述、缺乏中心"的倾向。贝娄答道：

> 我发现，这年头估测读者的想象力难到令人心碎……我不停地思考："这个人物我该发展到哪一步？我有没有明确这一点或那一点？X 的行为能被读者理解吗？我要摧毁微妙之处、浓墨重笔地说清楚吗？"

　　从某种程度上来说，作者既要相信读者的判断力，也要相信自己对人际互动的观察。维克多·雨果（Victor Hugo）随时随地记录一切——哪怕在与人交谈时，他也会转身草草写下自己刚才所说或听到的话，生怕今后会用上。1916 年，阿加莎·克里斯蒂回想起两年前见过的比利时难民，于是创造了赫尔克里·波洛。艾丽丝·默多克则更依赖想象力："想出一个特定的场景，然后某些特别之处就自动闪现了。作品的深层意义自行浮出表面，形成连接。不同元素以某种方式飞到一起，就能催生其他元素，人物会创造其他人物，似乎是他们自己写成的。"

　　澳大利亚小说家彼得·凯里被问及是否在写作中创造了人物，他答道："在我看来，这个问题很重要：哪种人会做哪种事——不只是因为适合放在故事里，或适用于什么象征，而是谁真的、**真的**会那样做。如果我继续追问自己，不将就使用简化的答案，复杂的人物就会诞生。"

　　我的一个朋友贝齐·卡特（Betsy Carter）写了三部反响不错的小说，她采用面试人物的办法，即想象人物站在自己跟前，诉说他们的生活。（最近，她的一名女主角被降级成了配角：前女主的面试一定失败了。）贝齐推荐我读一读安妮·拉莫特（Anne Lamott）的《一只鸟接着一只鸟》（*Bird by Bird*），里面有这样一段文字：

也许刚开始你只了解自己笔下人物的外在，不了解他们的内心。别担心。随着时间的推移，更多东西会显露出来。在此期间，思考一下：你脑海中会浮现出人物的相貌吗？他们给人留下的第一印象是怎样的？他们各自最关心、最想得到的是什么？他们有哪些秘密？他们有哪些举止？闻起来是怎样的？每个人都是行走的广告，都在宣传自己的身份——那这个人是谁？告诉我们……

你也可以思考一下他们怎样站立、口袋或钱包里装了什么，他们在思考、无聊或恐惧时有怎样的表情，姿态会发生怎样的变化。上次选举他们会为谁投票？这些人物到底为何值得我们关心？如果他们发现生命只剩下六个月了，首先会停止做哪件事？还会再抽烟吗？还会继续使用洁牙线吗？

这些建议很有用，有助于小说家安排"人物内心世界的褶皱"，但也容易沉溺其中而不能自拔，以至于错误地认为征服细节就一定能将人物刻画好。豪尔赫·路易斯·博尔赫斯（Jorge Luis Borges）听到罗伯特·路易斯·史蒂文森（Robert Louis Stevenson）在一个故事中将人物描述成"装扮得像个拮据的出版人"时，立刻放声大笑，他让朗读者停了下来，大声惊呼："怎么有人会穿成那样，啊？

你觉得史蒂文森在想什么？精确到根本无法实现，啊？"无法实现的精确：有效的贬义表达。

四年前，我应邀参加一个读书小组，这个读书小组一年大概只办六次，这样的频率挺合适，因为我们主要选读19世纪的名著，篇幅都不短。大概十人的读书小组以伊利亚·瓦希（Ilja Wachs）为中心，他在莎拉·劳伦斯学院执教英语文学五十多年了，是一位德国犹太移民。他个子高高的，仍保留着泳者的优雅，一卷卷雪白的头发蓬出脑袋，似乎要发表独立声明。伊利亚带着亲和力和幽默感主持我们的聚会，他旁征博引，对文学的热爱让整间屋子熠熠生辉。

早在2013年，他让我读一份回忆录初稿，是一系列采访录音，准备编辑成书，其中一段写道：

> 在人类生活中，从功用的角度来看，想象力主要是精神层面的，我们作为作者或读者想象他人的生活，从一定程度上来说本身就是精神功能……
>
> 就此而言，乔治·艾略特是重要的人物，文学产生影响的方式之一是让我们有同感，因此这会给精神层面的想象带来一个问题：这种认同往往是与一个人的认同，我们只想象自己融入那个人，和那个人一同幻想，却无须体验那个世界中其他人的感受。

艾略特明白这一点，因此会下意识地用自己的声音进行干预，让我们远离最粗糙的认同。我们融入多萝西娅，通过多萝西娅感知，对卡索邦发出嘘声，然后艾略特出面制止，开始告诉我们"不不不，你真的需要理解卡索邦，如果你理解他，就会发现他和你多么相似，尽管他看起来平淡乏味、官僚、书呆子气"，艾略特对此非常谨慎……这是一个不停融入、撤离，再融入、再撤离的过程。这是处理文学必备元素的复杂技巧——深层地理解他人的感知体验。

在我看来，这段论述有理有据，他的举例非常恰当。另一位伟大的文学导师约翰·加德纳在写作指南中以约翰·斯坦贝克（John Steinbeck）《愤怒的葡萄》（*The Grapes of Wrath*）为例，也陈述了相似的观点。他说，这本书本应成为美国最伟大的著作之一，然而，尽管斯坦贝克对农工以及大萧条期间移民加州找工作的苦难做了细致的研究，但他从未深入思考雇佣农工的农场主在想什么，他对了解农场主所作所为的动机毫无兴趣，因此写出了一部情节戏剧化的作品，讲述复杂的善对抗彻头彻尾、难以置信的恶。加德纳总结，斯坦贝克"犯了简化的大错"。

与之相对的是亨利·詹姆斯对乔治·艾略特的批评，詹姆斯说艾略特对人物过于了解，"用她精明的散文手法禁锢他们"。[1]他希望自己小说的人物能"以一种灵活、随意的方式**被看见**"，就像在现实生活中那样，作者塑造的人物需要"让读者来推测"。不过，这与让自己塑造的人物"打折扣"是两码事。最近，塞巴斯蒂安·福克斯跟我提起修改他 1989 年小说《金狮酒店的女孩》（*The Girl at the Lion d'Or*）时我们有一次对话：

> RC：这儿你应该给小角色加个镜头，给她收尾。
> SF：那就像托尔斯泰一样了。
> RC：是向托尔斯泰靠近。

有观点认为，小说从某种意义上来说是独立于作者的，持该观点的小说家多得出奇，如艾丽丝·默多克所说的"人物会创造其他人物，似乎是他们自己写成的"。不少作家说他们的人物"接管并发展了自己的生命"。本章标题"环形废墟"来自博尔赫斯创作的一个故事，这个故事暗示了《爱丽丝镜中奇遇记》（*Through the Looking Glass*）中的某个片段。特威德鲁蒂向爱丽丝指出了熟睡的红国王，并解释她不过是红国王梦中的一个人罢了。爱丽丝和其他

---

[1]　其实在《一位贵妇的肖像》（*The Portrait of a Lady*）前言中，詹姆斯还引用了艾略特为"女性小人物"的辩护，这也是伊莎贝尔的人物原型："在这些纤弱的身体中承载着人类积攒了多少个世纪的情感。"他不是批评艾略特关注点"很小"或不太能引起共鸣人物，只是针对她呈现人物的方式。

小说中的人物一样，很真实。[1]

然而，在作家的博客中此类评论俯拾皆是："一个我原以为只是在书页上一笔带过的人物，突然变成了故事的主要驱动力，我当然很吃惊！"哈罗德·品特早期在对灵感的论述中解释了这一点："我的人物告诉我很多事情，仅此而已。"接受关于小说《归位》（*Falling in Place*）的采访时，安·比蒂说了这样一段具有启示意义的回忆：

> **采访者〔拉里·麦卡弗里（Larry McCaffery），以下简称 LM〕**：《归位》在我看来好像具有超越了结构或"情节"层面的意义……我想说，小说似乎是为了玛丽遭遇约翰·乔尔射杀的高潮部分蓄势。
>
> **比蒂（以下简称 AB）**：枪击发生时我非常惊讶。
>
> **LM**：你提前多久知道这是本书的发展方向的？
>
> **AB**：从来没想过。发现枪在孩子手中时，我完全惊呆了。但我随后想起，那里有帕克祖父的怪盒子。

> **第二位采访者〔辛达·格里高利（Sinda Greg-**

---

[1] 故事中，博尔赫斯的主人公来到一个原始丛林村庄。"他想去那里完成的事情，并非完全不可能，但很迷信。他想梦到一个人，梦到关于此人的所有细节，然后把他强加于现实。"之后，"这个陌生人梦到自己在圆形大剧场的中心，看起来像是一座烧毁的神庙遗址"。故事的结尾——"他松了口气，带着耻辱和恐惧，明白了他自己也是幻象，因为别人在梦他"。博尔赫斯认为，作家是互相启发的创造者，没有前人，存在和原创性就无从谈起。〔豪尔赫·路易斯·博尔赫斯：《虚构集》（*Ficciones*），纽约：格罗夫（Grove）出版社，1994 年〕

ory）]：所以说把藏枪盒子放在那里的不是你？

AB：没，实际上，枪击发生后，我在想："哦天哪，书中才过了三周，现在玛丽已经死了并躺在地上——我怎样才能让她复活呢？"所以我让她复活了。真的，枪击发生时我真的很沮丧。

听起来有点奇怪，但与人物的创造方式有着紧密的关系。P. D. 詹姆斯（P. D. James）曾反复思考她的嫌疑人之一会有怎样的表现，他游移不定地入睡，第二天早晨"醒来后意识到他会做什么"。这不是一个有独立生活的人物，作者的潜意识带来了平日清醒时无法突显的答案。可以理解帕斯卡（Pascal）为何这样写（尽管是在宗教语境中）："若不是曾与你相识，我就不会找到你。"马克·吐温在自传中写了一个醉酒的流浪汉，他回忆自己在《汤姆·索亚历险记》和《哈克贝利·费恩历险记》中曾提及此人，流浪汉在村庄狱中被烧死——

他后来在我的良心上躺了一百个夜晚，满是可怕的梦境。梦中我看到了他恳求的脸，就像我在悲惨的现实中看到的那样，贴在窗户栏杆上，身后闪耀着红色的地狱——那张脸似乎在对我说："要不是你给我火柴，就不会这样，你要对我的死负责。"我**不**为他的死负责，因为我不是想害他，只是想帮助他……那个应该对自己丧命负责的流浪汉——只受了十分钟的折磨，而无须对此负责的我，却受了三个月的折磨。[1]

这和作者对人物持有尊重的态度不同，后者意识到人物为完全有意识的人，而非暗语密码或口技表演者的玩偶。当尼古拉·果戈里（Nikolai Gogol）从描述人物的动机中跳出来，告诉我们"钻进一个人的灵魂，挖出他所有的想法是不可能的"，他正是以一种侵入性的方式向我们展示了所谓的尊重。不过，这毕竟不是在说现实的人——而是小说，是页面上词语的集合。作者需要保持平衡。

乔治·艾略特的鳏夫约翰·克罗斯（John Cross）在为艾略特作的《传记》（Life）中提到了她的写作方法："在她所有较满意的作品中，都有一个'非她'的存在掌控着她，她觉得自己本人只是这种看似自主的精神之工具。"托马斯·曼也有相似的经历。"人物，"他写道，"有他们自己的意志，并以此自我塑造。"在创作《魂断威尼斯》（Death in Venice）时，他说："我曾清晰地体验过超越感觉的时刻，如同受到终极存在的支配，这在此之前从未有过。"普

---

[1] 尽管马克·吐温所言属实，但烧死的流浪汉马夫·波特并未出现在这两本书的任何一本中，不过在《汤姆·索亚历险记》第 23 章有模糊的暗示，汤姆和哈克给了狱中的波特一些火柴。然而，关于流浪汉的死亡和吐温频繁的良心挣扎，这在《密西西比河上的生活》（Life on the Mississippi，第 56 章）中有戏剧性的描述。

鲁斯特在写作中也曾经历过他所谓的"幸运时刻"。福克纳也有过类似的经历，时间停止，作家被一种狂喜控制。据传记作家描述，福克纳"所说的写作状态往往有与宗教或心灵体验相关的内在特质。被某种东西掌控，超越了自己——因此'狂喜'"。[1]

这些作家的故事与"自由联想"的概念较为接近，这是西格蒙德·弗洛伊德（Sigmund Freud）于 1892 至 1895 年创立的疗法，即精神分析学家不做引导，任由病人诉说联想到的任何事情。在《梦的解析》（*The Interpretation of Dreams*）中，弗洛伊德引用了弗雷德里克·席勒（Friedrich Schiller）的一封信，信中提及这样的观点："创意思维所到之处，理智……在大门口放松警惕，想法蜂拥而至。"弗洛伊德还承认自己受到了卡尔·路德维希·波恩（Karl Ludwig Börne）的论文《成为作家的艺术》（*The Art of Becoming an Original Writer*）的影响，该论文中建议，若想培养创意，就需要"不进行任何篡改和矫饰，记下想到的一切"。但对作家来说，清晨大声宣布"你一定不相信我的人物刚才做了什么！"才算迈出了一小步。

从某种意义上说，每创造一个小说人物，都创造了一

---

[1]　写作无比顺畅，和网球运动员或其他运动员所谓的"在状态"是两码事，虽然二者存在相似之处。巴尔扎克曾在《人间喜剧》系列中写了 85 篇小说，51 岁过世时，另 50 篇他已经计划好了。30 多岁创作能量来袭时，他曾 26 天不离书房："有时我的大脑好像着火了。"

个真实的人（托马斯·哈代爱上了自己的女主人公苔丝），但更准确地说，每位作家创造的都是一个人的**幻象**，因为他们在讲故事，他们所要做的只是创造一个有说服力的幻象，让那个虚构人物有逼真感。"一件事是否会发生无关紧要，关键在于人物是否会去做。"哈代在日记中写道。人物生活在纸上，而非另一个世界中，不一定需要（且无法）写出完整的背景故事。

写作也许会无意识地释放思想，因此某个人物可能**看似**主宰了一切，这也许对故事是颇有益处的。与之相反，安东尼·特罗洛普无意间听到两位牧师抱怨他《巴塞特郡纪事》（*Chronicles of Barsetshire*）系列中糟糕的普罗迪夫人开始越来越没意思了，于是下一部书就安排这个频繁出现的人物死了。乔治·艾略特在小说中会停下，询问读者是否认同她的人物，尽管——某位批评家最近评价道——"艾略特接收端的读者可能在想'这可笑的家伙！'"（她喜爱的女性似乎总是因某种原因感到拘束）D. H. 劳伦斯反对作家"把拇指伸进锅里"，即作品有独立自主的生命，小说家不该将自己的目的强加于其上，干预这种微妙的平衡。

在某些方面，虚构人物很像小孩子。作者是父母，尽管人物由作者创造，但从一定的程度上说，他们有自主的生命，明智的父母不会试图去操控他们。说到这里，这个对比可能就站不住脚了，因为孩子的确是有自主心智的，但小说人物则不然。1967 年,《巴黎评论》采访了弗拉基米尔·纳博科夫。他特立独行的回应很有趣（可能还有点刺耳），但他点明了一个重要的问题：

> **采访者：**E. M. 福斯特说他的主要人物有时会控制全局，引领小说的走向。你遇到过这种问题吗？还是你对全局都有绝对的掌控？
>
> **纳博科夫：**我对福斯特先生作品的认识，仅限于一部小说，那本书我不太喜欢。无论如何，关于人物脱离控制之类的陈腐古怪念头并不是他独创的，这个观点和羽毛笔一样古老。当然，有的作者会同情他笔下的人物——作者打算带他们去印度或别的什么地方，而他们正努力从这趟旅途中逃跑。但我笔下的人物就是囚徒。[1]

纳博科夫的人物遵从他的每一个意愿，是因为他们在他的想象之外没有独立的生活。在一篇关于《纠正》(*The Corrections*) 的随笔中，乔纳森·弗兰岑提到了福斯特关于人物"控制"和纳博科夫激烈的反应。弗兰岑说：

---

[1]　也许还得补充一点，他的对话人也是受束缚的：纳博科夫只接受书面采访，要求所有问题都写出来提前给他看。

如果作家给人的感觉是在坚持福斯特的那种观点，最好是大家误解他的意思了。不幸的是，这种观点更多的时候会让我嗅到一丝自我夸大的气息，似乎作者在努力让作品和类型小说的机械情节构造保持距离。这位作家希望我们相信，自己和那些能提前告诉读者故事结局的职业写手不同，**他的**想象力很强大，他的人物非常生动逼真，他对人物毫无控制。这最好不是真心话，因为这个概念的前提是作者丧失意志、抛弃目的。

可如果作者说自己是人物的仆人，又是什么意思呢？对弗兰岑来说，人物一旦丰满到足以形成连续的整体，会出现无法避免的情况：

倘若你无法听见人物的声音，那这个人物就失去了生命力。从一定的程度上说，我想这类似于"接管"并"告诉"人物会做什么、不会做什么。但人物不能做某事，是因为**你**不能做。如此一来，作者要做的事情就变成了去揣摩人物**能**做什么——尽量延长叙事，尽量不忽视你自己内心令人兴奋的可能性。尽量在说得过去的方向上强行讲述。

　　凯特·阿特金森明显感到了同样的压力。"这是与扮演上帝最接近的事情了，"她说，"突然创造出这些完整的生物。感觉有点怪。其他方面你可以再努力——斟酌词句、调整故事画面。但塑造人物不是，虽然他们显然无法决定自己的命运，可你一旦创造了他们，潜意识就会开始运作。"作家将水桶放进潜意识的井时，打上来的通常是清醒时难以企及的东西。玛丽莲·罗宾逊（Marilynne Robinson）应邀回顾她的经典小说《管家》（*Housekeeping*）时评论道："作家总是说自己被笔下的人物惊到了，而我认为，如果我在开头或故事中完全不对人物做出评价，这才有点儿可能。"

　　小说家（也许是所有作家）似乎都会进入一种状态，说不上狂喜，但也是一种与潜意识或半清醒相关的状态，此时为人物设定的行为也许是完全清醒时从未计划过的。这并非缺乏自控能力或自我放纵，而是写作过程的重要部分。但幸运时刻过后，随之而来的就是完全清醒的修改和控制。因此，即便约翰·乔尔枪击玛丽，玛丽还是能活下去。

　　作者应该把背景故事（"backstory"这个词在英语中直到 1984 年才出现）置于何处、透露给读者多少呢？所谓的"阐述"如同炮弹——只在需要时发射。让人物尽可能地有趣，至于主角，让他们保持发展。人物，乔治·艾略特就《米德尔马契》中的特提亚斯·利德盖特写道，"是一个过程，一种演变"。这至少是一种传统，一种 19 世纪的典型观念。20 世纪 20 年代起，乔伊斯、伍尔芙等小说家或布莱希特（Brecht）和贝克特等戏剧家声称，人并无高度的一致性或连续性。对他们来说，人物没有统一性和连贯性，因此"发展"是妄想。到底该坚持哪种论断，仁者见仁智者见智。在大部分当代小说家看来，微妙的性格变化也可以奏效。至于从人物的本性来看，他 / 她是否"真实"，还是要谨记奥斯卡·王尔德对真实的定义："真实是指一个人当前的心境。"

另一个值得一提的问题是，故事中的每一个人物都应该有所贡献。有的人物完全是硬塞进去的，可不可以删除或与其他人物合并？试笔的作家经常写两兄弟的故事，其实可以通过增加复杂性将其合并为一人。给一个人物增加多重功能或角色，可增添趣味。每个人物都应具备一些人类的共性，让读者感到亲切〔如《远大前程》中的郝薇香小姐和托妮·莫里森《宠儿》（Beloved）中饱受折磨的母亲塞丝〕，但最成功的人物应该是无法预测的，若安排人物做出与设定性格特点相悖的事情，一定会有所收获。最能引发共鸣的伟大创作尤其如此：蜜蜂为了防止蜂蜜变质，要加入一滴毒液，好的作品也需要。

在《巴黎评论》的一次采访中，金斯利·艾米斯解释了《幸运的吉姆》（*Lucky Jim*）的灵感建立在他拜访菲利普·拉金（Phillip Larkin）和莱彻斯特大学图书馆员的见闻之上，并非基于他年轻时在斯旺西当讲师的经历（人们通常以为是这段经历）。这就引出了以现实人物为原型创造小说的是是非非。

从某种意义上来说，几乎所有小说家都曾以个人经历进行创作，只是借鉴程度不同而已，一些作家将认识的人放进小说，只做微调或毫不掩饰。据说托尔斯泰《战争与和平》中的人物都是自己家庭中的成员，他本人也说过，每一个人物都不是虚构的——都源自他的熟人。此外，菲茨杰拉德从未打算否认《了不起的盖茨比》中女主人公黛西·布坎农和乔丹·贝克的原型是他早年的女友吉妮芙拉·金和她在康涅狄格州威斯多夫学校的同学伊迪斯·卡明斯。

近年来，这种借用越来越突出。希拉·海蒂（Sheila Heti）2012 年的小说《一个人应该是怎样的？》（*How Should a Person Be?*）副标题为"一部源于生活的小说"，海蒂使用了"对话转写、真实邮件，外加浓重的小说元素"，将小说可以从生活中借用什么这个问题推到极致。在采访中，海蒂解释道："我对写虚构人物的兴趣越来越淡，因为编造一个虚假的人物，将其插入虚假的故事节奏似乎很无聊。我就是——做不到。"

与此同时，作家在划分艺术和生活的界限时需小心谨慎。对大部分作家而言，若想提取生活故事中最宝贵的部分，要付出极大的努力。"人们往往会低估我的想象力，"纳博科夫说道，"也会低估我在作品中发展一系列自我的能力。"约翰·契弗则反复强调："小说不是一部隐秘的自传。"但问题没那么简单。盖尔·戈德温（Gail Godwin）在她的随笔回忆录《作家养成记》（*The Making of a Writer*）中描述了她将自身经历放进小说时的内心挣扎：

> 事实和虚构，虚构和事实。两方面分别止于何处、各安排多少？如何找到联结点，让生搬硬套的自传转为经由艺术加工的回忆？怎么才能知道什么时候该停下陈述事实，使其成为应有的模样——换言之，怎样才能将现实塑造为更好的故事？

在《波特诺伊的抱怨》后，菲利普·罗斯在报纸上读到了关于他精神崩溃的报道。〔"那些自慰情节找上他了，"马丁·艾米斯尖刻地评论，"通俗小说家杰奎琳·苏珊（Jacqueline Susann）在访谈节目中说，她想见见菲利普·罗斯，但不愿同他握手。"〕他的艺术自尊受到了伤害，数年后罗斯在小说《反生活》（*The Counterlife*）中，借虚构的"他我"内森·朱克曼之口，说读者"将人格化误为坦白，对一个生活在书中的人物大吼大叫"。在 2014 年的一次访谈中，他做了进一步阐释：若将作者笔下人物的话语和想法等同于作者本人的话语和想法，那就"看错了方向"。与之相反，作者的想法隐藏在"他为人物设置的境遇中，在人物的对比中，在他们相遇互动产生的后果中——他们的密度、实质性和存在感都在各种微妙的细节中"。

　　总而言之，上述即创造人物所需要解决的问题。

偷取灵感

第 3 章

失窃的文字：三种剽窃形式

抄吧，抄吧，抄吧！

但切记，始终将其称为"研究"。

—— 汤姆·莱勒（Tom Lehrer）

《罗巴切夫斯基》（*Lobachevsky*，1953）

不是所有模仿都应被斥为剽窃。汲取高尚的情感或插入借用的装饰，有时可能会展示出丰富的见解，甚至可以达到等同于原创的效果。

—— 塞缪尔·约翰逊（Samuel Johnson）

《漫谈者》（*The Rambler*，1751）

上一章有 66 条文献注释。从何种程度上说，我可以将它称为我的作品呢？从何种程度上借用他人的话语或思想，乃至借用别人的生活经历，可以视为运用写作的原材料呢？今天我们将毫不避讳地看看我一位朋友称之为"严重的小偷小摸"的问题。然而，"剽窃"一词所涵盖的内容，可能远比你想的要复杂。

人们对剽窃的厌恶由来已久。例如，约公元前 200 年到公元前 185 年，著名的亚历山大图书馆馆长是一位名叫阿里斯托芬（Aristophanes）的拜占庭人，他在国王殿试诗赛中担任评委。阿里斯托芬每天都兢兢业业地工作，他博览群书，以剽窃为由取消了绝大多数诗人的参赛资格，仅有一位诗人幸免。国王召他为诗人们的指控进行证明，他迅速地回到图书馆，"仅凭记忆，从书架上抱来一堆卷轴"，这些诗人的参赛资格还是无法恢复。

不过，数百年来，各类艺术家——不只是作家，皆因使用他人的作品而熠熠生辉。拉美西斯三世（Ramses Ⅲ）于公元前 1186 年至公元前 1155 年统治埃及，他把前任法老们的名字从重要的纪念碑上凿除，换上了自己的名字。除图书馆馆长阿里斯托芬外，古典世界中的大部分人并不会斥责剽窃，引用言论也鲜有注释。古罗马作家认为自己的角色就是模仿改写前人的杰作，"imitatio"（模仿）即使算不上美德，也被视为宝贵的技能。"运气偏爱勇者"——维吉尔（Virgil）写道——他一不小心就忽视了特伦斯（Terence）多年前写过同一句话。

纵观文化长河，可以看出借用其他艺术家的作品始终处于艺术创作的中心。比尔·布赖森（Bill Bryson）巧妙地评价道："莎士比亚的故事讲得很棒，前提是有人先前讲过同样的故事。"他借用了情节、人物和标题，重塑了其他作家的戏剧、诗歌和小说，不加注释地窃取整段文字。莎士比亚这种打包式剽窃不仅被容忍，还赢得了观众的欣赏和期待。对船中克莉奥佩特拉的描述，完全取自普鲁塔克，却经过了天才的打磨。

在本章开篇引用的那篇《漫谈者》随笔中，约翰逊博士引用了维吉尔、贺拉斯（Horace，此人剽窃行为严重）、奥维德（Ovid）和西塞罗（Cicero），还有蒲柏（Pope）、德莱顿（Dryden），以说明他们借用的频繁程度。通常，18世纪的作者们都对原创性持怀疑态度。劳伦斯·斯特恩在《项狄传》中几乎一字不动地融入了罗伯特·伯顿（Robert Burton）《忧郁的解剖》（*The Anatomy of Melancholy*）、弗朗西斯·培根（Francis Bacon）《论死亡》（*Of Death*）、拉伯雷（Rabelais）的《巨人传》（*Gargantua*，最爱用的借鉴来源之一）和其他几位作家的文字，重新整理以适应自己的目的。《项狄传》出版于 1759 至 1767 年间。奥利弗·哥尔德斯密斯（Oliver Goldsmith）随即为斯特恩的借用辩护：

> 从斯特恩的作品可明显看出，人们长期以来认
> 为他原创的方式和风格，实则为最毫不犹豫的抄袭，

从前人那里借用文字，扮靓自己的作品。但与此同时，不得不承认，斯特恩的马赛克拼凑之作选材极具艺术性，而且进行了精心的安排、细致的打磨。多数情况下，鉴于天才的高度鉴赏力让借用材料融入了新的形式，我们都愿意原谅原创性缺失的问题。

斯特恩在他伟大小说的第四卷中，借批评愚拙抄袭的牧师荷美纳斯博士之口，对文学剽窃的行为进行了最为猛烈的谴责："我们要一直像药剂师混合原料那样，把一个容器的东西倒进另一个容器，用这种方式来创作新书吗？我们一直都得拧同一根绳子吗？"不过，这段本身就引自伯顿《忧郁的解剖》中批评模仿者的段落：斯特恩接着承认自己引用了蒙田（Montaigne）等作家的文字（而蒙田则将普鲁塔克的作品称作"每日必读"，常不加注释地引用），但对自己大量引用伯顿却只字不提——但我怀疑他剽窃那段谴责抄袭的文字时很清楚自己在做什么并乐在其中。在生活中斯特恩甚至自我抄袭，将多年前写给妻子的情书抄给情人。

一直有人在批判剽窃：1820年威廉·哈兹里特（William Hazlitt）写道："一旦被发现抄袭，作家日后都难洗抄袭之嫌。"但也有人会欣然接受抄袭的罪名。1885年，有人谴责 H. 莱德·哈格德的《所罗门王的宝藏》（*King Solomon's Mines*）从一本旅行书中窃取段落，他轻松脱身了，说自己笔下所写的只是常识。在英吉利海峡那边，爱弥尔·左拉（Émile Zola）关于嗜酒狂的自然主义小说《小酒馆》（L'Assommoir）被谴责剽窃严重，他答道："动笔前我会泡在书堆和笔记堆中，我所有小说都是这样写的。若要在我之前的作品中搜索剽窃的痕迹，先生，你会有惊人的发现。"

"'原创性'，只是从众人处剽窃。"鲁伯特·布鲁克（Rupert Brooke）评价道，这句话本身就是从伏尔泰（Voltaire）那儿偷来的。巴勃罗·毕加索（Pablo Picasso）说，剽窃只是从别的小偷那里（还有他自己那里）偷师来证明自己的观点。剽窃继续盛行，人们发现《名人访谈》主持人大卫·弗罗斯特（David Frost）在节目中"借用"大学学长彼得·库克（Peter Cook）的幽默风格并一举成名——他便迅速赢得了"被传染剽窃者"的诨号。埃里克·克莱普顿（Eric Clapton）有时会从罗伯特·约翰逊（Robert Johnson）或穆迪·沃特斯（Muddy Waters）那里窃取完整的词组，很少有人表示不满。2014 年 5 月，鲍勃·迪伦（Bob Dylan）被发现从其他作家的文字中借用了 1000 多个词组，一位哈佛大学古典教授曾写过迪伦引用维吉尔的论文，他为迪伦辩护说："这是诗人们一直在做的事，这是通过模仿暗示、修正或嘲讽前人作品的一种方式。"当然，**可以**如此，但并非必须。

马克·吐温是迪伦"借用"的作者之一，在海伦·凯勒被指责说早期的故事抄袭后，吐温写信给她：

> 　　天哪，"剽窃"闹剧是多么莫名其妙，滑稽、愚
> 蠢又奇怪！似乎除了剽窃外，人类口头或书面语中
> 本来就有许多相似之处。人类言语的全部本质、灵
> 魂——乃至物质、体积、实实在在的宝贵材料——
> 都是剽窃……人类口头和书面语中除去剽窃内容后，
> 好像所剩无几。这个问题纯粹而简单，源于知识分
> 子的事物，百分之九十九都是剽窃。

　　多么执迷不悟的想法——吐温是为了表示理解和同情，在他看来似乎不存在原创的表达、研究或想法。直到19 世纪晚期，人们还是不太乐意"打击剽窃"，原创性的"宝贵价值"仍备受争议。然而，为借用其他作者文字而辩护的最强音，至 1920 年才出现，源自 T. S. 艾略特（T. S. Eliot）的《圣林》（*The Sacred Wood*）。在攻击雅各布派剧作家菲利普·马辛格（Philip Massinger）及其对莎士比亚平庸的借用中，艾略特写道：

> 　　最可靠的检验方法是看借用的方式。不成熟的
> 诗人模仿，成熟的诗人偷窃，糟糕的诗人让自己拿
> 来的东西贬值，优秀的诗人让借用之物升华，或者

与原创有所不同。优秀的诗人将撕下来的布料自然
地织进新的整体，新颖独特，给人带来不同于原语
境的感受；蹩脚的诗人则将盗取的文字随意丢进文
章，毫无连贯性。

马辛格之后也没有翻身。然而，两年后出版的《荒原》
（*The Waste Land*）几乎就是一本引文的产物，很多脚注还不
太准确。艾略特表示，之所以如此，是想让出版商被迫修订
重印。对此，我们不禁会感叹：**玻璃屋中的人**[1]啊……

艾略特公开表态后，对抗剽窃的态度变得更加强硬了。
2005 年，我刚到金斯顿大学教书时，学校给了我一叠表格
分给每位学生。上面写道："剽窃，即不经恰当说明将他人
的想法作为自己的想法呈现出来。"后文举例中包括：

从书中复制段落，不列参考文献说明；
从网站剪贴文字，企图作为自己的原创内容；
借用其他学生的论文，复制全部或部分内容。

我不太确定最后一类是否应算作剽窃：那是公开作弊，
像考试偷窥一样。但此类行为的后果如何，白纸黑字印得
很清楚。**"不要**在任何情况下出现上述行为。剽窃会带来严

---

[1] 指有问题、自身难保的人。——译者注

重的惩罚，并影响最终的学位成果。为避免剽窃的嫌疑，请检查自己的作品中所有引用是否都列在文献中了。"[1]

2010 年夏，《纽约时报》中刊登了一篇讨论美国校园出现大量剽窃现象的文章，愤愤不平的读者纷纷致信编辑。一封较有代表性的信写道："将自己的名字署在他人原创的语言上，就是在公开承认自己没有丝毫自尊和自爱。这种盗贼根本无法体会内心深处的愉悦、欢乐和创造力，只会让人觉得可怜，遭人鄙视。"

肯恩大学一位英语教授描述了自己开学第一天的做法：他会分发一份关于剽窃的"小测验"，借此为学术不端下定义。测验中概括了适当引用的指导原则并提及学生剽窃的原因，解释了为何这属于严重的过错，也指出了剽窃可以被轻易地检测出来。

剽窃一直被称作"违背餐桌礼仪"，而如今已被视为道德和侵权问题，甚至可提起民事诉讼。有时，作者也许不是蓄意欺瞒，存在很多意外的剽窃：笔记混乱或摘录文献信息马虎，学生就容易把自己的想法和所读资料的观点糅合到一起。区分可自由使用的"常识"和他人享有知识产权的原

---

[1] 大部分学术机构对剽窃的定义似乎仍仅限于书面文字。斯坦福大学将其定义为"使用他人的原创作品，未做合理或适当说明，或未指出原文作者，无论该作是代码、公式、思想、语言、研究、策略、写作或其他形式"；耶鲁大学将其定义为"未经说明地使用他人的作品、语言或思想"，其中包括"未经说明使用另一方的语言、未经标注使用另一方的信息，以及使用和原文十分近似的语言形式解释资料"；牛津将其定义为使用"作者的想法或措辞，且未做说明"。这些高校一定都会开除毕加索。

创观点（马克·吐温爱怎么说就怎么说）可能并非易事。

为了检测剽窃，当代高校引进了高度发达的电子系统（如 iParadigms 公司出品的 Turnitin），大部分老师会直接将疑似剽窃的词组或段落输入谷歌或同类搜索引擎，几秒就能找出原作者。尽管如此，据 2001 年的调查显示，超过 40% 的美国大学生承认曾从网络进行复制。在英国，法律专业的学生超过 8 万人，其中被发现未经说明使用他人材料的人多达年均 300 人。在一份针对 2007 年 5 万份主要瞄准医学课程和牛津和剑桥的入学申请书调查中，发现有 234 位医学申请人的个人陈述开头相近，均为"8 岁那年点燃了睡衣"。这让人不禁思考原创故事究竟从何而来，为何如此多的申请者认为这么写有助于录取……

一经发现，剽窃者常常会付出惨痛的代价：颜面尽失、遭到羞辱和排斥。正如法官理查德·波斯纳（Richard Posner）在他的精彩著作《论剽窃》（*The Little Book of Plagiarism*）中所评：剽窃是"愚者之罪"。书中他还提及，俄勒冈大学的《剽窃危害指南》窃取了《斯坦福助教手册》中的某个板块——未做任何说明。

著名作家可能也会成为最受人关注的剽窃者。2001 年，斯蒂芬·安布罗斯[1]出版了《狂野的蓝：驾 B-24 飞在德

---

[1] Stephen Ambrose，该作家著有超过二十多本书，改编成了 HBO 电视剧大获成功的《兄弟连》（*Band of Brothers*）就是其中之一。

国上空的男人和男孩们》（*The Wild Blue: The Men and Boys Who Flew the B-24s over Germany*）。该书初版印刷 50 万册，荣登《纽约时报》畅销书榜单第 12 名。然而，随后有人发现这本书中有整段整段的文字与一本 1995 年的著作相同：宾夕法尼亚大学历史学教授托马斯·查尔德斯（Thomas Childers）的《清晨之翼：二战中最后飞翔在德国上空的美国轰炸机队员》（*Wings of the Morning: The Story of the Last American Bomber Shot Down over Germany in World War II*）。安布罗斯窃取了主要段落，且未经注释地复制：尽管查尔德斯出现在了安布罗斯的参考文献和各处脚注中，但丝毫未对整段雷同之处做出说明。

接下来的几周里，不断有证据显示安布罗斯还剽窃了另外六本书。早在 1975 年《疯狂的马和卡斯特》（*Crazy Horse and Custer*）中，他就开始从他人的作品中窃取材料。安布罗斯试图为自己辩解，称自己出版了"10 万多句话"，其中只有少量源自他人的作品，也许"1.5 万页作品中仅有 10 页"。可他的名声再也没能恢复，争论开始前他已经病倒，2002 年 10 月，安布罗斯因肺癌逝世，声誉至死仍未挽回。

同年，据报道多丽丝·凯恩斯·古德温（Doris Kearns Goodwin）在 1987 年研究《菲茨杰拉德家族和肯尼迪家族》（*The Fitzgeralds and the Kennedys*）中未经说明地使用了其他史学家之前的出版物。古德温教授解释，她将那些书的引用和自己的笔记混在了一起，她从未企图将他人的文字据为己有。随后她雇了强大的法律顾问罗伯特·施勒姆（Robert Shrum）组织媒体声援，一群以小亚瑟·施莱辛格（Arthur Schlesinger，Jr）为首的知名史学家写联名信给《纽约时报》，称古德温"过去没有，现在也没有作弊或剽窃。她的人品和作品确实代表着品德修养的最高水准"。此举引发布鲁斯·麦考尔（Bruce McCall）在《纽约时报书评》（*The New York Times Book Review*）撰文《无能之辈写的》（*The Dog Wrote It*）发表尖锐评论：

> 大量证据表明，作家也许是事故高发群体。"一本百科全书砸我头上了。""我离开伊莱恩家时滑了一跤。""红袜队又输了，我郁闷得往墙上撞脑袋，后来才发现自己抄了纳博科夫的文字。"

他总结道，难怪作家健忘症的已知发病率"近来与法律界剽窃诉讼案件同比增长"。

最终，真相大白：《菲茨杰拉德家族和肯尼迪家族》出版后没多久，主要遭剽窃的（涉及好几位作者的作品）琳内·麦克塔格特（Lynne McTaggart）收到了古德温经纪人的一大笔"封口费"。后来，古德温著作的平装版增添了新尾注，前言也加入了相应的段落，称麦克塔格特的研究是"最权威的"凯瑟琳·肯尼迪（Kathleen Kennedy）传记，但古德温始终没有承认自己剽窃。直至该事件引发关注，麦克塔格特才宣称："我感到获得了辩护。（古德温）得到了应有的谴责。"如今（十五年后），她补充道："其中有亟待审视的广义道德问题。"

的确存在道德问题，且我们还需明确，此类道德侵犯有多么严重。连环剽窃者克里斯蒂安·沃德（Christian Ward）以自己的名字出版了诗人桑德拉·比斯利（Sandra Beasley）的诗歌，后者在《纽约时报书评》的一篇文章中描述了自己当时的感受："但丁会把剽窃者送到哪儿去呢？""地狱的第八层是为造假者准备的，要骑着革律翁[1]从悬崖向下降落，降到莫德雷德[2]和乌戈利诺伯爵[3]的欺诈深渊，与他们面对面。"顿了一下，又补充道："那似乎有点过分了。"

近年来最有趣的一件已公开的剽窃案发生于 2006 年秋，《周日邮报》（*The Mail on Sunday*）发表长篇文章攻击伊恩·麦克尤恩（Ian McEwan），称这位作家在小说《赎罪》（*Atonement*）中不道德地使用了另一位作家的作品。

---

[1] Geryon，古希腊神话中的欺骗之兽，有着诚实人脸的有翼怪兽。
[2] Mordred，神话传说中臭名昭著的叛徒，叛变了亚瑟王。
[3] Count Ugolino，13 世纪佛罗伦萨的一位伯爵，政治叛徒。

而此时，由凯拉·奈特莉（Keira Knightley）主演、根据该书改编的同名电影正在制作中。《周日邮报》的姊妹刊《每日邮报》（Daily Mail）随后在一篇文章中称《赎罪》"劫持"了 1977 年的回忆录《没时间浪漫》（No Time for Romance），作者为曾做过护士的言情小说家露西尔·安德鲁斯（Lucille Andrews）。由于麦克尤恩使用安德鲁斯的材料时，她正当新寡又缺乏资金，故"更显残酷"。其他记者很快就回忆起关于麦克尤恩 1978 年引发争议的的处女作《水泥花园》（The Cement Garden），发现情节的主要元素与英国作家朱利安·格罗格（Julian Gloag）一部 1963 年的小说呈现出密切的联系。

实际上，麦克尤恩所做的只是从安德鲁斯的自传中读取英国战时护理和医院状况的真实细节，初版小说的结尾就已包含对《没时间浪漫》及其他著作的文献参考说明，两本书中只有少量文字有雷同。但余波随之而来，一大堆作家的信件雨点般飘来（都是为麦克尤恩辩护的），其中包括玛格丽特·阿特伍德、约翰·厄普代克、彼得·凯里、科尔姆·托宾（Colm Tóibín）、扎迪·史密斯（Zadie Smith）和马丁·艾米斯——其中艾米斯的举动尤为慷慨，他本人的《雷切尔文件》（The Rachel Papers）曾于 1979 年被雅各布·艾普斯坦（Jacob Epstein）在小说《放荡不羁》（Wild

Oats)中剽窃。[1] 而罗丝·特里梅因（Rose Tremain）信中写道，她的《音乐和寂静》（*Music and Silence*）"从很大程度上说依赖于一本小册子，即比格·迈克尔森（Birger Mikkelson）的《克里斯蒂安四世》（*Christian IV*）"。石黑一雄（Kazuo Ishiguro）说自己也有麦克尤恩式的问题："我至少有四部小说会被标出剽窃。"

让人最为吃惊的信件来自与世无争的托马斯·品钦（Thomas Pynchon）：

> 奇怪的是，我们大部分写历史小说的作家都感
> 到有责任做到准确。正是拉斯金（Ruskin）所谓的
> "对事实敏感却不为其压制的能力"。若非我们自己

---

[1] 令人难以置信的是，艾普斯坦的主人公大部分时间都在研究一宗剽窃案。除此之外，小说中还有另一桩剽窃案，一个配角剽窃《小熊维尼》被发现了。该书获得了莉莉安·赫尔曼（Lillian Hellman）、约翰·格里高利·邓恩（John Gregory Dunne）、安·泰勒和达里奥·品客尼（Darryl Pinckney）等人的称赞。《放荡不羁》出版于1980年，那年艾普斯坦23岁；而艾米斯的处女作《雷切尔文件》出版于1974年，当时作者24岁。艾米斯最终在《观察者》（*The Observer*，1980年10月19日）上公开发表观点，指出53处完整借用，并评论道："艾普斯坦未受到《雷切尔文件》'影响'，他的打字机已经把这本书压平了。"对艾米斯来说，艾普斯坦是在文学界自杀，他甚至感到怜悯。剽窃行为"带着侥幸心理，或将引发深深的惭愧，其中必有求死的念头"。艾米斯承认自己不时窃取一两句——尤其《我们共同的朋友》（*Our Mutual Friend*）中一处描述和J. G.巴拉德（J. G. Ballard）《淹没的世界》（*The Drowned World*）中的一整段。但这些问题不算大，并非打包式抄袭。艾普斯坦通过《纽约时报》作出回应："我担心这件事好几个月了，真是个可怕的错误，当初是因为我写作前还读不同的书做了笔记，然后记文献参考资料的笔记本丢了。"啊，丢失或混乱的笔记本。艾米斯再也没深究此事，干净利落地从中脱身。〔托马斯·马伦（Thomas Mallon）：《失窃的文字：探寻剽窃的起源和破坏力》（*Stolen Words: Forays into the Origins and Ravages of Plagiarism*），纽约：提格诺和菲尔茨出版公司（Ticknor and Fields），1989年，第89—143页〕

亲身经历，我们就得诉诸当事人或信件、当时的报道、百科全书、互联网，直到某刻有所发现，可以开始编一点自己的故事。在研究过程中，挖掘一些引人入胜的细节，用于故事所需，这几乎不能被等同于作假行为——这正是我们应该做的。

巴特（Barthes）和福柯（Foucault）等法国文学理论家早就争论过，从严格的意义上来说，不存在"作者"这个概念，因为所有写作都是合作性的，诞生于文化集体主义。[1]不过，我更赞同澳大利亚小说家托马斯·基尼利（Thomas Keneally）在这场争论中的观点。他写道："取决于小说能否让原材料增值，麦克尤恩创造出了高于原作的价值，我相信会充分展示出来的。"

2004 年 11 月，马尔科姆·格拉德威尔有效地解释了"增值"，内容可能略带争议性。他在为《纽约客》撰写的文

---

[1]　早在 1879 年乔治·艾略特就宣扬了写作的"共产主义原则"："在写作中区分'我的'和'你的'是以自我为中心、狭隘和低级的。"〔《西奥弗拉斯特斯·萨奇的印象》（*The Impressions of Theophrastus Such*），南希·亨利（Nancy Henry）编辑，伦敦：威廉·皮克林出版社（William Pickering），1994 年，第 58 页〕时间更近的一例，2010 年德国少年小说家海伦娜·黑格曼（Helene Hegemann）因将一位小说家的文字融入她的作品中遭到了原作者批评。她不但没道歉，还称这是蓄意所为。黑格曼说她自己是混合时代的孩子，"反正没有所谓的原创性一说，只有真实性"。在随之而来的争议中，戴维·希尔兹（David Shields）出版了《渴望真相》（*Reality Hunger*），这是一部几乎完全依靠引用其他作者和思想者文字创造的文学"声明"，评价褒贬不一。他宣称，表达性的写作，在使用、挪用工具上远远落后于其他艺术。〔兰迪·肯尼迪（Randy Kennedy），《肆意挪用的作家》（*The Free-Appropriation Writer*），《纽约时报》，2010 年 2 月 28 日，第 3 页〕

章中提及，那年春天精神分析师多萝西·路易斯（Dorothy Lewis）联系了他。约 8 年前，他撰写了一篇关于路易斯的文章，详细描述了她研究连环杀手的经历。路易斯告诉格拉德威尔，有朋友暗中透露，英国剧作家布里欧尼·拉弗里（Bryony Lavery）的百老汇剧作《冻结》（Frozen）中有一名主角疑似路易斯。这不仅具有强大的破坏力（有精神分析师和出于工作需要而拜访的杀手发生性关系的情节），还大幅度剽窃了格拉德威尔的文章。她逐句标出了相似的段落。"我坐在家里，"格拉德威尔引用她的话说，"然后发现那是我自己，我感觉自己被人用一种独特的方式打劫侵犯了。似乎有人偷走了——我不相信灵魂，但似乎有人偷走了我的精髓，如果这种东西存在的话。"她列出了一张清单，对比了她的个人经历和剧作情节的吻合之处：长达 15 页，列出了《冻结》和格拉德威尔文字 12 处几乎一字不差的相似片段，约 675 个词。

最初，格拉德威尔也愤怒无比，未经允许窃取他的材料就是"盗窃"，简单直白。然而，读着读着，格拉德威尔发现事情没那么简单。"我并没觉得文字被人窃取，而是感到它们成了某种更具野心的作品的一部分……知识产权信条不应该直接用'你不该偷窃'的道德原则，核心的问题应该是规定哪些情况下**可以**偷取。"他的结论是，拉弗里抄袭了他的作品，此处的剽窃服务于更大的目的。"不是在写另一篇多萝西·路易斯的传记，而是在写全新的东西——倘若一位母亲遇上了杀害女儿的凶手会发生什么？"即剧作家借用了格拉德威尔对路易斯工作的描述和路易斯的生平。"作为让对峙合理化的基石。创造力难道不该这样发挥吗？……剽窃……不应该极端对待。这样说也从是否抑制创作力的广义问题中脱离出来了。"

　　甚至连布里欧尼·拉弗里都不知趣地向格拉德威尔承认："我以为用一下没关系的，开始真的没想到需要征求你的意见，我当时觉得那是**新闻**。"剽窃——尤其是大学或学术论文层面的剽窃——没有"增值"，无论采用何种标准评判，都是大错特错的欺骗造假行为，应受到惩罚。但该为天才和庸才分设不同的标准吗？在一篇讨论"挪用艺术家"戴维·萨利（"没有什么……是新的，一切都曾在别处有过生命。"）的短评中，珍妮特·马尔科姆（Janet Malcolm）描述这位艺术家的借用"让人瞬间耳目一新"。格拉德威尔划定的界限诚然没错，唯一的问题在于该由谁判定何种"增值"才能让使用他人的作品合理化。

　　绝大多数情况下，应避免并惩罚剽窃；但与此同时，多少个世纪以来剽窃又在人类的文化生活中起了重大的作用。伟大的剽窃者皆被判无罪。而格拉德威尔的例子用的则是众人都认为有说服力的"增值"观点。但这里又进一步出现了新的有趣的问题。

　　"剽窃"一词源于拉丁文，意为绑架，字面之意为"带着网出去"。将其第一次应用于接近现代意义的，是公元 1 世纪的罗马诗人马提雅尔（Martial）。在他笔下，"plagiarius"[1]是窃取了奴隶或将自由人变为奴隶的人。在第 32 篇讽刺诗中，他将该词比喻性地用在了另一位诗人身上，此人被斥窃取了马提雅尔的诗歌。在后面的第 53 首讽刺诗中，他用了意为小偷（拉丁文"fur"）的词语来指我们应称为剽窃者的人，而没有使用"plagiarius"。正如马提雅尔想表达的那样，剽窃者偷走的不只是人的身体，也绑架了他人的心灵。

　　由此引发了一种完全不同的文学窃取。对回忆录作者和小说家来说，他们都无可避免地受到所遇之人的启发，然后根据自己的目标取用材料。严格意义上说，也许这算不上剽窃，却也接近剽窃。"写作就是一种盗窃行为"，自传体小说《追风筝的人》（*The Kite Runner*）的作者卡勒德·胡塞尼（Khalid Hosseini）承认自己"改编经历和逸闻趣事，以服务于创作"。约翰·契弗说得更温和一点："小说是一种被误解的记忆力量。"

　　在非虚构文学中界限变得更模糊了。回忆录作家亚历山大·斯蒂尔（Alexander Stille）写道："在此类作品中，

---

[1] "剽窃者"的拉丁文形式，原意指绑架者。——译者注

冲突必然存在。尽管回忆录中的人物不是实实在在的人，但无可避免地像吸血鬼一样依靠真实人物的血液过活。因此，现实生活中人维护自己的身份也很正常，他们就像在保命。"

这种被"绑架"的痛苦，可能同"被剽窃"相似，或者更甚。20 世纪 60 年代中期，迈克尔·霍尔罗伊德（Michael Holroyd）为创作里顿·斯特拉奇（Lytton Strachey）两卷本传记做研究，其间他抽空完成了一部短篇小说，这是他的第一本小说，也是最后一本。这本书"概括了一家人 24 小时内发生的事情"，霍尔罗伊德多年后写道。书被英国海涅曼出版公司（Heinemann）和美国霍尔特莱因哈特出版社（Holt，Rinehart）相中。"在等待出版的漫长时间中，我把书稿拿给父亲读——结果他吓坏了。对他来说，这本书不是小说，而是对家庭的敌对性讽刺漫画。'你写得太过分了，每个人都被写得一无是处'，'套路很明显，择取每个人的弱点——这就是各人物的建构方式——然后将缺陷不合比例地放大，弱点似乎成了人物的特征主体。请理解，整个家庭都不喜欢你为他们画的扭曲肖像'。"

家人实际上没读到这本书，但有霍尔罗伊德父亲的反应就够了。该书多年未重印，2014 年最终重新发行，在序言中，霍尔罗伊德解释了自己的感受。"我对父亲的反应很是为难。我从家庭成员那里借用了一些特点、手势、语言技巧和习性，但用在了有着不同职业和生活经历的人物身上。"

不管儿子的动机为何，霍尔罗伊德的父亲都决心阻止这本书的出版。这种写法可能违背了信任，但不存在侵权问题，剽窃行为不存在，他父亲便威胁以诽谤之名起诉他。在英国，诽谤的相关法律十分严格，海涅曼出版社无比担忧，而霍尔罗伊德本人则深感震惊。"父亲很悲伤，很愤怒……我惊到了。所以我撤回了小说，返还了预付金。"不过，霍尔特出版社寻求了法律建议，并继续跟进出版流程，该书于1969年得以在美国问世。"我家没人看到这本书，我还用预付金帮助了滑向破产边缘的父亲。"

萨尔曼·拉什迪《午夜之子》的出版经历与之截然不同。作者的父亲1980年最初读到该书，当时他确信小说中醉酒的族长艾哈迈德·西奈是以他本人为原型的讽刺肖像，很是气恼。萨尔曼·拉什迪并未否认这个人物是父亲的虚构版——他后来解释道："当时我年轻气盛，怒气冲冲地回应说，已经把所有令他反感的部分去掉了。"但他不乐意接受父亲受伤的反应，他认为这违背了对小说运作方式的基本理解。"我父亲曾在剑桥读文学，我以为他会对书有更深的理解。"但拉什迪从未撤除他的"绑架"。

利用——甚至偷走别人的生活，实际上正是作者们的所作所为。在一篇《纽约时报书评》文章中，小说家、剧作家罗杰·罗森布拉特（Roger Rosenblatt）给出了精彩的评论：

　　作家好比一头狼，在他们的眼中，家人就像一群坐以待毙的鸭子。他们全都在感恩节餐桌上：唠唠叨叨的叔父伯父、迷迷糊糊的兄弟姐妹、争执的夫妇们——这些可怜的人们坐下、摆姿势等着别人画肖像，自己却浑然不觉。

　　也许审视的对象完全无可指责，但作家会为家人注入各种特点，服务于自己的目的，因为"缺陷比美德更具有可读性"。

　　小说家们常常将所遇之人的生活写进小说，文学史中此类故事俯拾皆是。家庭就是最近的资源库，朋友和敌人、恋人和前任，都是艺术家磨坊里的谷物。下列人物的灵感源泉皆是著名的社交女主人奥托琳·莫雷尔夫人（Lady Ottoline Morrell）：奥尔德斯·赫胥黎（Aldous Huxley）《针锋相对》（Point Counter Point）中的比德莱克太太，D. H. 劳伦斯《恋爱中的女人》（Women in Love）中的赫迈厄妮·罗迪斯，格雷厄姆·格林《这是战场》（It's a Battlefield）中的卡罗琳·伯里夫人，以及阿兰·伯内特（Alan Bennett）《四十年来》（Forty Years On）中的西比里妮·奎洛尔夫人。（至少在前两例中，奥托琳感觉自己被以友相待的作家背叛了）泽尔达·菲茨杰拉德（Zelda Fitzgerald）抱怨，从丈夫的《美与孽》（*The Beautiful and Damned*）中她能"认出一大部分自己婚后没多久就神秘失踪的旧日记，还读出了一大堆听起来有点耳熟的信。菲茨杰拉德先生似乎认为，剽窃应该从家开始"。我负责编辑的一位小说家写了父亲谋杀母亲的情节——而这源于现实生活中他一位前任女友的枕边耳语，她的家庭的确经历了这段悲剧。直到该书校对稿出来，他才拿给对方看，这位前任非常气愤，他后悔地改写了小说。其他作家的所作所为也半斤八两——也有表现不错的，因为更早就告诉了当事人。

1872年，托尔斯泰的邻居抛弃了情人安娜·皮罗高娃。当时铁路刚修通，绝望的安娜卧轨自杀。尸体被送到了附近的发动机棚，听说这场悲剧后，托尔斯泰骑马去查看残骸，尽管他不认识那个女人，但他以其为原型塑造了安娜·卡列尼娜。还有一位无名的戴尔芬·德拉马尔夫人，丈夫是个粗枝大叶的乡村医生，在偷情无数次后，她于1850年饮毒自尽。这就是艾玛·包法利的原型。这些借用都为我们所接受。托马斯·曼《魔山》（*The Magic Mountain*）中的皮普孔先生借用了德国当时著名戏剧家格哈特·豪普特曼（Gerhart Hauptmann）的特征，争议随之而来，曼被迫直接向豪普特曼求助："我对您犯下了重罪，只因当时有诉求，我向那种诉求屈服了。我的诉求源自艺术。"随后，此事平息。此处仅举三例，但实际上，让任何一位想象力丰富的作家避开借用熟人的经历，都是不太可能的。话虽如此，如果涉及近亲，我们无疑会感觉自己被绑架了。[1]

大部分作家都承认，自己选择的职业具有破坏性，甚至是自我破坏性。彼得·凯里承认"年轻的时候，如果有什么值得偷，我就会偷"。大部分作者都将这种"权利"视为理所当然。"小说家毁坏自己生活的房子，用它的石料构建小说的屋子。"米兰·昆德拉（Milan Kundera）在《小说的艺术》（*Art of the Novel*）中写道。此处不是在道歉，而是在原原本本地描述事实。[2]

约翰·厄普代克承认小说是"肮脏的事情"，他的艺术有"卑劣的一面……用文字、逸闻趣事、图像和事实进行

---

[1]　这为误解留下了广阔的空间。约 1999 年，一位女图书馆员起诉乔伊·克莱因（Joe Klein）和兰登书屋（Random House），认为自己是某个人物的原型，该人物在克莱因《原色》（*Primary Colors*）一书中与克林顿式的总统候选人偷情，所以这位女士认为自己被诽谤了。据说，这位女士引用小说中人物优美腿型的描述为据，称这完全是对她自己的描述。实际上，克莱恩的灵感源自他的文学代理凯西·罗宾斯（Kathy Robbins）的双腿，凯西出庭作证时特意穿了短裙和高跟鞋。索赔失败，纽约法庭判决，描述"必须非常接近"声称被诽谤的真实人物，以至于"认识现实人物的读者可轻松将两人联系起来"。

[2]　举一个极端案例，戴维·格雷厄姆·菲利普斯（David Graham Phillips）曾被 H. L. 明肯（H. L. Mencken）誉为同时代人中"美国小说的领军人物"，他于 1911 年死于枪杀，杀手怒火中烧，认为菲利普在一部小说中描述了他的家庭。而这位作者，在被送往医院的途中称他并不认识杀手及其家人。〔彼得·达菲（Peter Duffy）：《人物刺杀》（*Character Assassination*），《纽约时报书评》，2011 年 1 月 16 日，第 23 页〕

创作的艺术家，想和我们分享的恰恰是自己厌倦的生活"。在《自我意识》（*Self-Consciousness*）中，他免除了自己"家庭成员间常规的礼数"，并补充道："越是亲近的人，就越会被无情地描述出来。"在 1982 的一次电视纪录片访谈中，他甚至坦白："我是作家，我的职责就是尽我所能，按自己的理解记录生活，这种职责让我凌驾于其他所有顾虑之上。"厄普代克和第一任妻子告诉孩子打算离婚后，时隔两周他便写了一则故事〔《分居》（*Seperating*）〕，"这是一种躲藏的方式，"他在一次 1968 年采访中说道："立即将痛转为了蜜。"[1]

挪威作家卡尔·奥韦·克瑙斯高（Karl Ove Knausgård）在六卷本回忆录小说《我的奋斗》（*My Struggle*）中有对亲人的深度揭秘，他说，询问作家是否该从家庭中挖掘材料，就像在问：房子着火了，你会救一只猫还是伦勃朗（Rembrandt）的画？他的回答是必须救猫，选择生活而非艺术——但他本人还是以近距离、伤人的细节描述了自己的家庭。

格雷厄姆·格林有一个"心脏中的冰片"的著名论断，认为小说家可以剽窃朋友生活的"冰片"——这个意象是从汉斯·安徒生《冰雪王后》（*The Snow Queen*）中借用而来

---

[1] 厄普代克详细描述漫长处遇的小说《嫁给我吧》（*Marry Me*），在当地银行保险柜至少锁了十年。该书于 1962 年创作，后于 1976 年出版，那时他第一任妻子仍在世，但两人已离婚。

的，故事中，一块震碎的银色魔镜玻璃扎进了男孩凯的心脏。在格林看来，冰片是必备的工具。几乎所有作者都得问自己是否拥有这种尖锐的碎片，以及在何种程度上拥有。

马塞尔·杜尚的五面像（Five-Way Portrait of
Marcel Duchamp），摄影师不详，1917 年

第 4 章

其中的奥秘：视角

记住，写作就是翻译，要翻译的作品是你自己。

——E. B. 怀特（E. B. White）给某位学生的信

"你是谁？"他说。

"别跟我猜谜语。"我说。

——劳伦斯·斯特恩《项狄传》

我第一次读到那个阿根廷商人的故事，是 40 多年前。他的女儿西尔维娅爱上了阿根廷德裔移民之子克劳斯·克莱门特。这个有一半犹太血统的德国商人名叫罗泽·赫尔曼，二战后也移民至布宜诺斯艾利斯，他是恐怖集中营的幸存者，但在此期间失明了。西尔维娅宣布她想嫁给克劳斯，第一步也许是双方父亲聊一聊？克劳斯的父亲住在距离布宜诺斯艾利斯市中心北边 12 英里处的工业区圣费尔南多，任梅赛德斯－奔驰某部负责人，因此较为实际的做法是通话。

电话时间预约好了，可当赫尔曼在电话中听见克劳斯父亲的声音时，吓得差点丢了听筒——他瞬间发现那是长年来折磨自己的人，奥托·阿道夫·艾希曼（Otto Adolf Eichmann）。艾希曼从 1942 年起便负责将犹太人大批运送至东欧德国占领区的集中营，赫尔曼曾频繁地听到他的声音。在接下来的几周中，正是赫尔曼和女儿的情报，促成了莫萨德特工绑架艾希曼，并最终于 1962 年在以色列对其进行了终极审判处决。

这个故事最初是从英国报刊短篇新闻报道中收集来的，陪伴了我多年。1988 年的某天，苏格兰小说家艾伦·马西（Allan Massie）告诉我他特别想写一个吸引各国读者的主题，我便建议了这个令人不寒而栗的故事。艾伦会选择从哪个角度讲故事呢？失明的父亲、战争罪人，还是分别从两个年轻恋人的角度？他对这个故事很感兴趣，但问我是否真的将这个故事保存了 20 多年，没告诉过其他人。我确认没有对他人说过。于是艾伦回去构思，一个月后就给出了未来小说的框架。我当时所在的哈钦森出版社（Hutchinson）与他签了合同，他便开始了创作。

几个月后，我在一个读书派对上遇到了伯妮丝·鲁本斯（Bernice Rubens），一位曾获 1970 年布克奖（Man

Booker Prize）的朋友，她走过来兴冲冲地说起自己的新小说。"源自你的想法——关于犹太人被迫害的故事。"我一时感到窘迫。难道我真的忘了自己告诉过她赫尔曼的家庭悲剧？我开始透露艾伦·马西的情况，但她迅速打断了我。"不，不，"她笑着说，"你启发我写了《我，德赖弗斯》(I, Dreyfus)。"[1]

我们曲折地过渡到了一个新的话题：叙述视角。随后，我回想起曾对柏妮丝说起，德雷福斯案[2]启发作家们写了一大堆书，但如果小说家以迫害者的内部视角讲故事——若是换第一人称写会怎样？我们聊了从那个视角写作的优势。

首先，第一人称可以带来真实感，甚至还能让故事更紧张。若从单一视角看事件，即直接从该人物接收观点、想法和感受，作者能够借此限制读者的体验或理解，并斟酌自己该如何回应。当然，小说不必从头到尾都使用同一个叙述人：第一人称叙述可使用第一人称单数、第一人称复数或多重声音（不同人物用自己的声音讲故事，如艾伦的小说）。这种方法的难点之一是，人物进行转述时，第一

---

[1] 伯妮丝·鲁本斯说的那本书，耗时数年才完成，直到1999年出版。艾伦·马西讲述艾希曼-赫尔曼的故事《父亲的罪恶》(The Sins of the Father)于1991年问世。马西的小说未能进入布克奖最终候选名单，一位名叫尼古拉斯·莫斯里（Nicholas Mosley）的评委辞职了。

[2] 德雷福斯案：1894年法国陆军参谋部犹太籍上尉军官德雷福斯被诬陷犯有叛国罪，被革职并处终身流放，法国右翼势力乘机掀起反犹浪潮。此后不久即真相大白，但法国政府却坚持不愿承认错误，直至1906年德雷福斯才被判无罪。——编注

人称的声音听起来十分相似，而读者希望人物不仅能以不同的眼光看问题，"听起来"也有所区别。

第一人称叙述可以通过几种形式出现，有戏剧性独白，如加缪《堕落》（*The Fall*）和吐温的《哈克贝利·费恩历险记》，或内心独白，如普鲁斯特的《追忆似水年华》（*Remembrance of Things Past*）和陀思妥耶夫斯基的《死屋手记》（*Notes from Underground*）。福楼拜的《包法利夫人》从艾玛未来夫君同学的视角开始，此后该叙述者的声音再也没出现过；格特鲁德·斯泰因的《爱丽丝·B.托克拉斯自传》（*The Autobiography of Alice B. Toklas*）以第一人称叙述，并伪装成了他人的回忆录。引人注目的案例还有斯泰伦（Styron）的《纳特·特纳的自白》（*The Confessions of Nat Turner*），一名等待处决的反抗奴隶的历史叙述，采用了种族腹语术。每一例中选用的视角都服务于特定的目的。

《安娜·卡列尼娜》尤其明显，小说开始没多久，基蒂·谢尔巴茨基参加了一场盛大的舞会，期待她深爱的弗龙斯基向她求婚。然而，她惊恐地看着弗龙斯基和安娜初次表现出相恋的迹象，并发现弗龙斯基对她本人毫无兴趣。托尔斯泰并未从客观叙述者的角度描述场面，而是让我们透过情敌的眼睛去看安娜的魅力。尽管基蒂看到安娜和弗龙斯基跳玛祖卡（留下她孤身一人没有舞伴）时充满了嫉妒，却实在无法忽视身着素雅黑裙的安娜光彩照人的美，鉴于这在基蒂看来是场噩梦，就显得更有力。

这就是很好的例子。完整的叙述本身可作为文件呈现，如日记，叙述者以此表明自己在写故事或讲故事。布莱姆·斯托克（Bram Stoker）的《德古拉》（*Dracula*）便是如此，尽管在第一人称叙述外，叙述还包括信件和新闻报道。在《离婚文件》（*The Divorce Papers*）中，首次出版作品的苏珊·里格尔（Susan Rieger）整个故事都是通过邮件、信件、法院文书、精神鉴定表、律师工作列表、任务清单、录音、正式晚宴邀请和报纸文章等形式来呈现的。里格尔在开篇引语中引用了斯托克："这些文件是如何依次出现的会通过阅读展现出来。无关紧要的事情已经被删除了，因此历史……能够直白地以事实呈现。"

第一人称叙述者也可能是主要人物的密切观察者，如《了不起的盖茨比》。菲茨杰拉德完成初稿后，编辑麦克斯韦尔·珀金斯给他写信说：

> 用一个更像旁观者而不是表演者的叙述者，你选用的叙述方式完全正确：这样读者就能站在高于人物的视角远距离地观察。这是最有效的讽刺艺术了。

几部约瑟夫·康拉德小说亦是如此。琼·狄迪恩在 2006

年的访谈中挑了康拉德 1915 年的小说《胜利》(*Victory*),来讨论情节的发展:

> 　　故事由第三方讲述……这就造成了远距离叙述的奇妙感,不过当你置身其中时,叙述仍然保留了即时性。这真是令人惊叹的技巧……它开启了小说的全部可能性。

　　叙述者在故事中会担任一定的角色(不管是否参与情节),但可能并不了解所发生的一切。因此,第一人称的手法常用于侦探小说,让读者和叙述者同时了解案情。此类故事的传统手法之一,是用主要侦探的首席助手作叙述者——在夏洛克·福尔摩斯系列中,华生医生扮演的就是这个角色[1],在 9 桩赫尔克里·波洛的案子中出现过的亚瑟·黑斯廷斯上尉,也扮演着此类角色。这样做有一个好处,助手无法看到大侦探脑子里在想什么,因此尽管福尔摩斯和波洛可能比我们想得快,但我们自己不会比我们自己想得快。

---

[1] P. D. 詹姆斯(P. D. James)在她的侦探小说手册中指出:"创造了系列人物的作家会不可避免地将自己的兴趣和最关心的东西赋予该人物。"〔P. D. 詹姆斯:《谈谈侦探小说》(*Talking about Detective Ficiton*),纽约:Vintage 出版社,2011 年,第 32 页〕可能大部分情况下的确如此,但除了对法医分析的兴趣,要想看出柯南·道尔和福尔摩斯的相似之处可不太容易。

在《1928—1929 最佳侦探小说》（*Best Detective Stories: 1928-1929*）的前言中，罗纳德·诺克斯（Ronald Knox），这位两次被任命为牧师、沉迷于推理小说的作家、读者，郑重地写下了此类小说的套路：在这些人物中，侦探傻傻的朋友应该比普通读者笨一点，但只是笨一点，他的想法是不能隐藏的。他既是大侦探的陪衬人物，也是读者的旅伴。我们可能比他快一两步，但节奏往往由他设定。诺克斯宣布，最后一条规则是：叙述者本人一定不能是罪犯。

在阿加莎·克里斯蒂的《罗杰疑案》（*The Murder of Roger Ackroyd*）中，最后一条"规则"被漂亮地打破了，故事中担任波洛帮手、叙述案件的詹姆斯·谢波德医生，正是凶手。据说克里斯蒂因此差点被踢出"侦探俱乐部"[1]，全靠主席多萝西·塞耶斯的最后一票救下。不过，在她不太知名的故事《长夜》（*Endless Night*）中，克里斯蒂故技重施。克里斯蒂的确毫无悔意，不可靠叙述者在各种小说中越来越多，并不只是在"谋杀案"中。

---

[1] "The Detection Club"这个精英协会有时被称为"伦敦侦探俱乐部"，创建于 1928 年，后来成为英格兰罪案小说家的社交中心。俱乐部定期聚餐讨论作品，以此设定行规。俱乐部宣誓仪式从 1929 年开始，要求赞同以下问题："你是否承诺自己的侦探会尽力调查罪案，为它们赋予你的智慧，不依赖于或使用神的启示、女性第六感、神秘力量、欺骗、巧合或上帝的力量？你是否庄严宣誓决不向读者隐藏重要线索？你是否承诺遵守谨慎使用帮派、阴谋、杀伤性射线、幽灵、催眠术、活动板门、中国佬（历史上对华人的贬义称呼——译者注）、超级大罪犯和疯子，彻底不使用未经科学证实的神秘毒药？"最后的问题是："你是否会遵守标准英语？"倘若该俱乐部存在于安东·契诃夫（Anton Chekhov）的时代，他一定无法入会，他的小说《狩猎惨案》（*The Shooting Party*）创作于 1884 年，这部 180 页的情节剧小说使用了凶手作为叙述者。

彼得·凯里提及他 1985 年的小说《行骗高手》(*Illywh-acker*，标题为澳大利亚俚语）中 139 岁的主人公赫伯特·巴杰利（Herbert Badgery）时说道："撒谎的第一人称叙述者，相当于我既用了直接第一人称，也用了第三人称，因为他是骗子——他可以告诉你所有事情，但他不必在场。从第一人称中可以获得很强的表现力。"

这种叙述者可能出于种种原因而不可靠。对于下列作品中"我"的声音，我们该信任几分呢？《洛丽塔》中为小姑娘神魂颠倒的学者谋杀犯；《麦田里的守望者》中愤怒异化的少年；《蝴蝶梦》中差点被洗脑自杀的纯情年轻女子；弗朗·奥布赖恩（Flann O'Brien）的《第三个警察》(*The Third Policeman*）中的叙述者在小说中早早死去；还有威廉·戈尔丁的《品彻·马丁》(*Pincher Martin*），书中的叙述者在第一页就被淹死了。

《午夜之子》出版 11 年后，萨尔曼·拉什迪在一篇论文中讨论了该小说中的不可靠叙述者。他写道："我希望《午夜之子》不是一本印度独立后的历史权威指南。"读者透过萨利姆·西奈的眼睛看殖民统治后的那些年，而萨利姆在叙述时犯了各种错误。

拉什迪指出，尽管一些错误源于粗心大意（如对阿姆利则大屠杀的描述中，他说有"50 支白军"开火，实际上他们不是白军），但某些地方他是刻意弄错的。他称这是出于"普鲁斯特式"的目的，他关心的是信息过滤的过程本身。通过塑造萨利姆讲故事的方式，拉什迪想表现萨利姆——

> 并非一位不带感情色彩、不涉及利益的编年史家。他这样组织材料是为了让读者被迫承认他的中心地位。他在以符合自己目的的方式裁剪历史……文中的小错误就是线索，说明萨利姆会扭曲大大小小的事情。他在叙述中是利害相关方。

这个问题处理得很微妙，体现了拉什迪选择主人公的谨慎。我有一位出色的编辑朋友在最近给一位作家客户的信中写道："'不可靠叙述者'的手段可能最难把握。作家本人要百分之百可靠，大局在握，对于真相和假象有着清醒的意识。作者略微放松'掌控'，都会让纸上的文字模糊混淆，随之读者就会混淆，根本没有什么紧急澄清措施能够挽回局面。"

安·比蒂除小说写作外还教授创意写作，她评论道："你需要找出谁讲故事最适合。一般来说，那些自我意识过强的人听起来都有点自以为是。"如此一来，明显带有偏见的人物似乎更适合当叙述者，如：萨利姆，《喧哗与骚动》（*The Sound and the Fury*）中的弱智儿班吉，《深夜小狗神秘事件》中十五岁的自闭症叙述者，疯子（在亨利·詹姆斯《螺丝在拧紧》中叙述故事的女家庭教师）[1]，撒谎惯犯〔如《安静的美国人》（*The Quiet American*）中愤世嫉俗的记者托马斯·福勒〕，或愚蠢的人物（乔纳森·斯威夫特的格列佛）。在朱利安·巴恩斯 2011 年的布克奖获奖作品《终结的感觉》（*The Sense of an Ending*）中，不可靠的叙述者对他自己都是一个谜，小说就成了一个更难解的谜。

　　萨利姆并非经典小说中唯一有意或无意操纵自己记忆的叙述者：肯·克西（Ken Kesey）试图在《飞越疯人院》（*One Flew over the Cuckoo's Nest*）中做出类似的尝试。年轻的克西在 1946 年的斯坦福创意写作项目中磨砺散文叙述，他写道（同时赋予了自己名不副实的原创性）：

　　　　我在写的这本书……使用了第三人称，但好像缺了些什么，我无法自由地将我的感知和奇怪的眼光强加于在现场观看的上帝视角叙述者身上。所以

---

[1] 我承认这是我自己的解释。女家庭教师是真疯了，还是她照看的两个孩子的确受到了邪恶鬼魂的侵扰？读者需要做出裁决，必须自己判断她是有罪的还是无辜的。

　　在 2015 年的一期《出版人周刊》（*Publishers Weekly*）中，邀请了两位书中含不可靠叙述人的作者——在《郊狼》（*Coyote*）中设置了一位疑似精神错乱母亲的科林·威尼特（Colin Winnette），以及《幻觉》（*Fancy*）的作者杰里米·M. 戴维斯（Jeremy M. Davies），《幻觉》讲的是关于一位寻找猫咪陪护人的男子的故事。两人讨论了他们眼中最优秀文学作品中的不可靠叙述人。其中有亨利·詹姆斯的《神圣源泉》（*The Sacred Fount*），这是詹姆斯最为人知的重要小说，其中叙述者从头到尾都在编造关于社交聚会常客的细致推论，而这些推论几乎毫无证据。（《出版人周刊》，2015 年 2 月 27 日）

　　我尝试了一种较难操控的手法，据我所知，前无古人——叙述者将成为人物。他像我一样，不参与行动，也不说话，但将成为一个被书中事件影响的人物，他有自己的脾气和个性。

　　于是，我们读到了这个由布罗姆登"酋长"叙述的故事，布罗姆登是精神病院中一位身材魁梧、有一半土著血统的美国人。除此之外，对儿童或有精神障碍的叙述者来说，自身视野的有限意味着无法每时每刻都理解自己的经历，故为读者创造了隐藏或混乱的情节元素。

　　还有框架结构——戏中戏——将叙述者作为一个开始叙述自己故事的人物。这种手法历史悠久，至少可上溯到《奥德赛》（*The Odyssey*）开篇，乃至更早的印度公元前 10 世纪梵语史诗。这种形式渐渐从亚洲向西扩散流行起来，催生了更多戏中"我"的故事，如《十日谈》（*The Decameron*）和《坎特伯雷故事集》（*The Canterbury Tales*）。

　　《呼啸山庄》（*Wuthering Heights*）采用了类似的手段，书中不只讲了希斯克利夫和凯瑟琳的故事，还讲述了多条辅线故事。玛丽·雪莱（Mary Shelley）的《弗兰肯斯坦》（*Frankenstein*）也采用了同样的手段，故事在多重框架中叙述：探险者罗伯特·沃尔顿船长写信给他的姐妹讲了一个故事，而这个故事是由遭遇惨痛经历的科学家维克多·弗兰肯斯坦告诉他的。弗兰肯斯坦的叙述中还有怪物的故事，而怪物的故事中甚至概述了他生活的家庭。如此一来，一系列生活在故事之外却意外涉入故事的人，成了事件的间谍和窃听者，整体看似中国盒子[1]。

采用第一人称、第三人称还是多重叙述，可能是小说家最难解决的技术问题之一。从事出版业的这些年，我曾定期收到诺曼·梅勒的最新书稿，他的代理人会把稿子送到一大堆出版商手中，希望能帮自己的客户攒一大笔预付金，帮助他支付生活费。书稿一般有点乱，梅勒对自己所写的内容比较随性，也满足于任由出版商决定出版与否。他其实被自己的作品迷住了〔在创作第一部重要作品《裸者与死者》（*The Naked and the Dead*）时，他常常读《安娜·卡列尼娜》找灵感〕，事业成熟后便写了一本精彩的写作论著《诡异的艺术》（*The Spooky Art*），这本书带有他典型的诡异特质。

他曾提及，将《硬汉不跳舞》（*Tough Guys Don't Dance*）的主人公设为"酗酒嫖娼的卑鄙小人"时，他需要决定到底用第一人称还是第三人称。"第一人称开头总是更显亲和力，"他说，"瞬间产生直接感。"然而，获得直接性的代价

---

[1] 类似于俄罗斯套娃的说法。——译者注

却需牺牲洞察力。"若不用点小伎俩，就很难潜入他人的思想，而这样做通常会让读者觉得比较可疑。"

他认为，就连在非虚构作品中，"用第一人称舒服地写关于自己的事情，都是难上加难的。这么做极不自然，因为不管对谁来说，'我'都只占感知的 1/3 左右。'我'可能是自我的代表，但有些地方你的确会希望有'某个人'来讨论与你相关的其他层面。"精辟。

不只是毫无经验的小说家会对此犹豫不定。海明威就曾遭到著名评论家埃德蒙·威尔森的批评："不明白为什么，海明威一用第一人称写作，就会发生不太好的事情……他似乎失去了自我批判的能力。"

有时，故事中两种方式都可以用。E. L. 多克托罗用第三人称写了 1971 年出版的小说《但以理书》(*The Book of Daniel*) 的初稿，但感觉毫无生命力。该书的灵感源自朱利叶斯·罗森堡和埃塞尔·罗森堡 (Julius and Ethel Rosenberg) 案件，罗森堡夫妇 1953 年以俄罗斯间谍身份被处决。后来，他用这对夫妇儿子成年后的视角回放当年的事件，重写了一遍。

卡夫卡用第一人称叙述开启《城堡》，几章后叙述者变成第三人称的约瑟夫·K。欧文·豪 (Irving Howe) 在一篇对该书的介绍中解释道：

　　K 渴望到达城堡，然后走得更远——但更远处是什么？——我相信这个问题也属于卡夫卡，尽管在这充满冒险的探索之路上他流露出了锋利的怀疑主义和狡猾的幽默。正是作者和主人公突出的相似性……让人认为这是卡夫卡小说中最为个人化的一部。

　　也许卡夫卡换掉第一人称，是为了避免读者将他与他的主人公联系在一起——这也正是伊夫林·沃认为有必要将这句话加入以第一人称叙述的《故园风雨后》（*Brideshead Revisited*）开篇题词的原因——"我不是我，你不是他或她，他们不是他们"[1]。

　　2014 年 2 月，我去了东英吉利的诺里奇市，与罗丝·特里梅因交谈，她的获奖作品《重建》（*Restoration*）是以第一人称讲述的。11 世纪时，诺里奇是仅次于伦敦的英格兰第二大城市，而如今仅有 20 多万居民，包括罗丝任名誉校长的东英吉利大学学生。我们在她的家中见面，她家距离学校只有几分钟的车程，屋里洒满阳光。1987 年，当她用第三人称写了 350 多页《重建》时，突然感到"驱动力不

---

[1] 杰弗里·阿切尔在小说中一般使用第三人称，但 20 世纪 80 年代后期我编辑《捷径》（*As the Crow Flies*）时，不得不频繁删除"我"，该书主人公从伦敦东区行李搬运工发展成了伦敦市市长（这正是阿切尔自己曾热切渴望得到的职位），实际上作者想说的是"他"：阿切尔认为主人公就是自己。

足，缺乏生命力"，于是决定重写，不过要换成第一人称叙述。

"我发现，我，是个很不整洁的人。"小说这样开始。故事发生于 1664 年，叙述者是查理二世宫中寻欢作乐、野心勃勃的医生罗伯特·梅里维尔。这绝对不是自画像式的故事。"找到合适的声音有点耗时间，"罗丝告诉我，"但只要找到这种声音，就会受益无穷。小技巧和捷径很多，但你需要思考更多问题才能找到。我不可以去他无法到达的地方——除了语言上的第三人称，我可能还有不少其他内容也需要修改。

"换成第一人称，有点令人不安。我要做的事情工程浩大——如应该怎样描述梅里维尔在伦敦大火中的经历：怎样向读者传达那种恐惧和悔恨？怎样才能不只是重复佩皮斯的记录？不过，现在我很了解梅里维尔了，甚至可以用他的口气发邮件。第一人称有助于限制小说，也能防止它无休止地蔓延。我感觉跟着另一个人走非常有活力。"

这种"跟着另一个人走非常有活力"的感觉可以带来一种非凡的自由感，但也需承担一些责任。采用单一视角需要考虑的事情之一，是作者能否公平地对待小说中的每一个人物。乔治·艾略特就因此而自责。在《米德尔马契》中她写道："抵达洛维克几周后的一天清晨，多萝西娅——但为什么总是多萝西娅？她是这桩婚事唯一可能的叙述者吗？"后文中她试图对卡索邦公平一些，但结果喜忧参半。

　　伊迪丝·华顿（Edith Wharton）在她的小说写作指南中，告诫每位小说家思考："谁看见了我要讲述的这件事？我想通过谁来报道？报道给谁听？这个故事在何种场合下、出于何种原因被说出？"她认为直到亨利·詹姆斯及其为小说写下的深刻序言，这些问题才被正式提出。詹姆斯认为，"意识的中心"必须掌控所有场景，他喜欢第一人称，称这种"观察位置"可以让他通过探索与意识和感知的问题，并通过使用内心独白以及不可靠叙述者来深化故事。

　　在自始至终保持第一人称叙述的《大使》（*The Amba-ssadors*）序言中，詹姆斯谈论了"第一人称的浪漫优势"，他称之为"浪漫最黑暗的边缘"。他看重"思想感情自我探索发现的可怕**流动**"，然而，与此同时，他仍刻意为叙述者设置了"一两个心腹，摒弃传统的、事件后紧跟着插入大段解释"。至少在《大使》中是如此。啊，詹姆斯的那些序言文字太精妙！

　　第一人称叙述可以延伸到意识流，这个词是由詹姆斯的弟弟威廉在《心理学原理》（*The Principles of Psych-ology*）中发明的，用以指代一个人每天流动的想法和感觉："意识，就它自己而言不是切成小块的……不是连在一起，它是流动的。最自然的描述法是将其喻为一条'河流'

或'溪流'。"文学评论家们很快就用起了这个词组，以描述作家试图模仿该过程的写作，莫莉·布卢姆的内心独白或达洛维夫人的想法都是早期案例，但这种描写方式也可上溯到更早的埃德加·爱伦·坡，甚至劳伦斯·斯特恩。在这些情况下，身处紧凑的个人世界，不会被其他人物或作者本人打断，给人以独特的叙述亲密感。

第一人称叙述者可能有多个，如芥川龙之介（Ryūno-suke Akutagawa）1915 年的短篇故事《罗生门》（*Rashō-mon*），其中使用了 4 位叙述者，分别从第一人称视角讲述同一个故事，这些故事间存在强烈的矛盾。此类小说还有罗伯特·勃朗宁（Robert Browning）的《环与书》（*The Ring and the Book*）。这部诗体小说讲述了一个基于真实谋杀案审判的故事，其中罪案通过不同的 12 本"书"描述了 10 遍，10 本为不同涉案人员的独白，第一本和最后一本为作者本人讲述。得益于深度的心理剖析，该小说自然成了勃朗宁最成功的作品。

在第一人称复数视角中，叙述者用"我们"讲故事。个体的身份并不明确，叙述者以群体身份进行叙述。威廉·福克纳，这位叙述视角的贪婪实验者，在《献给艾米丽的玫瑰》（*A Rose for Emily*）和《花斑马》（*Spotted Horses*）中均采用了第三人称复数。前者是一则短篇故事，讲的是某南方小镇的居民想设法弄清老处女艾米丽·格里森的生活和死亡。杰弗里·尤金尼德斯（Jeffrey Eugenides）的小说《处女之死》（*The Virgin Suicides*）则是以一群身份不明的少年之视角来写，男孩们迷上了住在密歇根格罗斯普安特农场的五姐妹。这种形式还曾用于希腊悲剧的合唱部分，不过在希腊悲剧演出中可明显看到同时说话的团体——有时用"我们"，有时用"我"。

这种视角有何好处？斯蒂芬·米尔豪瑟（Steven Millhauser）——他 1997 年的小说《马丁·德雷斯勒》（*Martin Dressler*）获了普利策奖——在好几部小说中均采用了第一人称复数，他最精彩的故事《飞刀表演者》（*The Knife Thrower*）最有代表性。在 2003 年的一次访谈中他进行了有趣的深度解析：

> 我发觉自己渐渐被"我们"这代词迷住了，既是因为它能让我实现群体受威胁时共同对抗某人或另一集体的戏剧性，也是因为这个代词让人感到新鲜、刺激，不像"我"或"他"那样在无数故事中被用来用去。在我看来，这个少有人探索的代词之所以能引发惊奇感，是因为它充满可能性，我相信自己一定会再用。

米尔豪瑟随后给了独特的理由，说明"我们"可以实现怎样的效果：

> 让我感兴趣的是，依附于集体身份，道德方面犹豫和质疑的分量会加重。单一叙述者对某一事件可能有多重解读，或可能试着通过多种方式回避道德选择，但同样的不确定性出现在整个社群中，则变成了公共、社会性乃至政治性的，承载着不同的分量……在《飞刀表演者》中，"我们"的道德犹豫比"我"的道德犹豫更令人不安，或者说引人不安的方式有所不同。

若一群人都产生了同样的道德犹豫感，故事会更加有力。米尔豪瑟强调，一群人共有的道德犹豫感的确会为故事增添分量，但许多故事不允许这么做，如《罪与罚》中，故事中心需要一个孤独的人物。因此这种选择完全取决于要讲述怎样的故事。

现在让我们将目光转向诺曼·梅勒以及最受欢迎的小说叙事的声音，梅勒写道：

> 充分利用第三人称，你就是上帝——当然，并不完全是，但足以让你通过某种方式潜入每个人的

大脑……这如同神祇一般的第三人称，这种托尔斯泰式的存在，需要凭借经验、自信、讽刺、洞见和超然的距离来驾驭。当你完成的时候，乌拉！

梅勒认识到，有几种不同形式的第三人称——既有"有限全知全能"，我们只能洞察某一个人物的想法和感觉，也有"全知全能式"，我们能了解与故事相关的所有事情，包括人物的想法和感情，甚至（一个复杂的区别）可以洞悉叙述者脑海中任何故事人物都无法知晓的信息。

然而，视角的多样性乃至不确定性，都能产生惊人的效果。"自由间接引语"或"自由间接语体"，指的是叙述者看似简洁直白地讲出真相——获得第三人称视角可提供的全部确定性，但尝试加入了更为复杂的手法——第三人称的一些特点（通常）会与另一种或几种叙述声音混在一起。奥斯汀、歌德和福楼拜都是早期的实践者。评论家迈克尔·伍德（Michael Wood）举了《曼斯菲尔德庄园》（*Mansfield Park*）中的一个优秀案例：

约三十年前，在南安普顿，亨廷顿的玛利亚·沃德小姐仅有七千镑财产，但她运气不错，俘获了曼斯菲尔德庄园的托马斯·勃特拉姆爵士……

此处的第三人称看似中性，但伍德指出："'仅有''运气不错''俘获'似乎是邻居的家长里短中听来的，如果'俘获'指的不是'娶了'，那么和运气不错就有点矛盾。"我们也能听见其他的声音，故事所在的社交世界似乎侵入了叙述者的语言。

当第一人称叙述如此被打断，效果就更明显了——我们认为自己站在主人公这边，实际上却并非如此，"他或她，只是文法的一个出发点，只是故事的起点"。我们自以为读到的是第一或第三人称，可作者却在以其他视角编织故事。"自由间接体"的特点是没有明显的使用标志。它可以让读者惊讶，混用不成功时，读者会在解释中摇摆不定。但如果手法娴熟，像奥斯汀、福楼拜或伍尔芙那样，就会颇有成效。不仅是在小说中，在戴维·诺克斯（David Nokes）为塞缪尔·约翰逊撰写的传记中，也正是依靠这种叙述手法走进约翰逊及其朋友们的意识中的。

作者若想尽可能地深入不同人物的思想，还有其他的方法。在威廉·福克纳的《喧哗和骚动》中，唯一的关注点并非 3 个完全不同的兄弟分别怎样看世界，作者还关注他们的自我表达方式。书中用了 4 种不同的叙述（还有大量复述）：33 岁、患有认知障碍的"班吉"反复无常的呻吟，昆汀的意识流，杰森逻辑更为清晰的讲述，以及最后迪尔西从一定程度上呈"客观"视角的叙述。

　　在《押沙龙，押沙龙！》（*Absalom, Absalom!*）中，福克纳聚焦于主要人物托马斯·萨德本（Thomas Sutpen）的转型，这不仅是叙述问题，也是故事所需要的：福克纳想把叙述这种转移行为植入故事本身。这个故事讲述的是美国南方三个家庭在南北战争之前、之中及之后的故事，康普生家庭再次出现，完全由闪回叙述，主要叙述人是昆汀·康普生，讲述对象是他的大学室友谢里夫——后者常提出自己的看法。对罗莎·科德菲尔德和昆汀父亲、祖父的叙述也出现了，并经由谢里夫和昆汀进行重新阐释，事件没有按照时间顺序展开，常会加入不同的细节。这样剥洋葱般层层剥开家族史。罗莎先向昆汀讲述了故事，很多内容偏题，记忆带着偏见，昆汀父亲补充了一些细节。最终，昆汀向室友讲述他自己的版本。实际上，相比事实，读者对人物的态度和偏见更有把握。

　　康拉德的《黑暗的心》（*Heart of Darkness*）是另一例盘旋多层结构，小说套用了双层结构：一个身份不明的叙述者"我"讲述了一个乘船旅行的故事，其间另一人物马洛讲述主线故事。在这种框架结构中，我们还得知，另一个人物库茨给马洛讲了一个长长的故事。如此一来，我们看到叙述者"我"引入了故事讲述者"他"（马洛），马洛在自己讲述的故事中以第一人称"我"出现，同时引入另一个故事讲述者"他"（库茨），这个"他"再以"我"

的视角讲述自己的故事。这种方法又被称为"镜像屋"，不难理解。

时间离我们更近的例子：达蒙·加尔格特（Damon Galgut）在引人瞩目的《在一个陌生的房间里》（*In a Strange Room*）置入了三个相互关联的故事，审视了三种不同类型的关系（一种权利挣扎、一段放荡的日子，以及一段友情，其中一方是照顾者和守护人），作者从第一人称转向第三人称——这通常发生在同一个句子中，明显是作为一种区分直接经验和记忆的方式。威廉·斯凯德尔斯基（William Skidelsky）在书评中论述，这种手段完成了两件看似矛盾的事情。一方面，使用个人、自主的声音表明，我们正在读的是已经发生的事情——《在一个陌生的房间里》是一种回忆录形式——但它同时剥夺了叙述者的可靠性，因为加尔格特用这些插入语表达怀疑。叙述者会说"我不记得""我忘了他的名字"等。用第一人称暗示叙述者处于描述事件中的同时，也拉远了叙述者与事件的距离，因此《在陌生的房间里》徘徊在回忆录和小说之间。

在最后要讨论的一种小说视角中，这种困扰就很少出现：将读者称为"你"。这种形式最常用于通信，早期运用的例子有塞缪尔·理查逊的书信体小说《帕美拉》（*Pamela，or Virtue Rewarded*）和《克拉丽莎》（*Clarissa，or The History of a Young Lady*)。

书信体让持续发生的过程得以按序呈现。正如理查逊所说:"从**现场**的痛苦、饱受不确定性冲击以及心灵折磨的高度出发,肯定……**比**那些干涩、平铺直叙、了无生趣地陈述困难与危险的文体……**更**富于生命力和感染力……"[1]《克拉丽莎》篇幅很长(最终确定为七卷),在连载的数周中,理查逊被读者包围,他们恳求他别杀女主人公,许多《帕美拉》连载关注者甚至认为这也许就是真实的信件,理查逊只是编辑而已。[2]

18 世纪(甚至出现了"它—叙述"类型,即从货币、开瓶器、宠物狗等的角度讲故事),书信体小说非常流行。简·奥斯汀的《理智与情感》第一稿实际上就采用了书信体,但修改稿却预示着下个世纪书信体小说的衰落,这一叙述方式在信息时代就更少了。

20 世纪 80 年代,可能是由于杰伊·迈克伊尼(Jay McInerney)《灯红酒绿》(*Bright Lights, Big City*)大获成功,再次出现了第二人称叙述的短暂风潮。尤其青睐

---

[1] 早在 13 岁那年,他就已经获得了这种能力,那时他会帮助 3 位年轻女性熟人回复情书。

[2] 当女主人公终于取得胜利时,据说小镇斯劳"狂喜的村民们开心地敲响了教堂的钟"。同样的事情也发生在了兰开夏郡的普莱斯顿,一位女仆不得不给路人解释为何要敲钟:"哦夫人,可怜的帕美拉终于结婚了,我们看早报新闻知道的。"〔罗伯特·亨德里克森(Robert Hendrickson):《文学生活和其他趣事》(*The Literary Life and Other Curiosities*),纽约:维京出版社(Viking),1981 年,第 23 页〕

这种形式的是短篇故事：唐纳德·巴塞尔姆（Donald Barthelme）的《沉睡精灵》（*The Sandman*）、洛丽·摩尔（Lorrie Moore）的《自救》（*Self-Help*）、梅维斯·迦兰的《迪亚斯·德·科尔塔小姐》（*Mlle. Dias de Corta*）和胡诺特·迪亚斯（Junot Díaz）的《淹没》（*Drown*）都安排了一个人对另一个人诉说，实际上更接近于长信。而尼克尔森·贝克（Nicholson Baker）的《声音》（*Vox*）中则充斥着依靠电话进行在线性爱的陌生人。保罗·奥斯特（Paul Auster）的 16 部小说中仅有 1 部使用了第二人称叙述，但他的两部回忆录《冬日笔记》（*Winter Journal*）和《内部报告》（*Report from the Interior*）中均采用了该形式。[1]

剧作家兼小说家迈克尔·弗莱恩（Michael Frayn）在《其中的奥秘》（*The Trick of It*）中也做出过尝试，他的主人公是一位大学教授，专注于研究当代女性小说家，该书的内容是他给同事的一系列信件。故事以这位研究者寻找小说中的奥秘未果告终。但我们能从这些探索中学到一

---

[1] 伊塔洛·卡尔维诺（Italo Calvino）1979 年的小说《如果在冬夜，一个旅人》（*If on a Winter's Night a Traveler*）亦是如此。每章都分为两部分，第一部分是第二人称，描述了读者努力阅读下一章的过程。第二部分是读者（"你"）找到的新书的第一部分。书的开篇章节讨论的是阅读的艺术和性质，接下来便分为 22 部分，奇数部分和最后一部分以第二人称叙述。结尾呈现出整本书的隐藏元素，而事实上的第一章标题在一起组成了一句完整的话，本身也开启了另一部完全不同的书。这部小说让卡尔维诺一举成名，2009 年，在某知名报刊"100 部人人都该读的小说"中名列第 69 名，评论家将其描述为"顽皮的后现代之谜"。所言极是。

个奥秘：最好谨慎使用"你"这种小说中不多见的形式。

我，你，他，她，我们，你们，他（她）们。斯蒂芬·米尔豪瑟甚至回忆说："贝克特的一位叙述者说，儿时他学习星期的名称，会想一个星期'只有七天'！我有时对人称代词有同样的想法……只有三种！——也许：只有六种！如果可以，我想发明一种第四人称……"

尽管选择故事的讲述者很重要，但讲述者本身存在于一个更大的问题之中，之前我们曾提及——琼·狄迪恩所说的"叙述距离"。这个词有点令人望而生畏，涉及读者和故事之间的空间。从最基础的层面上来说，即拉远与人物的距离可制造间离效果，拉近与人物的距离则会增加同理心和身份认同。电影中，我们习惯了广角和特写镜头，在书面文字中亦可使用同样的技巧。

两年前，我发现了一个在线作家群，成员们相互写邮件，共同讨论问题、初稿、同代理人及出版商打交道的诀窍等。其中一位是尚未公开发表作品（截止本书写作为止）的小说家温迪·罗伯茨（Wendy Roberts），她写了一篇论文，名为《叙述距离的艺术：作家的孙子兵法》（*The Art of Narrative Distance: The Sun Tsu Approach for Writers*），我有幸收到一份。文字睿智，论述精彩，文中重点探讨了视角问题，关于视角的讨论远多于各种资深评论家的观点。

　　她从这个问题入手：怎样判断应该选择距离感还是亲密感？不存在硬性规定，也无法迅速判断，每位作者皆须自行决定哪种方式最适合自己的故事。罗伯茨透过审视四位小说家描写战争的方式看这个问题的解决方式。她的第一例是托尔斯泰，《战争与和平》中托尔斯泰用较远的距离展现战争中波动的秩序。第二卷第一章开篇：

　　　　1805 年 10 月，俄国军队占领了奥地利大公国的村镇，更多军队源源不断地从俄国开来，驻守要塞布劳瑙，给当地居民带来了沉重的膳宿供应负担。总指挥官库图佐夫的指挥部也在布劳瑙。

　　镜头拉到了至远点，展现了俄国军队的全貌。然而，在接下来的几段中，焦点却缩小到了 10 月某一天的某一军队，我们读到的是某一个地方，某一晚，某一位指挥官：

　　　　……一位年迈的将军，容光焕发，须眉灰白，矮胖结实的身材，前胸到后背的距离比肩距还宽。他身着全新的制服，烫得看不见一丝褶皱，厚厚的金色肩章似乎不但没压趴他的肩膀，还将肩膀抬起。（……）显而易见，这位军队指挥官很爱自己的团，他很满意，并将精力全都用在了军队里：不

过，除此之外，他强健的步伐似乎还表明，除了关
注军事外，社交和男欢女爱在他内心也占据了重要
的地位。

直至这段描述后，托尔斯泰才终于走进"实时"动作
和对话：

　　"好吧，米哈伊洛·米特里奇，老伙计，"他冲一
　　位营长说道（那位营长，微笑着走来，显然两人都
　　挺愉快），"昨晚我们说话不太方便。不过军队看起
　　来是个不错的地方……对吧？"

首先展现在我们眼前的是人物个体无法感知的广阔图
景，然后小心地从广阔的视角缩小，近距离观看一位指挥
官。正如罗伯茨所说，如何平衡距离和亲密感，取决于作
者为场景和整个故事设定的总体目标。有时，为了清晰，
必须牺牲亲密感，尤其是《战争与和平》这样涉及漫长时
期、众多人物和一系列复杂主题的小说。

　　另一种拉远距离的技巧被她称为"戏剧式报道"。仅仅
记录下可以看到或听到的，人物没有表达出来的想法和感
情也不会出现。在我列举的三段摘录中，托尔斯泰用了概
括、总结、全知全能以及抽离的近距离第三人称叙述，来

安排这一幕。尽管我们在第二页中将视角缩小到了指挥官身上，但"显然"或"似乎"这些词都能让我们避开他的心理活动。文学镜头拉近了，但语言仍带有距离感。我们意识到有人在叙述这个故事，不管是托尔斯泰，还是某个离指挥官很近的虚构人物——其声音不属于这一幕中任何一个人物。

用这种空洞的叙述声音——又称"意识的中心"，说明故事是由某个未被注意到的隐藏作者（与显性的第一或第三人称声音相对）过滤后讲述的。罗伯茨还以另外三篇战争小说为例——雅洛斯拉夫·哈谢克（Jaroslav Hašek）的《好兵帅克》（*The Good Soldier Švejk*）、约翰·多斯·帕索斯（John Dos Passos）的《三个士兵》（*Three Soldiers*）和蒂姆·奥布莱恩（Tim O'Brien）的《追寻卡西艾托》（*Going after Cacciato*）——举这些例子是为了发展主题，但核心的问题显而易见：你希望镜头多近？在这个问题上，选择叙述距离可能比选择叙述者更为重要。亨利·詹姆斯注意到了使用广角概括对他笔下人物产生的影响，于是依靠"总体回归人物内心"改变了他的手段。这样一来，如他所言，能够让"所有一切都按主人公的方向走"。

最初陀思妥耶夫斯基将《罪与罚》设定为一部中篇小说，考虑了四种备选的第一人称叙述方式：拉斯柯尔尼科夫回忆录；谋杀八天后录下的口供；五天后开始写的日记；前半部分是回忆录、后半部分是日记的混合体——最终他选择牺牲小说家的传统特权，以求实现不确定性——此时，最大的牺牲就是作家全知全能的能力。这部小说中，叙述者不能享受连贯感知的优势：他和拉斯柯尔尼科夫一样，透过主观怀疑的迷雾看世界。

弗朗辛·普罗斯和诺曼·梅勒一样，也对小说家视角的选择做了精彩的深度剖析，她这样说道："最终他（陀思妥耶夫斯基）意识到，主人公在叙述中多半处于精神错乱的状态，因此他仍可通过保持近距离第三人称叙述来维持相应的张力，并在关键时刻，和主人公的意识合而为一。"也许，拉斯柯尔尼科夫逾越了作者最初设想的边界。笔记表明，随着情节发展，陀思妥耶夫斯基逐渐意识到拉斯柯尔尼科夫这个人物浮现出了新的层面，于是他对小说的结构进行了调整，以适应这种"变形"。

直到最后第三稿时，他才想到一种新方法："作者的叙述视角，一种隐身却无所不能的存在，不离开人物半步。"尽管他用了第三人称叙述，但也并非无所不知。彻底的全知全能，会让小说失去吸引读者的不确定性和挥之不去的梦魇效果，那样读者对拉斯柯尔尼科夫的动机就太清楚了。正如我们所见，陀思妥耶夫斯基创造了完美的距离和完美的视角。

伽利略（Galileo）《关于托勒密和哥白尼世界
两大体系的对话》（*Dialogue on the Two Chief
World Systems*，1632）卷首插图

第 5 章

你说：对话的艺术和技巧

克罗夫：我怎么会停在这儿？

汉姆：对话。

—— 塞缪尔·贝克特《终局》（*Endgame*）

说话是一种令人费解的活儿。

——《弗洛斯河上的磨坊》（*The Mill on the Floss*）

刚开始，我一言不发，只是盯着我的观众，学生们的 60 双眼睛也盯着我。然后，我假装在找眼镜，其实眼镜就在脸上戴着呢。接着，我给全班拍了几张照片 —— 前后加起来花了将近两分钟，挺久。最后我问道："对话？"—— 我想说，刚刚我和学生之间发生的也**是**一种交流。

早在 1589 年，对话就被定义为"两人或多人间的会话，是一种文学创作的要素"。但这种对话也包括出于各

种原因的沉默和停顿。塞缪尔·贝克特将作家的停顿视为
"飞奔时说不出话的痛苦",但他深谙刻意沉默的效果。

　　他的朋友兼仰慕者哈罗德·品特更因探索"沉默中
的噪音"而出名——一位赞赏品特的批评家如此定义他。
1994年,都柏林的阿贝剧院上演品特的6部戏剧,包括
他的独幕剧《风景》(Landscape)。可以为一个逗号纠结
一整天的品特,在首次排练前告诉导演黛·特里维斯(Di
Trevis):"我加了一处停顿。"演员读完整个剧本后,特里
维斯承认,她没发现任何区别。品特严肃地答道:"又被我
去掉了。"

　　文字在品特生命中占据着重要地位,但他坚信,文字
隐藏的真相不亚于它们所展现出来的。他说,它们的功能
是"面具、面纱、网",是"造成损伤或引发恐惧的武器"。
他所有的剧作都聚焦于人物无法表达什么、选择不去做什
么,他用沉默指示未说出口的重要问题,也经常预示了迫
在眉睫的激烈场景。

　　尽管如此,说出的话语始终很重要。爱丽丝的想法为
人所熟知:"如果一本书没有图画或对话,要它何用?"剧
作家、小说家内尔·莱申(Nell Leyshon)在最近的英国
作家行业杂志《作者》(The Author)上的一篇文章中承
认,小时候阅读,"如果拿起了一本没有对话的书,我就会
感觉喘不过气,好像被文字呛住了一样。于是我学会了去

看右手书页边是否有留白。我明白了，书页上固定的边空和阅读体验息息相关。如果散文中有空白和呼吸空间，我就有诠释和自行分析的空间。在一篇作品中遇到对话，我就可以从作家的判断中解放出来，把自己和自身的经历带入文字"。

对话在小说中至关重要。对话能够传达人物个性、让事件戏剧化，可以用解释无法实现的方式传递直接感，让小说更富生活气息，而不是单纯地"告诉"读者。它还能设定场景——帮助我们进行视觉化。对话能够营造风格和气氛；能够亮出作者或人物的观点；能够中止或推动情节；能够控制整个故事；能够从一定程度上引发读者的思考。

简·奥斯汀的作品中有许多堪称典范之处。英语教授阿扎尔·纳菲西（Azar Nafisi）曾在阿亚图拉[1]主导下的伊朗创建秘密读书小组，她带领学生们学习当地被禁的西方经典文学。纳菲西著有《在德黑兰读〈洛丽塔〉》（*Reading Lolita in Tehran*）一书，书中她写了和学生一起读奥斯汀：

> 在《傲慢与偏见》（*Pride and Prejudice*）中，对话处于核心的地位，巧妙地融入了舞蹈般的结构。似乎伊丽莎白和达西在每个场景中都在持续地对话。

---

[1]　伊斯兰教什叶派对宗教领袖和法学权威的尊称。——译者注

对话有的在书中出现，有的源自读者的想象，但第一要务始终是引导人物从与他人的对话进入自身内部的对话。

交换信息只是对话的基本功能。正如奥利弗·萨克斯（Oliver Sacks）所言："言语 —— 自然言语 —— 包含的不只是词语……还包括话语[1] —— 全心全意地说出自己的完整意义 —— 这是高于单个词语意义的理解。"然而，人们有时会懒洋洋地说话，无精打采地说话，并非"全心全意"，而是有所保留。

还有其他需要注意的问题。在文学评论中，塞巴斯蒂安·福克斯指出，夏洛克·福尔摩斯的故事：

> 有太多情节是依靠对话传递的。……这将导致情节触手可及。对福尔摩斯来说，客户有必要气喘吁吁地爬上贝克街的楼梯概述案情；但对我来说，似乎有太多页都是从引号开始的。你感觉华生就可以轻轻松松地总结出要点。福尔摩斯常告诉华生在预备工作的独自探险中发生了什么，有时还插入另一份长长的证词，所以在福尔摩斯的引号中我们还

---

[1] 按照法国思想家福柯的观点，话语是语言与言语结合而成的更丰富复杂的具体社会形态，具有说话人、受话人、文本、沟通、语境等要素。

能看到引号。……在优秀的故事中，读者往往有机
会见证情节，而不是听人叙述。

小说家常常需要判断人物该说什么、怎样说才符合人
物的总体意图。当代优秀文学评论家詹姆斯·伍德（James
Wood）在《小说机杼》（*How Fiction Works*）中分析了如
何直接或间接地写对话。他使用了一系列编造的例子，我
改编他的评论用于《战争与和平》的选段：

> 皮埃尔看到每个人，每个人都在冲他和伊莲娜微
> 笑。"好吧，如果你们都知道了，"他自言自语道，"好
> 吧，那又怎样？那是真的。"他像孩子般温和地笑了。

这是直接引用（"'好吧，如果你们都知道了，'他自言
自语道"），这里人物的想法是通过自言自语表达出来的。
另一种可选用的微调变体：

> 皮埃尔看到每个人，每个人都在冲他和伊莲娜微
> 笑。好吧，如果你们都知道了，他想道，那又怎么
> 样？你们看到的是真的——他像孩子般温和地笑了。

皮埃尔的内心活动是作者表述的，标志突出（"他想

道"）。传达或间接引语是所有标准现实主义叙述中最容易辨认、最为常用的。第三个版本可以是：

> 皮埃尔看到每个人，每个人都在冲他和伊莲娜微笑。如果他们都知道会怎样？这是真的。他像孩子般温和地笑了。

这是自由间接引语或自由间接语体：皮埃尔的想法从作者的标志中解放出来了，立刻就收获了灵活性。小说家的叙述似乎消失了，话语带上了人物的特性，似乎人物"拥有"这些话语。托尔斯泰可以围绕人物自己的话（"如果他们都知道会怎样？"），让所传达的想法自由变化。而下面的表达则接近意识流了，这正是 19 世纪和 20 世纪早期自由间接体的演变趋势：

> 每个人，每个人都在冲他和伊莲娜微笑。如果他们都知道会怎样？这是真的。他可以轻松回应他们的期待——展示出孩子般温和的微笑。

在《小说机杼》的"对话和意义"中，伍德讨论了 20 世纪 20 年代至 50 年代知名英国小说家亨利·格林（Henry Green）。格林痴迷于如何消除"作者和读者交流时留下的那些粗糙脚印"，他认为没有什么能比"解释"更扼杀"生命"了。1950 年，在 BBC 讨论对话的讲座中，他说，想象一对老夫妻晚上坐在家中，九点半时，丈夫说他要去马路对面的酒馆。格林称妻子的第一反应是"你要去很久吗？"可以有几种不同的表述方式（"很快就回来？""什么时候回来？""要去很久吗？""过多久才回来？"）—— 每种都有特别的意义。关键在于不加入妨碍对话的解释，展示出动机或人物的想法。格林认为，如果作者尝试帮助读者，很容易给人留下自以为是的印象，因为在生活中，我们往往不知道别人是什么样的。尽管如此，倘若每个人都遵守格林的规矩，一大批喜欢解释的作家就要下岗了，如乔治·艾略特、普鲁斯特、伍尔芙、菲利普·罗斯等。我和格林一样，赞同作家不该凌驾于人物之上、否认人物应有的独立 —— 正是这种独立让人物更可信 —— 不过，格林的观点有些偏激了。然而，对话应该承载多重意义，如有可能，让不同的读者感受到不同的意义。

英国作家艾薇·康普顿伯内特非常喜欢在小说中使用对话。如今，哪怕是在她的祖国，这些作品也很少有人读了，她的小说多聚焦于维多利亚晚期和爱德华时代的中上层家庭，是描述家庭生活暗流的大师级作品，也为她赢得了独特的赞誉。伊丽莎白·鲍恩（Elizabeth Bowen）评价

《父母与孩子》(*Parents and Children*，书名正是她作品的典型主题)："如今读一页康普顿伯内特的对话，就像听到了伦敦某个早晨闪电战后打扫玻璃碴的声音。"

康普顿伯内特短促准确的对话灵活无比，几乎完全篡夺了解释、叙述和描写的功能。在《家庭和一家之主》(*A House and Its Head*)导读中，弗朗辛·普罗斯对这位天赋异禀、古灵精怪的作者做了精彩的概括：

> 她好像将我们从高空抛下——抛进她的开场中。因此《家庭和一家之主》……从略微跑题的问题开始——正如康普顿伯内特的众多对话那样，丝毫不掩饰想让说话人被注意到的愿望，此乃人之常情。"孩子还没下来？"艾伦·艾奇沃兹问道。这个问题后面重复了(大胆之举，还有哪本小说敢让人物重复话语开场？)四次，问句几乎未做调整，直到最后一次，艾伦的丈夫邓肯才屈尊作答。

从前几行开始，几乎每一次对话(这本书几乎差不多都是由此类对话构成)都和此处差不多：傲慢、虐待、讽刺、模棱两可、多少有点病态、令人震惊的暴露性，持续的滑稽逗趣。

我们发现圣诞节清晨所有的人物都处在(直到小说最

后一幕）有意无意地试探真相和谎言的缝隙之间，而这缝隙越来越变幻莫测。他们各自对专制的邓肯及其代表的其他力量——家庭、特权、金钱、秩序、头衔、名誉抵抗或让步程度不同，这将决定一切。

这种故事讲述方法有几种好处——如实地奉告，尖锐地定义问题，准确地洞察人物的想法——但这都需要读者集中精力。康普顿伯内特在标点符号方面比较敷衍：没有冒号或分号，没有感叹号，也没有斜体字。她所有的人物说话时都差不多，不论年龄、性别或阶层；看似每个人都如出一辙：孩子对邪恶有着同样的意识，父母和祖父母都同样采取掠夺性的权宜之计。没有帮助读者理解所发生事件的"背景填充物"。几乎全靠对话，这让人物除了对话赋予的内容外别无他物。

康普顿伯内特并非唯一依赖对话的作家，亨利·詹姆斯也尝试过一部几乎全用对话写的小说。《尴尬的年龄》(*The Awkward Age*) 连载于 1898 至 1899 年之间，该书被誉为他最优秀的作品之一，但书中常常将场景战线拉得太长，复杂得令人心烦意乱。平日总是称赞詹姆斯的伊迪丝·华顿认为，将 18 岁的南达·布鲁肯姆（Nanda Brookenham）及其社交圈的故事"磨成对话的碎末，得不偿失"。"倘若作者将其视为小说，而不是混合版剧作，'直接'叙述的义务也许能够驱使（詹姆斯）直面并解释中心问题，不至于让中心问题消失在纠缠的对话中。……对话，这种宝贵的辅助工具，用途始终不应超出辅助的界限，它就像让整盘菜变鲜美的那一滴调味品，我们应娴熟谨慎地使用。"

　　成功的对话不仅在于言之有物，还在于作者有效的组织方式。许多小说家担心自己无法传递人物的感受，因此喜欢步步紧逼。有时呈现为简单却不够真实的"天哪，我很沮丧！"也有时呈现为滥用副词。斯蒂芬·金将其称作"归因动词"，以一些摘自通俗小说或初版平装小说的句子为例：

　　　　"厄特森，把枪放下！"吉基尔怒道。

　　　　"吻我，别停下！"夏娜喘道。

　　　　"你这可恶的冤家！"比尔脱口道。

　　伟大的作家也难逃陷阱。在《尼古拉斯·尼克贝》的开头，邪恶的叔叔拉尔夫询问年轻的尼古拉斯，这两个人物在此都是第一次出现，同一段对话中我们读到：

　　　　"哦！"拉尔夫咆哮道。

　　　　"好吧夫人。"拉尔夫不耐烦地说。

　　　　"我说。"拉尔夫讽刺地重复道。

　　　　"啊当然了！"拉尔夫讥讽道。

　　　　"的确，谁知道呢！"拉尔夫怒吼道。

　　说明一下，狄更斯几乎是同时创作《尼古拉斯·尼克贝》和《雾都孤儿》的，每月每部小说需要给杂志编辑各发送 7500 词（他的薪水按词数计算）。可以理解，为何亨利·詹姆斯和约瑟夫·康拉德乐意在一段对话中简单地使用 6 次或更多的"他说"，一个副词也不用。简·奥斯汀在这方面同样惜墨如金，但有时她会刻意改变措辞——在《曼斯菲尔德庄园》的一段家庭讨论中，令人反感的诺丽斯夫人没有简单地"说"些什么，而是"喊"出来，这时读者会把它当作一个标志，明白她在升高情绪的温度，试图控制对话。

　　对话也许一不小心就会变得冗长，可能导致读者忘记情节。安东尼·特罗洛普说得好：

　　　　读者无意识的评判是公正严厉的。如果不相关的冗长对话进入读者的大脑，读者立刻就会感到自己被骗了，感到被骗进了拿起小说时不打算接受的东西里。

　　对话大师埃尔默·伦纳德《矮子当道》（*Get Shorty*）中有一句更简洁的话。有人问超酷的主人公〔电影版由约翰·特拉沃尔塔（John Travolta）饰演〕奇力·帕尔默完成一项任务要多久。"那个你别担心，"他溜了出去，"我只说必要的话。"一些作家不太在乎对话——以彼得·奥格（Peter Høeg）的畅销书《冰雪谜案》（*Smilla's Sense of Snow*）为例：里面几乎没有对话，以此模仿看起来更像冰雪、不太像人类的主人公。刘易斯·卡罗尔（Lewis Carroll）的爱丽丝绝不会赞同这种做法的，大部分情况下我也不会。

还有关于内心独白的问题。2011 年，小说家、翻译家蒂姆·帕克斯在《伦敦书评》（*The London Review of Books*）评论格雷厄姆·斯威夫特（Graham Swift）的《愿你在此》（*Wish You Were Here*）时指出，斯威夫特描述的主人公"不善言辞"与有时其无比微妙的内心独白似乎自相矛盾。有读者写信抱怨"优秀小说家工作的一部分"是让人物已产生却无法表达的想法"浮出水面"，帕克斯就此回信对该问题展开讨论。"这个问题很有意思，"他说，"以内心独白呈现出来的想法，同无以言表的、不想用语言表达的想法一样吗？有的想法是否……不经过语言的塑造？"如果可以，那在小说中是否可能引出这些想法，且不至于让人混淆以下二者的心智和表述能力：作者，以及"精神世界或许可以几乎不借用语言表达、但同样复杂的人物"？

D. H. 劳伦斯十分擅长描写情感表达方式有限但内心世界丰富的人物，帕克斯称："小说家的生活如此依赖语言，他们很容易假设所有想法都是用语言表达的，且各人使用语言的习惯都与自己差不多，那种由语言驱动的意识的确略带优越感。"这很重要，每位小说家都得找到适合自己的办法来解决这个问题。

小说家还容易遭遇信息泛滥的诱惑。1968 年，汤姆·斯托帕德（Tom Stoppard）写了《真正的猎狗侦探》（*The Real Inspector Hound*），这部作品模仿的是阿加莎·克里斯蒂乡间大宅谋杀谜案。该剧从马尔登庄园的客厅开始。一具男尸躺在地上，清洁工德鲁奇太太走了进来，她站在电话旁边，好像在等电话铃响，电话的确响了，她拿起听筒：

> 德鲁奇太太：您好，早春某个清晨在马尔登夫人乡村住宅的客厅？……您好！——客——谁？想找谁？抱歉没这个人，太神秘了，我相信一定有什么事情要发生，希望别给我们带来什么麻烦，马尔登夫人和她的访客在这里与世隔绝，还有夫人的丈夫艾伯特·马尔登老爷坐在轮椅上的同父异母或同母异父的兄弟马格努斯，十年前老爷在峭壁散步，此后再也没出现过——现在只有他们，主人家没孩子……如果有陌生人来，虽然我觉得不太可能，不过我会告诉他你打过电话。再见。

她挂了电话。片刻后，一位陌生人真的进来了。

我的一位小说家朋友在纽约教授创意写作，他对上文的评论如下（我承认我很喜欢）："根据我的经验，学生总是苦于不知道怎样让对话听起来自然，但他们同时也挣扎于将对话融入叙述：在哪里插入事件和解释、怎样安插潜台词、怎样暗示说话人口是心非等。（还有副词该放在哪儿！）剧作家可以依靠演员传达（或至少诠释）其中大部分内容，但小说家需要更加明确。我常常发现这种脱节的情况：一位才华横溢的剧作家转向小说创作，却发现规则变了。"尽管如此，令人惊讶的是，许多原理同时适用于演出（剧院、歌剧、电影）和需书面表达的故事。

在任何形式的叙述中，人物都不能向读者诉说自己无法知道的事情，也不能使用所处时代尚未出现的词语——在《尤利乌斯·恺撒》（*Julius Caesar*）中，一位人物说"数着时钟"，而时钟发明于几世纪之后。人物还必须说自己的母语——纽约犹太口音（如伍迪·艾伦）句法上和纽约意大利口音〔《教父》（*Godfather*）〕是不一样的。海明威如此建议一位年轻作家："人们说话时，侧耳倾听。大部分人从来不仔细听。"梅勒也指出："精彩的对话源自耳朵。"

斯蒂芬·金会模仿美国的不同方言，寻找句法差异或学习句子的结构。他举了波士顿英语中的一例，否定式肯定句："让我们看看是不是不能把你的车修好"[1]这个结构就足以让声音具有区分性。

---

[1]　即"让我们看看能不能把你的车修好"。——译者注

2012 年出版《西北》（*NW*）后，扎迪·史密斯遭到邮件轰炸，读者说她不知道美国人怎么说话。她是另一个爱省略引号的作家，对话中她使用破折号。而 E. L. 多克托罗压根不用标点——他认为标点"过于文学化"，可现实生活中人们说话时根本不用标点，所以他也不用。另一个极端的例子是塞缪尔·贝克特，正如我们所见，他的标点一路用到句末。在《西北》中，有个人物想到了樱桃树，她的想法在页面上形成了樱桃树的形状。她看着同事的嘴，一圈词语"牙齿金色牙齿牙齿缝隙"便以椭圆形出现在"舌头"这个词周围。对此，劳伦斯·斯特恩一定有话要说，不过没有绝对的规则，存在多种可能性：帮助读者，别阻碍他们，别毫无目的地炫耀。

要想写出精彩的对话，归根结底要遵循一条重要的原则：信任你的读者。写对话时，你在发出信号，希望读者或观众相信他们听到的是真实的语言，不仅要透露"他或她就是这样说话的"，更要传递这样的信息："把对话当作人物性格的一部分，当作故事的一部分，或当作关于主题或某段关系的一部分。"你需要同时完成几件事。

说到会话，小说中人物的说话方式需要多真实呢？有时纸上的对话常常让人感觉人物比现实中的人更聪明。如果有人在真实的对话中可以不夹杂"呃""啊"和重复，且使用结构完整的句子，那绝对令人震惊〔如巴拉克·奥巴马（Barack Obama）〕。每个人都听过自己声音的录音：**我听起来真的是那样吗？**我们希望某位富于同情心的神祇可以帮我们修饰一下声音和所说内容。

让我们偷听一段真实生活中的对话：

> **他：**闭嘴。把你孩子抱走（婴儿哭泣）……
>
> **妻子，哭泣着：**别那样看我——没人怕你。去死吧混蛋！
>
> **他：**你很在行！
>
> **妻子：**你去美国吧，别带我，我希望你死在路上。

这段对话来自克格勃窃听录音的转写，这是约翰·F. 肯尼迪（John F. Kennedy）的刺客李·哈维·奥斯沃德（Lee Harvey Oswald）与妻子的对话。此处与随机选择的典型对话转写不同，渗透了言外之意。我们可以看出奥斯沃德和妻子的表现都有点孩子气——紧张时，内心的孩子气就会不再躲闪，而会主导我们成年的心智。这正是小说家需要捕捉的一点。

有趣的是，大部分非虚构作品的对话也需遵循相同的原理，当然，不能瞎编——你在传达，因此有责任做到准确、忠于真相。但你可以"打包"所言之物。我问了两位小说

家朋友："匿名"创作了畅销书《原色》、现任《时代周刊》
（Time）政治专栏作家的乔伊·克莱因，以及创作了 5 部小
说、同时也因 20 世纪 70 年代早期《纽约时报》外派波兰报
道并获普利策奖的约翰·达恩顿（John Darnton）。他们两人
都同意，传达别人的话语时需要"打理一下"——需要删除
重复的内容、"呃"和"嗯"及愚蠢的口头禅——总之，删
除类似的东西。这样做道德吗？道德。危险吗？也危险。你
需要自行判断什么是小幅度整理、什么是过度整理，以避免
误读。因此，小说家写对话必须可信，非虚构类作者要忠于
引用对象的本来意图。

在小说《无尽的玩笑》（Infinite Jest）中，大卫·福
斯特·华莱士（David Foster Wallace）强调，他聚焦于话
语和思想的真实节奏，尽管这么做会违背写作的既定原则。
正因如此，埃尔默·伦纳德不只是一名推理作家，聆听人
们怎样说话对成就优秀小说家来说非常重要。

尽管一些小说家有模仿天赋，却并不代表小说中的对
话应成为现实生活中交谈的忠实翻版。小说对话非常特别，
话语以及更多非语言事件的呈现都由高度的模仿得来——
也必须如此。正如大卫·洛奇所指出的那样："忠实模仿现
实话语的叙述风格，看起来莫名其妙，好像是在转写现实
对话一样。"

洛奇以《麦田里的守望者》一段为例，故事叙述者是

少年霍尔顿·考菲尔德，叙述听起来更接近口语而非书面语。因此，塞林格用了多处重复和夸张，还有简单的短句乃至语法错误。然而，对话既要足以接近真实生活让人信服，又不能过于真实让人烦躁，需在二者之间找到平衡。洛奇总结道："从某种意义上来说，小说的对话更像打电话，因为（与戏剧不一样）它要在说话人不在场的情况下产生影响。的确，小说的对话更贫瘠，没有富于表达力和语调的人类声音辅助。"

马克·吐温在第一部小说中挣扎于如何捕捉美国南方黑人的地道口音。创作《一个真实的故事，逐字复述》（*A True Story, Repeated Word for Word as I Heard It*）时，他告诉朋友威廉·迪恩·豪威尔斯（William Dean Howells）："修改方言时，我反复说、说、**说**，直到听起来觉得对劲——我觉得黑人的口音很难学。"豪威尔斯当时是《亚特兰大》（*The Atlantic*）的编辑，他为吐温争取到了双倍薪水，这是吐温第一次出现在北方精英杂志上。然而，"不管以何种方式进行种族模仿，"吐温的研究者安德鲁·莱维（Andrew Levy）敏锐地评论道，"都会巩固白人**了解**黑人这一概念。吐温似乎创造了一种模仿，表明他们并不了解黑人。"他首先是一个**传达者**——他希望读者感到传达的内容是准确的。

亨利·詹姆斯和约瑟夫·康拉德是好朋友，处于事业中期时，两人达成一致：在未来的书中，人物都不能直接回应问题，需旁敲侧击地评论——用以增强张力。据说，心理学家威廉·詹姆斯告诫兄弟亨利："没人像你小说中的人物那样说话。"对此，亨利答道："也许他们就应该这样说。"也没人像菲利普·罗斯，或普鲁斯特、托尔斯泰笔下的人物那样说话。的确，还有无数创造了自己世界的小说家，我们开心地接受了他们的世界。艾丽丝·默多克常因人物爆出最难以置信的台词被嘲笑，但她写了几部畅销书，《大海，大海》（*The Sea, the Sea*）还曾荣获 1978 年布克奖。这段 2010 年的模仿更有意思，因为它是默多克的真实代表：

> 我跟到哈特丽家。"也许你现在老了、发胖，不美，"我说道，"但我仍然爱你，亲爱的哈特丽。"
>
> "安静，"她恳求道，"我必须继续和暴力的本维持婚姻，我们也必须一起为养子提塔斯的失踪而难过。"

默多克没因此类对话被指责，因为她创造了自己的世界，康普顿伯内特亦是如此，也许还有吐温。然而，尽管存在各种可能导致人物对话出乱子的陷阱，但作家可以自豪地发现，读者容易轻信文学的笔调。

那口齿不清的人物呢？口吃的？总是骂人的？同样，

此处作家不能直接复制"现实生活"。纸上一句"妈的",效果相当于聊天中说了十遍,立刻就会令人不愉快。从事小说创作前,保罗·斯科特在伦敦做文学代理,他回忆道:"应一家可随意提出修改意见的知名出版商要求,我们不得不从一位年轻作家的第一本小说中,删除所有该类词语(即'妈的':即使在 20 世纪 60 年代,英国作家也会回避此类词语),这部小说在其他各方面都很有前景,得知消息后年轻作家眼中含着怯懦的泪水,恳求救下这最后一个可怜的'难民',说'如果书里连一个这样的词都没有,我怎么面对朋友呢?'"

　　詹姆斯·伍德一定不会赞同。近期,他写了一篇赏析苏格兰作家詹姆斯·科尔曼(James Kelman)的文章,科尔曼的小说《到底有多迟、多迟》(*How Late It Was, How Late*)曾获 1994 年的布克奖。伍德以科尔曼典型的语言方式举例,他习惯并反复使用"语域相对较小的词,如,他会重复并改进'去他妈的'和'妈的'":

　　　　同一句话中,他会以不同的方式使用同一个词。"如果是我,我就会告诉他们去他妈的滚开;滚开去他妈的我会告诉他们,如果是我,我会这么说。"叙述者在短篇故事《和狗在一起的人》(*The One with the Dog*)中这样想。有时也将"妈的"作为句中停顿的标志（功能类似于"但是"）："只是她会，妈的，她会笑话他。"有时也用在产生影响的反复中："看在去他妈的分上，她当然会。妈的它该死的意义是什么，妈的试着躲躲藏藏的。她当然会妈的担心他。"在《灰猎犬早餐》（*Greyhound for Breakfast*）中罗尼（Ronnie）这样想。

这是为重复高频单词的有力辩护，但好比是在表扬一位音乐家能让某种乐器发出多少种声音，结果令人印象深刻，但影响很快就会消失。

口头禅亦是如此。诺曼·梅勒讨厌在书中美化日常用语，如将"妈的"表述成"热爱母亲的"，1964 年他在《老爷》（*Esquire*）杂志发表了第四部小说《美国梦》（*An American Dream*），书中有一个场景，一位黑人说了 20 次"放屁"。数年后，他回忆道："我真的用不着写 20 次。12 次效果更好，但我知道如果写 12 个，编辑会去掉 5 个，所以我放了 20 个。编辑尖叫了，但我留下了 12 个，这样他们满意，我也满意。"

智利小说家伊莎贝尔·阿连德（Isabel Allende）认为，使用一个不合常理的词语，就足以构建人物的背景。塞巴斯蒂安·福克斯的《人类踪迹》（*Human Traces*）开篇第一章介绍了一个口吃的主人公，故事开始时主人公出现了两次口吃——此后，在这本长达 793 页的书中，只出现了另一次口吃状态，足矣。现在，故事能继续了，不需要每次都多此一举地对读者说一遍"这个人口吃！"

不过，有一点需要注意。迈克尔·埃拉德（Michael Erard）研究了我们怎样说话，在《嗯……：漏嘴、口吃、口误及其意义》（*Um...: Slips, Stumbles, and Verbal Blunders, and What They Mean*）中，他指出停顿和口误有助于理解我们是怎样将想法赋予声音的，不自然的或结巴的语流展示了我们怎样在记忆中寻找词语、怎样提前规划要说什么、怎样实时融合意义和语调以及最初如何习得语言。

颇有争议的美国作家乔纳·莱勒（Jonah Lehrer）[1] 从左右半脑的功能讨论了巧妙的想法如何产生，右脑擅长他称为"指称"的功能——贮藏词语的基本意义，而左脑擅长理解语言的细微差别，处理"内涵意义"，即字典意义以外的含义，如句子的情感因素或比喻。语言十分复杂，以至于"大脑需要同时用两种不同的方式处理。既需要看到森林，也要看到树木"。

正因如此，作者可以给读者轻轻施压。如，杰弗里·阿切尔就喜欢保留一些信息。倘若一对恋人相见，阿切尔会在

---

[1] 2012 年，莱勒因编造引语被曝光，已出版的三本书中就有两本下架——《想象：创造力的科学与艺术》（*Imagine: How Creativity Works*）和《如何做出正确决定》（*How We Decide*）。同年，他为《纽约客》和《连线》（*Wired*）杂志撰写的文章又有了新麻烦，他被迫承认内容涉及旧文新用和剽窃。不过，本书中使用的信息几乎是完全可靠的。

他们接吻前就从该场景撤走——不过，这显然是紧接着会发生的事情。对话也是这样：他在对话未结束前戛然而止，让读者推测可能会说什么，不过，只有在上下文语境比较明显时才会这么做。读者一旦明白，就会乐在其中。

杰弗里·阿切尔享受自己的小技巧，托马斯·曼亦是如此。不过，后者会将技巧用在一个完全不同的层面上，他喜欢利用对话来展示人物的性格弱点和偏见：

对小维希布罗特小姐的描述：

> 她给人的整体印象比较平淡，然而在每一个动作中，都清晰地透着一股略带喜剧感却渴求尊重的劲儿。她说话的方式加强了这种效果。她说话时下颌轻快地抽动，她在强调时会点头。她不带口音，发音清晰准确，强调辅音。

对凯赛尔梅尔先生的描述：

> （他）频繁地使用这种表达（"啊，哈！"），语调曲折的方式多得令人惊讶。说的时候，他有时仰起头、皱着鼻子、张大嘴、手在空中挥舞，有时像中国铜锣一样拖长金属般的鼻音；有时也用些更有趣的方式，随意地轻轻抛出，或从其他无数种不同

的调调或含义中选取一种说出来。他的"a"很模糊，这是鼻音的效果。今天他的"啊哈！"急促而有活力，伴随着头部的抽动，似乎心情好得不得了，但也说不准。

即便是在译文中，上述所有人物对话中的每一句都竭力对应着人物的实体和精神并严格参照他们在 19 世纪末德国中上层社会中的地位。这就是一位优秀小说家怎样让对话精准化的。

本章总结摘自劳伦斯·斯特恩《项狄传》：

> 写作……只是对话的另一个名字。懂得该怎样维持良好合作的人不会冒险地**说出一切**，因此，理解礼貌和教养边界的作家，不会误认为需要将一切和盘托出：若想向读者的理解力表达最真诚的敬意，就要和气地将这个问题一分为二地看，为读者留下想象的空间，他们同样也会尊重你。

这就自然地引入了关于讽刺的话题。

标注着"迷路"的指示牌

第 6 章

秘密活板门：讽刺的力量

别忘了讽刺，这是人性的入场券。

——历史学家约阿希姆·费斯特（Joachim Fest）

父亲给他的建议

有那么些人，如果他们不知道，你就不能说给他们听。

——路易斯·阿姆斯特朗（Louis Armstrong）

小儿子盖伊 18 岁时，我答应会带他去任何他想去的地方，他选择了俄罗斯。从圣彼得堡出发，坐了 4 天西伯利亚特快列车后，我们向东行驶了 2744 英里[1]，来到了伊尔库茨克。

[1] 2744 英里约为 4416 千米。——编者注

这是西伯利亚最大的城市之一，生活着约 60 万人。19
世纪，许多政治犯曾流放至此。1825 年，一群军官起义反
抗沙皇尼古拉斯（Czar Nicholas），但整个计划耻辱地失败
了。惨败的起义发生在年底，因此这群军官被称为十二月
党人。5 名预谋者被判绞刑，120 人被放逐伊尔库茨克，或
东部更远的地方。

其中一名流亡者是谢尔盖·沃尔孔斯基公爵（Prince
Sergei Volkonsky），1838 年，他住进了如今大名鼎鼎的家
宅博物馆。主厅的桌上摆了一尊威风凛凛的小雕塑，用黑
色金属制成。沃尔孔斯基从莫斯科开始徒步远行，步行了 3
千多英里——还戴着镣铐。很久以后，他给亲人送回一样
东西——暴君尼古拉的雕塑，看似表达敬意，不过，雕塑
正是用流放途中束缚他的锁链锻制而成的。我告诉盖伊，这
绝对是讽刺。

回英格兰后，我把这个故事告诉了一个朋友。他摇了
摇头。不，他说道，这是讥笑。好吧，对我来说，谢尔盖
公爵是在讽刺。

这是个微妙的词语。若要简洁正式地定义，讽刺，即为
理应表达之意同意欲表达之意存在紧张的关系——需判断什
么是玩笑、什么不是玩笑。朱利安·巴恩斯在《10 1/2 章世
界史》（*A History of the World in 10 1/2 Chapters*）中借人
物之口说："可将讽刺定义为被人忽略之事。"近期《北美

桥牌协会会刊》（*Bridge Bulletin*）有篇文章这样开头："表示发现出乎意料的讽刺，在文学中很常见，在桥牌中很罕见。"——这段引入效果不错。卡夫卡的朋友兼翻译马克斯·布罗德说，卡夫卡会习惯性地检查自己和作品，力求达到"绝非毫无讽刺，但使用的是善意的讽刺"。还有，希姆莱（Himmler）对外出狩猎的赫尔曼·戈林（Hermann Göring）的称呼——"那个'杀手'"——我们该怎样理解？讽刺？抑或只是我们自己的解读？

　　也许，讽刺本身就带有迷惑性，难以辨认，好比盲人摸象——只能通过反复触摸来了解。在亨利·福勒（Henry Fowler）的语言指南《标准英语》（*The King's English*）中，他写道："对讽刺有各种定义——可能都有几百种了，但为人接受的不多——须包含表面意义及其言外之意。"

　　以《傲慢与偏见》的开篇为例："有一笔可观财产的单身汉一定需要妻子，这是众所周知的真理。"但我们很快就发现，简·奥斯汀想表达的却恰好相反：适婚年龄女性——或她们的母亲——常常热衷于寻找富有的老公。此处用反语表达讽刺，有钱单身汉的愿望，实则为贪婪的未婚女性的愿望。随着情节的展开，小说深入探索爱情的实质并以两对新人的婚礼告终，讽刺的意味也随之加深。开场围绕达西及我们对他的感觉展开，并贯穿整部小说。[1]

　　至于讽刺的意义，许多作者都有自己的见解，虽说至今尚无让人心服口服的定论，却丰富了我们对这个词的理解。在阿莉·史密斯（Ali Smith）的小说《精巧》（Artful）中，叙述者刺了文身，称文身"像讽刺一样疼痛"。在梅格·沃利策尔（Meg Wolitzer）的小说《有趣的》（The Interestings）中，主人公茱莉亚·雅各布森在少女时代突然发现了讽刺，说它"尝起来怪怪的，但味道很好，像是从未尝过的夏日水果"。然而，"此后没多久，掩饰就会弱化，讽刺和严肃交融"。还有一种讽刺，被普鲁斯特描述成一种自我保护：

　　　　有时，（斯万）还会不由自主地批判艺术品或他人的生活见解，但他会用讽刺的调调掩饰，似乎所言与他本人无关。

　　2012年《纽约时报》的一篇文章将讽刺誉为"时代的思潮"，似乎很接近斯万的想法：

---

[1] 人们担心《傲慢与偏见》过于微妙，简·奥斯汀说："我不给无趣的小精灵们写书，因为他们自己就没多少想法。"乔治·艾略特在《丹尼尔·德隆达》（Daniel Deronda）中作出了讽刺性的评论，不惜贬损同行。她故作天真地写道："这段故事的部分读者，无疑会认为这令人难以置信——有人居然会把婚姻单纯寄希望于关于有钱单身汉的道听途说，且这种机遇还唾手可得。读者不会接受这种论断的，只会以为这是在倒苦水。"〔柯林斯清晰字体版本（Collins Cleartype）《丹尼尔·德隆达》，第120页，时间不详。〕

以广告为例，它自称为广告，以自嘲的形式努力诱惑目标受众和它一起发笑。它先发制人地承认，自己毫无重大意义。它已战胜自己，故他人无法攻击。讽刺的框架即为对抗批判的有力盾牌，讽刺的生活方式亦是如此。讽刺这种方式的自我保护功能最强，因为它能让人推卸选择的责任，不管是在审美还是在其他方面。讽刺地生活，即藏身于人群之中。

这些均有助于理解讽刺，但皆非讽刺的完整定义。讽刺与刻薄、讥笑、幽默或夸张地批判、愤世嫉俗或冷嘲分别有何关联？[1] 接着巴恩斯的定义继续探讨，有趣是文章的必备要素吗？讽刺到底属于智慧还是幽默——抑或位于二者交界处？在透明直白中能实现讽刺吗？它一定要略带颠覆性乃至威胁性，才能让人们理解**实际**上是怎么回事吗？有一大堆值得深思的问题，但令人惊讶的是，人们总是将这个词的意义视为理所当然。

求助"维基百科（Wikipedia）"似乎是堕落到极点的表现——好比陷入剽窃、肤浅、懒惰和愚蠢的漩涡——不过它关于讽刺的词条还是颇有增益的，道出了这个概念的

---

[1]　长期以来，"冷嘲（sardonic）"一词在印欧语系中的词源无人可解。"sardanios"原为希腊语，可它出现于何时？后来有人指出，撒丁岛（Sardinia）有一种植物，吃了就会死——死者会面带奇怪的表情，好似嘲讽。

复杂性，正如我之前所提及的那样。比如，词条下列出了幽默式讽刺、夸张式讽刺、冷嘲、不动声色的讽刺等。

该词源于希腊语，意为——取决于你翻阅哪本字典——伪善、欺骗、假装天真，或掩饰、讥讽、轻描淡写。15世纪末，讽刺一词进入英语，通常指"传达与字面相反的意思"。在文学中，它代表一种技巧，传达与表面意思相反的结果或态度。[1]在当代写作中，讽刺指的是一种组织作品的方式，充分表达矛盾的动机——尤其是用于说明与某个主体、主题或感情保持距离。讽刺与讥讽不同，它更加微妙。

据维基百科，间接性是讽刺的基本特征，它通常会低调地展示行动或表达与所在语境产生的矛盾。维基百科进一步区分了四种变体：语言（我更倾向于说"口头"）讽刺——说话人所言和所指不一致；戏剧性讽刺——在听者看来词语和行为暗示了一些意义，但说话者或人物却不理解这些附加含义；情境讽刺——行为的结果与理想或期待的效果相反；最后一类称为"宇宙性讽刺"——即人类愿望和现实的差异——神祇的突发奇想。

第一类例子不难找。库尔特·冯内古特在他的一本小说中将某个人物描述成"像盘曲的响尾蛇一般愉快悠闲"。

---

[1] 在1725年的《新科学》（The New Science）中，意大利哲学家詹巴蒂斯塔·维柯（Giambattista Vico）提出，只有四种话语类型：比喻、转喻（不使用指称词语或概念本身的名词，而用意义与之相关的其他事物进行表述）、提喻（替代指示，用某个指称部分的词语指代事物整体）和讽刺。这些就是全部"必备的表达模式"。受维柯著作影响者甚多，如卡尔·马克思和萨缪尔·贝克特。

像混凝土一样柔软、像泥一样清晰、像根管治疗一样痛快：所有这些形式都是语言讽刺，尽管已经很接近讥讽了。

索福克勒斯（Sophocles）的《俄狄浦斯王》（*Oedipus the King*）是戏剧性讽刺的优秀案例，正如犹大对耶稣的背叛那样——叛徒的亲吻导致耶稣受难，但全人类却因此得到救赎。还有《伊索寓言》中的例子，有人告诉一位国王，他的儿子会被狮子杀死，国王便禁止王子去外面的世界冒险。可有一天，年轻的王子在宫中闲逛，看到了地毯上绣着的狮子图像。他用拳头狠狠捶打绣像狮子，结果被毯下的钉子划破皮肤，之后死于坏疽。

1981 年，发生了一例特殊的情境讽刺，小约翰·W. 欣克利（John W. Hinckley, Jr.）试图刺杀罗纳德·里根（Ronald Reagan），一枪都没打中。可一枚子弹从总统专车的防弹玻璃反弹，射入了里根的胸膛。因此，从一定的程度上来说，保护总统免受枪击的车反而导致他遭枪击身亡。

为什么讽刺于作家无比重要？我心中的最佳答案，可能会让你感到意外。瑟伦·克尔凯郭尔（Søren Kierkegaard）是 19 世纪上半叶的一位丹麦宗教哲学家，主要研究基督教道德。大学期间，他听了一系列以讽刺为主题的讲座，接下来的 10 年中，他在博士研究中探索了讽刺的实质。

对他来说，讽刺不只是文学工具，还是一种完整的生活方式，他认为应该将讽刺呈现在每一件艺术品中。这不仅是措辞问题，甚至也不仅是人物或情境问题，它关乎整体角度。讽刺的核心是"绝不直接表达想法，只是随意地提出，用一只手捧出来，再用另一只手拿走，像拥有个人财产那样拥有一个想法"。

他将毕业论文命名为《讽刺的概念，引证苏格拉底》（*The Concept of Irony，with Continual Reference to Socrates*），文如其名，他常常引用苏格拉底，这位哲人总是假装无知，假装需要他人指教，实则想方设法要指点他人。苏格拉底的"外在和内在并未构成和谐的整体，而是相反，但我们只能通过这种折射的角度来理解他"。

接下来，克尔凯郭尔用一幅让人印象深刻的画面举例。这是一幅刻画拿破仑墓的版画："两棵大树笼罩着墓地，画面中别无他物，观察者直接看不出什么。两棵树之间，却有一片空白，人眼跟着轮廓走，拿破仑就会突然从虚无中浮现，这下就很难让他从脑海里消失了。见过他的眼睛必然总会紧张地看着他。"

这让人想起2200年前苏格拉底答提问者。"看到树，就听到了'树'这个词的声音。树就是树，所以词语指称的就是我们听到的意思。没有哪个音节能让人联想到其他意义，正如那幅图中没有一笔是在暗示拿破仑。然而是这片空地，这种虚无，隐藏了最重要的东西。"

其他人也表达过类似的见解。波德莱尔（Baudelaire）将伦勃朗描述为一位"坚定的理想主义者，让我们去梦想猜测远方"。另一位画家走得更远：塞尚（Cézanne）在《做针线活的奥尔唐斯·菲凯》（*Hortense Fiquet Sewing*）中描绘妻子时，在画中留下一片空白，似乎希望我们的思考配合眼睛来填补空白。《说吧，记忆》（*Speak，Memory*）是纳博科夫关于早年俄国生活的回忆录，最后的意像是"混乱的图画——找出水手藏了什么——自己找到的，一旦看见，永不消逝"。正如研究纳博科夫的学者莉拉·阿扎姆·赞加内（Lila Azam Zanganeh）所言："一扇秘密活动板门突然打开了。阅读就是在混乱的图画中捕获细节，一旦发掘，就会展现出一个全新的故事，这往往比最初的想象更丰富、更新鲜。"克尔凯郭尔也同样运用了活动板门的意象。[1]

在此引出了两条重要见解。首先，通过讽刺，我们得以说出不那么理所当然的事情。其次，讽刺假定作者和读者（或观众）之间可以互相理解。讽刺，让我们得以省略。弗兰纳里·奥康纳（Flannery O'Connor）说："小说中，二加二总是大于四……小说家要尽可能减少陈述，读者会

---

[1]　弗洛伊德将这种效果命名为"unheimlich"，即"离奇"，他定义为"不是指全新或完全陌生的事实，而是指某种熟悉、长期存在于脑海中的事物，在压抑的过程中突然变陌生"。德语"Heim"意为"家"，这种离奇是"曾经……有家人感觉"现在却感觉奇怪或神秘化了。

联系已知的信息，虽然他们自己可能并不知道已经联系起来了，但无论如何，这种联系已经形成，也影响了读者。"除此之外，还有其他好处：约翰逊博士（Dr. Johnson）写道："一旦理解，我们就不再惊奇。"

倘若的确如此，那么从本质上来说，所有小说都是从无知开始积累经验的旅程，都关乎探索表面之下的真相。因此，要说讽刺在小说中无处不在，就不足为奇了。讽刺讲究的是隐藏，笔下的真相可能要在我们心头慢慢生长——

保罗・塞尚（Paul Cézanne）《做针线活的奥尔唐斯・菲凯》（*Hortense Fiquet Sewing*），约创作于 1880 年。

因此第一遍读起来可能不明显。读了一部分后，我们才会明白《动物农场》（Animal Farm）旨在抨击暴政——除非你事先已经被剧透了。读到格列佛的第三段旅程时，我们才会明白斯威夫特的用意。众多高教会派人士认为丹尼尔·笛福（Daniel Defoe）写《处理反对者的捷径》（The Shortest Way with the Dissenters）是在声援他们，而该书实为对高教会派的猛烈讽刺攻击。

在希拉里·曼特尔的布克奖获奖小说《狼厅》（Wolf Hall）中，托马斯·克伦威尔去拜访英格兰大法官——也是他的主要对头托马斯·莫尔。他们在莫尔的果园一起散步——带着高度的谨慎，两人都在兜圈子引对方说错话——讨论莫尔女婿威廉·罗珀的命运。年轻的威尔**现在**怎么样？

克伦威尔对宫廷生活的含糊其词和钩心斗角了如指掌，关于这个问题，他知道如果清楚地表明宗教立场就会落入陷阱，好天主教徒该首先忠于君王，还是罗马教皇呢？他答道："我想我们可能会看到他成为路德（Luther）的朋友，就像以前那样，但等摘醋栗的时候又回到国教教会。"

莫尔："威廉·罗珀现在效忠于英格兰和罗马。"

克伦威尔："今年小果子收成真不好。"

然后曼特尔告诉我们："莫尔用余光看着他，克伦威尔微笑着。"

克伦威尔在讽刺——他随意地评论水果的收成让谈话

发生转向，实际上是在告诉敌人，他明白对方女婿的弱点。但曼特尔提及莫尔和"眼角"，是在暗示整个对话的危险程度。这段对话是生死游戏，此处讽刺能让两人表情达意，且不至于一不小心被关进伦敦塔。（这就是为何"奴隶讽刺"自成一家：说话或落笔时受到限制，不能冒险说出真实想法。他需要审时度势，并象征性地屈服。）

我列出的许多定义都指出讽刺需玩味语言字面意思的对立面，但并非总是如此。更常见的是在书页上写下一些有价值的东西，但省略更多内容（讽刺会避开副词），作者期待读者填补空缺。

讽刺需要承认作者和读者之间存在契约，作者期待我们从字里行间阅读。当然，作者这样做是恭维读者。用亨利·詹姆斯的话说，任何一位优秀的读者都会尽量"不放过任何蛛丝马迹"。读者可以做到。作者和读者的关系很复杂。在《星期日泰晤士报》（Sunday Times）的一次访谈中，马丁·艾米斯评论道：

> 这是……一场恋爱。怎样让人爱上你？用最佳状态展示自己，用你最具活力、最完满、最体贴的状态。作者必须满怀恋爱般的激情：必须给读者最舒服的椅子，离火炉最近的座位，捧出美酒佳肴。这就像是好客之举。

接下来，他集中批评了三位作家——弗拉基米尔·纳博科夫、亨利·詹姆斯和詹姆斯·乔伊斯——均为文学史上的讽刺大师——批判他们在后期写作中看起来"对读者不管不顾"。然而，他本人后来在小说《消息》(*The Information*)中却这样描述一位主人公："他可不想取悦读者，他希望读者竭尽所能。"

那么作为作家，怎样用"最有活力、最完满"的状态展现自己呢？多年来，《纽约时报书评》都会在封底内页刊登独立短评。2001 年，美国小说家罗克萨娜·罗宾逊（Roxana Robinson）撰文，抱怨当代小说缺乏感情。她认为，在弗洛伊德的强烈影响下，我们对自己的情绪产生了自我感知。所以用她的话来说，像理查德·福特（Richard Ford）、科马克·麦卡锡（Cormac McCarthy）——对了还有马丁·艾米斯——"倾向于情绪频谱上冷漠的一端，选择疏远和讽刺"，导致"我们失去了……各种波涛汹涌的感情"。

我极不赞同。当代小说有很多可批评之处，但因使用讽刺而感情缺失绝不是其中之一。讽刺——根据我的定义使用，如果用得妙可以**推动**感情的跌宕起伏。如果鼓励读者中途亲自回应作者已给的信息，他们也许就能够理解并分享难以言说的奥秘。〔戏剧表演亦是如此：达斯汀·霍夫曼（Dustin Hoffman）在 HBO 系列剧《运气》(*Luck*)中扮演

了一个安静沮丧的角色，他如此评论道："观众与你合作写故事，他们可以填补空白。"〕

讽刺需要信任，作者对此会产生焦虑，可以理解。1946年，即《动物农场》初版后的一年，乔治·奥威尔应邀改编广播剧，他非常担心读者会忽视自己眼中的故事转折点——拿破仑（Napoleon）和雪球（Snowball）将牛奶和苹果据为己有。这是在直接反映喀琅施塔得（Kronshtadt）事件，该地为镇守圣彼得堡的海军基地，1921年反抗政府的第一次重大起义被残酷镇压。奥威尔加入了这段简短的对话：

> **克罗夫**：你觉得独享苹果公平吗？
>
> **莫莉**：什么？你说他们自己留着苹果？
>
> **缪丽尔**：我们一点都分不到吗？
>
> **奶牛**：我以为是要平分的呢。

奥威尔的英国广播公司制作人雷纳·赫彭斯托尔（Rayner Heppenstall）把这些台词从广播稿中删除了。赫彭斯托尔的判断更准确：奥威尔过分担心，生怕听众不能理解他，但以70年的阅读经验来看，原文已经够清楚了。

说一件事，却传达另一个意思，作者要求读者去挖掘更多的真相。"让每一句话都移向讽刺。"克尔凯郭尔带着使命感说道。只走到一半，当然只是比喻，表示一种妥协。不过我建议，让读者充分发挥——不必让他们努力到精疲力尽，而是努力到理解（twigged）为止（用英国人的话来说是"caught on"）。也许正因如此，卡夫卡才一直没给许多故事安排结局。《城堡》的结尾空缺，也许是由于主人公 K 从未抵达城堡，因此读者可以探索多层次文本。[1]《变形记》出版时，卡夫卡很担心出版商会把昆虫的形象画在封面上，他请求道："不要印昆虫，请别印出来！昆虫本身是不能描摹的，哪怕远景也不行。"

　　我所表达的意思，源头看似不可思议。鲁德亚德·吉卜林（Rudyard Kipling）最后创作的一部书是回忆录《我的一些事》（*Something of Myself*），该书从 1935 年开始创作，当时他已年近 7 旬？在最后几章中，他总结了自己的写作技巧，即有必要让每个词语都"讲述、承担、有分量、有滋味，必要时还散发出气味"。然后他表示，自己坚信作家应该从故事中刻意抽走一些材料。他说，这么做是为了向读者施压。这种方式不是为了避开感情，而是让感情得到升华。"如果故事中的小线索是读者自己搜出来的，

---

[1]　如果卡夫卡未死于肺结核，他会写完《城堡》吗？在 1922 年致马克斯·布罗德的信中，他说自己放弃这个故事了。但与此同时，他也多次告诉布罗德，结局是 K 继续生活在村里，也死在村里，最后 K 临终前，收到了来自城堡的通知，说 K "居住在村庄里的法律声明无效，然而考虑到各方面原因，他得到允许，可以去那里工作生活"。讽刺的是，我们现在看到的结尾似乎更容易引发共鸣。

那就像火焰一样，"吉卜林说（他也用了马丁·艾米斯的火炉旁意象——不过是讽刺地用），"被拨弄过的火焰更加炽烈。虽然读者不知道你拨弄过了，但效果谁都能感觉到。"用空缺给读者施压，是优秀小说的重要标志：威廉·特雷弗（William Trevor）将短篇故事称作"瞥见的艺术"，它的"力量源自省略的部分"，吉卜林自己在后期的短篇故事集中就娴熟地使用了"瞥见之物"。

　　另一位短篇故事大师 J. D. 塞林格，常常从微妙、间接、暗示的角度进行讽刺。在《香蕉鱼的完美一天》（*A Perfect Day for Bananafish*）中，他讲述了主人公西摩·格拉斯在海滩的一天。与此同时，西摩的妻子缪丽尔在酒店房间中与她母亲通话，谈论衣服和丈夫的行为。我们读到西摩容易对小事感到紧张，如担心人们盯着他的脚、在沙滩上穿浴袍以避开他人的目光。西摩遇见了四岁多的小女孩西比尔（Sybil），对她很友善。他们一起去游泳，西摩给她讲了香蕉鱼的故事。西摩说（"Seemore"，小女孩这样喊他，条顿语中这个名字的意思是"海上的伟人"），这种鱼游进洞里的时候，"看起来很普通"，但一进洞……

　　"西比尔，你知道它们会做什么吗？"

　　她摇了摇头。

"它们游进一个洞穴，里面有很多香蕉。游进去的时候，它们看起来就是普普通通的鱼。但进去以后，就会像猪一样贪吃。据我所知，有香蕉鱼游进香蕉洞后能吃掉 78 根香蕉呢。"他缓缓将救生圈和小女孩向地平线推近 1 英尺，"当然，吃完后它们太胖了，游不出去。门太小了。"

"离出口不远啊，"西比尔说，"它们怎么了？"

"谁怎么了？"

"香蕉鱼啊。"

"哦，你说它们吃了太多香蕉，不能游出香蕉洞？"

"是啊。"西比尔说。

"好吧，我是不想告诉你呢，西比尔。它们会死。"

"为什么？"西比尔问。

"它们得了香蕉热病。一种可怕的病。"

"浪来了。"西比尔紧张地说。

游泳后，西摩同西比尔道别，回到酒店的房间，从行李中找出一把手枪，躺在熟睡的妻子身边，开枪自杀了。

这个故事令人震惊，它展示了塞林格典型的压缩和细节讲述手法，所有线索都指向故事的结局、指向西摩为何做出那些举动，但这些信息都经过削减，等你走出震惊，回头重读整篇叙述，才能发现暗示西摩之死的信息大都来自塞林格**省略**的内容。[1]这就是悲剧讽刺最有效的地方，加之我们的读者要游那么远，才能得到完整答案、看清大浪当头，效果就更突出了。塞林格的例子很完美，这说明想让读者自己走到半路根本不难，难的是让他们走——比如说——全程的 70%。文字"找到了"你，柯勒律治（Coleridge）会这样解释。

11 世纪埃及作家阿尔哈曾（Alhazen），找到了一个合适的词组来描述读者的职责：看清"文字透露的暗示和阴影"。海明威在写作中始终努力运用冰山原则：除了显露的部分，水下还有 7/8。桑顿·怀尔德（Thornton Wilder）说得好："艺术不只是吐露秘密的欲望，还是在吐露秘密时有所隐藏的欲望。"

最后再举一例。1993 年，米兰公司阿德尔菲出版了中年商人保罗·毛伦西格（Paolo Maurensig）的第一部小说。这本书迅速地在多个国家成了畅销书，好评如潮。该书仅140 页，名为《吕内堡战术》（*The Lüneburg Variation*），从国际象棋策略出发，从一定程度上来说，内容的确讲述的是象棋运动及其激起的强烈感情。

小说的第一句话直接点题——"据说国际象棋是在血

---

[1]　我在金斯顿的同事，小说家、诗人韦斯娜·戈兹沃西（Vesna Goldsworthy）让学生写"香蕉鱼"的"缺失片段"。顺便说一句，这个故事让塞林格一举成名——《纽约客》立刻与他签订了长期合同，布丽吉特·巴多（Brigitte Bardot）有意购买电影版权（他差点就接受了）。

泊中诞生的"。人们发现迪尔特·弗里希死于维也纳附近村庄的自家花园中。他宅子的书桌上，摆了一块用破布缝纫拼凑的临时棋盘，以彩色扣子作棋子。由于无法确定是自杀还是他杀，他的死亡被称为"谜案"。死者显然是狂热的国际象棋迷，无名的叙述者告诉我们，每天晚上从维也纳坐火车回来的路上，弗里希都会和同路的同事鲍姆先生"杀一盘"，鲍姆先生比弗里希提前几站下车。有天晚上，他们正在下棋，一位年轻人走进他们的车厢，给他们讲了一个故事。

这是一个关于20世纪30年代两名德国少年的故事，虽然两人家庭出身不同，但都是国际象棋天才。一个是犹太人塔博里，富有的艺术商之子；另一个少年的父母则是富有的日耳曼人。两人棋艺势均力敌，不过塔博里略胜一筹，因为他一有机会就会用特别冒险的对抗性手段——吕内堡战术——他的对手们大多都无法抵挡。

第二次世界大战来了，虽几次逃脱，1944年塔博里还是被抓到了贝尔根-贝尔森集中营，在差点被处死时，他被集中营新指挥官及时救下——新来的指挥官正是他儿时的对手，这名军官让骨瘦如柴的塔博里去他的办公室。"同事下棋都很差劲，真倒霉，"纳粹党卫军官解释道，"只有和你下，我才能享受几盘像样的棋。"

塔博里只要每周和指挥官下两次棋，就能得到额外的食物，减少劳动量。每次，赌注都必不可少，倘若塔博里输了，更多同狱犹太人就会惨遭杀戮，他本人会被迫观看屠杀：两人在为生命下棋。

生活就这样继续，塔博里熬过了战争的最后几个月，终于盼得集中营解散，指挥官消失了。回归正常生活后，塔博里收下年轻的门徒汉斯·梅尔，他倾其一生将棋艺传授给他，甚至将吕内堡战术和盘托出。临终前，塔博里让这位年轻的门徒保证，查出折磨自己的人下落如何。走进迪尔特·弗里希和鲍姆先生下棋车厢的，正是汉斯。汉斯口袋里，装着一块皱皱的、拼凑缝制的布。很快，鲍姆先生到站下车，车厢只剩下弗里希和梅尔，年轻人开始讲述塔博里的故事："我得向这个人复述一遍故事，只有这样他才能记住。"最后，汉斯的故事讲完了，弗里希望着远方说："我想我就是那个人吧。"叙述就此止步。

此后发生了什么，留待每位读者自己思考，但线索已全部摆出。"刚开始，我以为自己漏读了书的最后一部分。"一位亚马逊评论者这么写道。另一位则抱怨："书戛然而止……让人感到悬而未决。"第三位的话则很有分量："一切都很顺利，直到最后一页，读者才开始想，整本书都在找寻的场景去哪儿了，那个最后一幕，它当然不在书中。"但这正合作者之意，正如另一位领会了毛伦西格意图的亚马逊读者所评："结束了，作者似乎在和读者对弈，作者说'该你了'。"

E. M. 福斯特与斯蒂芬·金的照片，摄影师不详

第 7 章

用叙事抓住小说

什么都无关紧要，一切事都会发生。

——D. H. 劳伦斯论海明威的第一部
短篇故事集《在我们的时代》
（*In Our Time*，1925）

不，不！先说激动人心的故事吧，解释太耗时间。

——刘易斯·卡罗尔
《爱丽丝漫游奇境记》（1865）

是什么让故事成功？几年前，我试着与金斯顿的 60 多
位学生一起解答这个问题。我在讲座后安排了一个小时的
实践阶段，让学生玩一个名为"因果"的游戏：每个人都
找一张纸写一个名字（虽说身处当今社会，我们还是先写
男性名字），然后传给邻座的同学。下一位学生每人都要

加一个名字，让"A""遇见"第二个名字 B。纸条继续传递，要添的第三个词条是 A 和 B 的相遇地点，然后添"他对她说"，接着是"她对他说""结果是""大家说"……共 7 条内容，最后，60 个粗糙的故事出来了，很多故事都很荒唐。

我让学生读出完成的故事，至今还能记得这样一个：

> 阿道夫·希特勒
>
> （遇见）
>
> 简·奥斯汀
>
> 在集市转角处。
>
> （他对她说：）我妈妈警告过我，别和你这种女孩交往。
>
> （她对他说：）何必在意老规矩？你知道我一直爱着你。
>
> （结果是）
>
> 比利时涌入大量移民。
>
> （大家说）
>
> 他俩真是一对儿啊。

几位学生读完他们的故事后，我让大家为传到自己桌上的纸条添加人物刻画、语境和其他小细节。虽然是众人拼凑的故事，还带着超现实感，但学生们读到自己故事的修改版时，各自都有不同的体验。希特勒拨弄着小胡须，简·奥斯汀情不自禁地红了脸，集市邂逅发生在夜晚，朋克摇滚乐团在小摊间徘徊。希特勒，听到自己赢得了好姑娘的芳心，备受鼓舞要进攻比利时，这样一来，故事瞬间出现了因果关系。当然，这只是课堂教学游戏，不过它的确展示了怎样通过加入因果关系和细节让最原始的故事发展起来。

多少个世纪以来，作家们都试图将世界上的每部小说、短篇故事或诗史归纳出应遵守的清晰模式。列夫·托尔斯泰曾评论道："所有伟大的文学都来自这两个故事：去旅行，或陌生人来了。"如此说来就很简单了。我们始终在为口口相传的故事找寻模板，一个完美的菜谱：可真的只有这么多叙述类型供我们选择吗？我们用"故事"或"情节"这种词来描述经久不衰的成功叙述——虽然对不同的人来说，这两个词有不同的含义，且容易引发混淆。

在《诗学》中，亚里士多德认为情节是戏剧最重要的元素，但他指"情节"时用的是"mythos"，希腊语中意为"报道"或"讲述"，如此说来，情节、叙述和戏剧之间并不存在清晰的界限。据亚里士多德称，情节有开头、中间和结尾，事件之间有必然或可能存在的联系。多少个世纪以来，西方文学都将该定义奉为圭臬，于是人们便开始设想，也许我们可以列出所有可能出现的情节作为参考——似乎以为这就足以解释创作冲动，足以帮助我们创造完美的戏剧、电影或小说。

18世纪晚期，意大利剧作家卡罗·哥尔多尼[1]列出了36种"戏剧情境"，认为除此之外再也没有其他类型可发展成悲剧或喜剧。例如，前4个情境为请求、解救、犯罪、亲属复仇。与他同时代的弗里德里克·席勒[2]试着划分更多种类，尝试归类的还有法国作家吉哈德·德·内瓦尔[3]，但他们连36种都没列出，最多只列出了24个。其他人也试了：德国小说家兼剧作家古斯塔夫·弗赖塔格[4]称，所有故事都能分成5部分：说明（情境）、（通过冲突）发起行动、高潮（或转折点）、结束行动、问题得到解决。19世纪末法国作家乔治·波尔蒂（Georges Polti）出版了《戏剧的36种情境》（*Les trente-six situations dramatiques*），他称其为哥尔多尼分类的升级版。他的划分比较直白，例如第26条直接被命名为"爱之罪：恋人发生冲突"——仅此而已。然而，

---

[1]　Carlo Goldoni（1720—1806），最著名戏剧作品为《一仆二主》（*Servant of Two Masters*）。

[2]　Friedrich Schiller（1759—1805），德国18世纪著名诗人、哲学家、历史学家和剧作家，德国启蒙文学的代表人物之一。——编者注

[3]　Gerard de Nerval（1808—1855），法国诗人、散文家和翻译家，浪漫主义文学代表人物之一。——编者注

[4]　Gustav Freytag（1816—1895），德国小说家、剧作家，代表作《借方和贷方》（*Soll und Haben*）。

人们对分类和细分情节的热度依然有增无减，好像认为这样就能增进我们对讲故事的整体理解。

早在 1973 年，我在威廉·柯林斯出版公司（William Collins）当编辑，公司已经签了一本关于世界文学主要情节类型的书，作者是 36 岁的爵士评论人、政治剧作家克里斯托弗·布克（Christopher Booker），他同时也是一位充满怀疑精神的报刊专栏作者，还是《私家侦探》（*Private Eye*）的创始编辑之一。一晃 22 年过去，我创办了自己的出版公司，而这本书仍未完成，有几个月我和克里斯托弗紧密合作，竭力想完成这部地位等同于卡索邦《所有神话的入口》（*Key to All Mythologies*）的当代巨著，但随后绝望地放弃了，因为我们觉得永远写不出来。不过，毅力最终获胜，2004 年《7 种基本情节：为什么我们要讲故事》（*The Seven Basic Plots: Why We Tell Stories*）终于由 Continuum 出版社发行，厚达 700 多页。该书赢得了众多作家热情的赞誉，牛津哲学家罗杰·斯克鲁顿（Roger Scruton）赞叹该书是"对讲故事的精彩总结"。

编辑时，我被克里斯托弗对荣格理论的热情追求弄伤了，但他对此毫无悔改之心。尽管如此，不到 240 页的第一部分内容，阐述文字依然精彩震撼，有助于从广义上解释讲故事到底意味着什么。正如该书中引用的约翰逊博士之言——聆听或阅读故事"让我们更完整"。

克里斯托弗继续阐述，为何故事在我们的生活中占有一席之地，"讲故事，听故事，读故事，观看电视屏幕上、电影中或舞台上演出来的故事"，一直有人在讲故事，也许它们是最早的文学自我表达类型。"故事是我们日常生活中最最重要的亮点之一。"

然后，他又开始滔滔不绝地解释。我读到的书稿，有两段令人屏息的开场，出于某种原因没有出现在终稿里面。该书从总结 8 至 11 世纪之间创作的古老安格鲁-撒克逊史诗《贝奥武甫》（*Beowulf*）开始，这部史诗讲述的是某种神秘的怪物严重地威胁了一个社区，直到贝奥武甫将它杀死才平息。

第二段又列了另一个故事的框架，在一个小小的长岛海滨度假胜地，可怕的鲨鱼游到近海，宁静被打破，鲨鱼接二连三地攻击戏水的游客，最后当地警官布罗迪（Brody）和两名同伴在一场恶战中杀死了鲨鱼。这就是《大白鲨》（*Jaws*）同名电影和小说的框架。《贝奥武甫》和《大白鲨》同属一类故事，第一类情节出来了：战胜怪物。

布克发现，使用该类故事情节的还有苏美尔人的《吉尔伽美什史诗》（*Epic of Gilgamesh*），詹姆斯·邦德系列的《诺博士》（*Dr. No*），童话"小红帽"、"杰克"和"魔豆"、"汉斯和格雷特尔的故事"以及一些希腊神话，如戈尔工·美杜莎（Gorgon Medusa）、半牛半人的米诺陶（Minotaur）、赫拉克里斯（Heracles）和九头蛇的故事。后来又有了《德古拉》和 H. G. 威尔斯的《星际大战》（*The War of the Worlds*）等。

接下来是第二种情节类型：白手起家。主线讲述一开始被大家视作小人物的普通人摇身一变成了重要人物，以非凡的形象在众人面前重现。《丑小鸭》（*The Ugly Duckling*）、《皮格马利翁》（*Pygmalion*）、《大卫·科波菲尔》、《迪克·惠廷顿和他的猫》（*Dick Whittington and His Cat*）、《简·爱》都属于该类。

第三种情节类型被称为"远征"。在遥远的地方有一个无价的目标，值得竭尽所能去实现。主人公从得知这个目标开始，就下定决心要完成，于是毅然踏上了漫长的危险征途，故事直到目标最终完成（或从一定程度上来说完成）才结束。此类有《魔戒》（*The Lord of the Rings*）、《奥德赛》（*The Odyssey*）、《金银岛》（*Treasure Island*）、《所罗门王的宝藏》（*King Solomon's Mines*）等，甚至连《巴巴和圣诞老人》（*Babar and Father Christmas*）、《八十天环游世界》（*Around the World in Eighty Days*）、《白鲸》（*Moby-Dick*）也可归为此类。

第四种情节类型是"航行和回归"。对布克而言，这一类和远征不同：此类情节的实质在于，主人公或主要人物的团队会走出日常生活的环境，进入另一个世界，与熟悉的环境彻底隔绝，通常要历尽艰辛后惊险逃脱，最终回到安全的家。此类有《绿野仙踪》(*The Wizard of Oz*)、《彼得·潘》(*Peter Pan*)、《鲁宾逊漂流记》、《蝇王》(*Lord of Flies*)、《格列佛游记》、《地心历险记》(*Journey to the Center of the Earth*)、阿普列乌斯(Apuleius)的《金驴记》(*The Golden Ass*)、《暴风雨》(*The Tempest*),以及伊夫林·沃的《衰落和瓦解》(*Decline and Fall*)等。

在前几章中,布克没有删繁就简,每个标题下都依次举例,解释为何这些故事的主线结构相同。接下来的两类,是两千年来都没动过的喜剧和悲剧。

喜剧的实质,是将具有弥补性的真相公之于众。因此阿里斯托芬和普劳图斯的剧作、《费加罗的婚礼》(*The Marriage of Figaro*)、莫里哀(Molière)和莎士比亚的部分剧作〔含《冬天的故事》(*The Winter's Tale*)〕、《不可儿戏》(*The Importance of Being Earnest*),以及《汤姆·琼斯》、所有的简·奥斯汀小说乃至《战争与和平》等都属于该类。

第六种情节类型为"悲剧",开头处布克告诉我们,在人类想象创造的众多故事中,有两种结局远比其他的有分量:有情人终成眷属或相爱之人双双殉情。他集中论述了五种悲剧:希腊神话中伊卡洛斯(Icarus)的故事、德国传说中浮士德(Faust)的故事、《麦克白》、《化身博士》(*Dr. Jekyll and Mr. Hyde*),以及《洛丽塔》。每个故事中,主人公都因经不住诱哄或被迫做了某件不该做的事情，一度人生得意，最后却不再满足，故事以主人公可怕的毁灭告终。

最后一类：重生。该种类型中主人公被黑暗力量笼罩，曾有片刻似乎一切都会好起来，但很快就被困在了生不如死的境地，黑暗势力看似取得了胜利——然而，随之而来的是奇迹般的救赎，接下来皆大欢喜。布克在该类下审视了《费德里奥》(Fidelio)、《秘密花园》(The Secret Garden)、《培尔·金特》(Peer Gynt)、《罪与罚》、《圣诞颂歌》(A Christmas Carol)和《冰雪女王》(The Snow Queen)。

布克在书中列出了所有作家都能用上的有限的故事主线框架类型，尽管你可能不赞同他的分析。正如《私家侦探》的编辑伊恩·希斯洛普（Ian Hislop）所言："如果说故事关乎'下面会发生什么'，那这本书就在探究解释答案为何总是'同样的内容'。"基本的故事结构数量有限，成功的故事之所以能抓住读者的注意力，依靠的是作者创造人物、情境、让语言独特而令人满足的能力。阿尔贝托·曼古埃尔（Alberto Manguel）在《阅读史》(A History of Reading)中说得好："我们读书想知道结尾，是因为深受故事吸引；不想走到结尾，是因为享受阅读的过程本身。"关键在"怎样"吸引读者或让读者享受。

"这是他的故事。""情节更紧凑。""老掉牙的故事。"一篇 2014 年新闻标题为《奥斯卡偏离情节的那些事》。"情节"和"故事"这两个词不可换用——它们所指的叙述要素很不一样——然而，许多个世纪来，它们的准确含义一直备受争议，不停变动，常常引发热议和遭到意想不到的解释。

布克在著作中探索的是七大基本"情节"，而不是七大基本故事。然而，他从未对自己笔下的"情节"下过定义。何谓情节，何谓故事，厘清这两个易混淆的概念是否有助于小说写作？

1927 年，E. M. 福斯特在剑桥做的系列讲座，如今仍被奉为定义小说写作关键词最有影响力的尝试。此后，这些讲座的内容出版成书，即《小说面面观》（*Aspects of the Novel*），本书论述了人物、故事、情节、幻想、预言、模式和节奏。在"故事"一章中，福斯特给出了为人熟知的区分方式："'国王死了，然后皇后也死了'，是故事。'国王死了，皇后随后死于悲伤'，是情节。"故事中一个事件接着一个事件，情节则是由因果关系控制的。

福斯特说，如果是故事，我们会问"然后呢？"故事"只可能有一个毛病：无法引发读者对后续事件的好奇心"。故事仅有最直白的场景设置、对话、氛围、象征、描述、思考和人物刻画。福斯特丝毫不掩饰自己的鄙视：在他看来，故事只是"低级的原始形态"，只有优秀的情节才能让它提升。

　　情节是"一种更高级的有机体"。它解释事件或给出缘由，需要动用才智（不只是单纯地以新奇为基础），建立在记忆的基础之上（故事中各部分互相关联），包含惊奇和神秘的元素。福斯特就这样摆好了摊，从那时开始人们就一直买他的账。

　　令人惊奇的是，斯蒂芬·金的观点与其有天壤之别，金自己很少在情节上花时间——其实他嘲笑情节——他反而更看重故事。一次严重的事故后（一辆大货车驶入金午后漫步的紧急停车道，把他抛入空中十四英尺），在漫长的恢复期中，金将自己对写作技巧的思考写成了《写作这回事》（*On Writing*）。这是一本回忆录式的写作指南，他急于声明小说中有什么：

　　　　依我看，故事和小说分三部分：将故事从 A 点移到 B 点、最终移到 Z 点的叙事，为读者提供感官真实的描述，为人物注入富有生机的对话。

　　　　你可能在想，情节去哪儿了。答案是——总之，我的答案是——哪儿都不在……我不信任情节，原因有二：其一，哪怕你加入了各种合情合理的预测、精心的规划，我们的**生活**从很大程度上来讲是不存在情节的；其二，我认为规划情节同自发地真实创作没有可比性。

金并未就此止步。他继续道："情节，好作家迫不得已才用，傻瓜一上来就用。"他认为"发展情节"最主要的倡导者是 20 世纪 20 年代劣质畅销书作者埃德加·华莱士（Edgar Wallace），此人发明了一种名为"埃德加·华莱士情节转盘（Edgar Wallace Plot Wheel）"的东西，创作思维停滞的作者可以直接拿来用。转动转盘，看一下窗口显示出来的随机结果——可能是意外到达或向女主人公表白。在金看来，情节转盘"像卖薄烤饼似的"。[1]

金和福斯特都简洁地对我们要审视的这两个词做了不同的定义。其差别仅仅是语义上的差别吗？

"情节"最早出现于 1671 年的剧院，用来描述复杂剧目的叙事。19 世纪晚期，它被用于描述侦探故事中日益复杂的谜案，接着进一步发展——当时绝非傻瓜的首选。也许，有人会批评亨利·菲尔丁，因为在他的书中，事情总是一件紧挨着一件发生。但柯勒律治认为，《汤姆·琼斯》的情节是文学史上最优秀的三种情节之一。伍德豪斯会为自己的每一部小说都写出细致的框架。金则坚持自己的立场："故事和情节很不一样。故事令人尊敬、值得信赖；

----

[1] 大约是在 1906 年，经典探险作家杰克·伦敦时运不济，堕落到向辛克莱·路易斯（Sinclair Lewis）购买情节主线，价格为每条情节线索 5 美元（根据今天货币换算约值 130 美元）。几年后，厄尼斯特·海明威接受挑战，现场用 6 个单词来创作一个故事。他答道："转手：婴鞋。未穿。"

情节却是诡诈的，最好软禁起来。"[1]

在我看来，这似乎有些偏激。情节被削弱成了叙述中令人气恼的权宜之计，好像与人物是否可能做出某事关系不大，不"忠实于"故事的细节、主题或人物特点都是被作者塞进去的。这根本就不是福斯特眼中的情节——不过，他也不该把金的立场说得如此荒唐，因为金追求的也并非光秃秃的叙述框架。至于什么是"故事"、什么是"情节"，福斯特和金都有自己的看法，且各自据理力争，用带着偏向性的理由支撑自己的观点。

在这场辩论中站队的作家多得令人吃惊，定义也多得令人吃惊。伊迪斯·华顿不太看好情节，她将其定义为"一个精致的谜，一些人物被随意地安插于其中"。多萝西·塞耶斯总结亚里士多德的话，表示"可以说情节是侦探故事的第一要事和灵魂，人物次之"。雷蒙德·钱德勒从来就不太关心情节〔当《长眠不醒》（*The Big Sleep*）的导演问他某位人物死于谁手时，他公开承认自己不知道〕，他写道："我猜也许有两类作家，一类写故事，一类写文章。"[2]

---

[1]　金在 1987 年的恐怖故事《头号书迷》（*Misery*）中塑造了一位畅销小说家保罗·谢尔顿（金的一位出版商叫保罗·谢尔顿），他想写一部出众的小说，却被他的"头号书迷"绑架了，书迷用电动切肉机和丙烷折磨他，直到他写出下一部她喜爱的维多利亚言情小说。策划情节的人遭遇了如此可怕的"软禁"！

[2]　钱德勒的观点似乎和金不同。如果编辑认为他应该删除描述，并表示读者不喜欢让行动停滞，他会抗议："我的理论是，读者认为他们只关心行动，但实际上他们所关心的，以及我所关心的，都是通过对话和描述创造氛围，尽管读者自己没意识到。"——引自 P. D. 詹姆斯《谈谈侦探小说》，第 86 页。

　　争执何谓故事、何谓情节的不只是小说家。哈罗德·布鲁姆（Harold Bloom）和弗兰克·克蒙德（Frank Kermode）均为当代顶尖的文学评论家。布鲁姆在一本书中称赞克蒙德对《李尔王》的观察，疯王李尔见到失明的格洛斯特，一百多行内容后情节丝毫没有进展。按钱德勒的话说，莎士比亚只是在"写文章"？我认为并非如此。疯王和盲人大臣之间的关系是整部戏的关键，不管是情节也好，故事也罢，他们在荒原见面时"发生"了很多事，只是均与李尔的王国交给谁统治等问题无关而已。如此评论就好比在说《达洛维夫人》中任何事都没发生一样，可该作品中人的内心活动是高度戏剧化的，这本身就能吸引我们。外部事件并不凌驾于内部事件之上。

　　在一篇讨论爱尔兰小说家约翰·班维尔（John Banville）的文章中，琼·阿科切拉（Joan Acocella）对比了班维尔的两种写作模式——以荣获 2005 年布克奖的小说《海》（The Sea）为代表的纯文学，以及以本杰明·布莱克（Benjamin Black）笔名出版的侦探小说。"谋杀案要有强大的情节，"阿科切拉写道，"那是班维尔的弱项。如果你想实现模糊、复杂和双重性——实现厚重的质感——就不能用枪击案作故事的主线。"但毫无疑问，侦探小说大师钱德勒，不就把"厚重的质感"、谋杀和混乱织在一起了吗？斯蒂芬·金本人赞扬获 2014 年普利策小说奖《金翅雀》

（*The Goldfinch*）的作者唐娜・塔特（Donna Tartt）是一位"令人惊叹的作者。她的写作很紧凑，懂得暗示。她故事讲得很棒"。讲故事的时候长话短说，就是冒犯读者——因此我们读到电影大亨塞姆・戈德温（Sam Goldwyn）的评论时，会微微一笑，他说讲故事要到位："我们希望一个故事震撼地开场，渐入高潮。"

让我们再重温下 E. M. 福斯特对故事的描述："国王死了，然后皇后也死了。"我们得到的绝不只是两个孤立的事件。这两个人物是皇室成员、公众人物，他们的死必然会影响家庭圈子以外的人。其次，他们是夫妻。除了知道他们关系密切外，我们对他们的婚姻一无所知。在提供任何因果元素之前，我们获得的信息仅此而已。换言之，福斯特还是没把什么是故事说明白。[1]

这应该够简单了，但人们还是在坚持描述故事和情节。在一篇关于安东尼・伯吉斯（Anthony Burgess）的论文中，马丁・艾米斯将小说家分为"A 类"和"B 类"：

> A 类小说家……用我们一般视为主流的要素进
> 行创作：他很在意人物、动机、道德论断以及如何

---

[1] 不知为何，福斯特的定义引发了众多小说家的仿写。"猫坐在垫子上不是故事，"约翰・勒卡雷评论道，"但'猫坐在狗的垫子上'就是一个故事的开头。" P. D. 詹姆斯想出了一种典型的转折："大家都以为皇后死于悲伤，但随后发现她喉咙上有被刺的印记。"（P. D. 詹姆斯《谈谈侦探小说》，第 4 页）加一句话，我们就得到了一桩谋杀案。

将这些元素通过行动表现出来（是啊，天哪，没错，A 类小说家是在讲故事）。然而，更有勇气、更具有颠覆性的是 B 类小说家，虽然他对这些事情比较感兴趣，但也对其他事情感兴趣，如主动斟酌妙语和想法（不，B 类小说不见得要讲故事）。当然，有雄心壮志的小说家在发展过程中，会渐渐写出更多 B 类小说，而非 A 类。《一位女士的肖像》是典型的 A 类，而《大使》则明显偏向 B 类。《玛丽》（*Mary*）更安于 A 类，而《埃达》（*Ada*）则高傲地偏向 B 类。《一位艺术家的画像》（*A Portrait of the Artist*）已经很接近 B 类了，《芬尼根的守灵夜》（*Finnegans Wake*）则可以说是我们迄今为止最典型的 B 类小说。

在艾米斯看来，最简单的小说在讲故事（他并没定义这个词），但故事仍有人物和动机：不一定是汽车爆炸或发生了基因突变。小说越复杂，所含的想法、才智和语言就越丰富。

不过，比起故事和情节那些令人头疼的争议来说，不管尝试哪类小说，我们都希望二者俱佳，美妙配合。正如亨利·詹姆斯在《小说的艺术》中所言：

> 称小说中某一部分是故事，而另一部分出于某

种深奥的原因不是故事，我看不出这有何意义——
除非有利于区分作者在某处想表达什么。如果说
"故事"代表什么，那它代表的就是主体、想法和小
说的宗旨……故事和小说，想法和形式，皆为针和
线的关系，我从未听说过某个裁缝行业协会建议用
线不用针，或用针不用线。

现在，该把各种论点串连成线了。窃以为，故事和情
节位于同一频谱的两端。这里存在一个较滑的斜坡——过
分在意故事，就会得到肤浅的"重磅炸弹"；过分看重情
节，就会失去大量观众，观众渴望的是有力却相对简单的
讲述。"过分看重情节"可以有多重含义，其中之一是指作
者创建出人物必须遵循的计划，逼迫人物做看起来不太可
信的事情。在讨论哈代《无名的裘德》(*Jude the Obscure*)
时，福斯特指出：

　　人物为情节牺牲了太多……在这部小说中，人
物的各种喜悦和悲伤并非在情节中展现，而是诉诸
于其他手段，表达这些内容时不应僵化。

这就是斯蒂芬·金格外反对的情节：倘若作者计划好让
人物做的一切，那故事就程式化了。最佳的状态，是让故

事和情节交织互补，反对一种、支持另一种并无增益。"故事"不仅是一个事件接着另一个事件——它可以包含人物刻画、因果关系以及描述，这些元素往往最基础。"情节"包括故事，但更为复杂。倘若故事没有妙趣横生的人物，就不会那么吸引人（福斯特认为）。正如雷·布雷德伯里（Ray Bradbury）借人物之口在《华氏451》（*Fahrenheit 451*）中所言："小孔越多，纸上每一英寸中记录下的生活真实细节就越多，就越能体现出'文学性'。总之，这是**我的**定义。**说出细节。新鲜的**细节。"

　　情节过分复杂化，或单纯为满足故事的主线需要，给人物安排离谱的言行，这样的作家会让我们失去信心（金的抱怨）。丰富多彩或具有象征意义的语言、细节描述、作者的旁观或不同的进展速度等，都不属于情节或故事的领域，虽说也会产生重大的影响。

　　这就让我们再次回到了人物该做什么的问题上。无论是詹姆斯·邦德还是利奥波德·布卢姆，斯万还是灰姑娘，我们都需要重视小说中的人物。布雷德伯里在《华氏451》2003版中加入了自序，他写道：

　　　　我坐下，又用了9天的时间增添词语和场景，让原来的短篇小说扩展到约5万字。又是一次心潮澎湃的过程。正如之前一样，我知道，在事件发生前，

"情节"是无法想象出来的，你需要信任自己的主人公，让他们身体力行，跑在你前面……任何把性生活指南带上床的人都会很僵硬。舞蹈、做爱、写小说，都是流动的过程，加速思考，情绪波动，加速思考，诸如此类，循环往复。

对世界文学故事进行分类的冲动是可以理解的，这并非无趣，所有关于故事和情节的混乱争执也都是出于良好的动机。然而在舞蹈、做爱和写小说时，最好别太拘泥于教材。

德国平衡术表演者"萨朗波"（The Salambos，
根据福楼拜历史小说命名），1901 年表演

第 8 章

思维的波浪：散文写作中的节奏

有两种书面语，一种基于声音，另一种基于视觉。

——埃兹拉·庞德（Ezra Pound）

《阅读 ABC》（*ABC of Reading*）

真正的智者……让我们重见自己大脑中的图像。

——亚历山大·蒲柏《论批评》

（"An Essay on Criticism"）

住在我们公寓楼的索菲娅·罗索夫（Sophia Rosoff），是一位有多年教学经验的纽约钢琴名师。拜访她的学生年龄跨度从 20 岁到 80 岁不等，既有钢琴神童，也有音乐会表演者、顶级爵士演奏家。如今 90 多岁的她，仍坚持每周五天授课。决定要写《叙述的节奏》后，她是我首先请教的人之一。"啊，节奏啊，"她说，"生命就是关于节奏的。"

"太感谢了。"我有点刻薄地说。她为什么就不能再具体点呢?

就在这时,她说了自己要求学生做的事情——在瓷盘或地毯上让垂直的生鸡蛋保持平衡——她不会要求所有学生这样做,但会频繁地使用这个方法。她说关键在于定位蛋黄,保持正确的呼吸,还需准确判断何时放手。等学生做到后,她就招手让他们坐到钢琴凳前——现在心静如水,可以弹琴了。妙招不止这一个。有时,她还会让学生像格鲁乔·马克斯[1]那样在房间里走来走去,或跳一曲肖邦的玛祖卡。她教"用节奏说话",如改变音高反复说"小(little)"这样的词。这一切,都是为了让学生的呼吸与音乐调和。

索菲娅从不自我推销,我自诩是她的少数崇拜者之一。2011年伯克利大学文学杂志《三便士评论》(The Threepenny Review)有一篇人物简介,将她的观点分享给了更多的人。文章作者询问曾跟随罗索夫学习了三十多年的著名爵士钢琴家、作曲家弗雷德·赫尔施(Fred Hersch)为何罗索夫能吸引如此众多音乐天才。赫尔施答道:"因为她重视节奏……她总是强调,这不是技巧或方法,完全是一种联系。"身心状态须调和。

说完鸡蛋的问题后,索菲娅·罗索夫找出弗吉尼亚·伍

---

[1]　格鲁乔·马克斯(Groucho Marx, 1890—1977),美国喜剧演员与电影明星。——编者注

尔芙给薇塔·萨克维尔·韦斯特（Vita Sackville-West）的一段通信。上面写着：

> 风格很简单，关键在于节奏。找对了节奏，就不会用错词。不过，我现在坐了半个上午，满脑子都是想法和图像什么的，却无法把它们塞进合适的地方，因为没找到正确的节奏。节奏是什么很重要，这远比语词深奥。一幅图景，一种情绪，都会创造这种思维的波浪，这远远早于找到合适的词语并进行填充。

"思维的波浪"——还有比这个说法更形象的吗？福勒的《现代英语使用词典》（*Dictionary of Modern English Usage*）初版发行于1926年，迅速成为英语书面语圣经——该书备受推崇，以至于人们往往直接将其简称为"福勒"。[1]

伍尔芙的信件和福勒的词典初版发行于同一年，恰好能解释福勒的开篇：

> 有节奏感的话语或文字如同大海的波浪，此起彼伏地向前推进，相关却独立，相似却不同，这对

---

[1] 流行的原因之一是内容的确妙语连珠。如："分裂不定式：英语世界可被分成（1）既不知道也不关心分裂不定式是什么的人；（2）不知道却很关心的人；（3）知道却谴责的人；（4）知道且赞同的人；以及（5）知道且能区分的人……既不知道也不关心的人占绝大多数，是少数群体羡慕的乐天派。"

掌握波浪与波浪、波浪与大海、词组与词组、词组
与话语之间关系的规律具有启示作用，这些规律很
复杂，想凭借分析或陈述阐释清楚实为不易。

在 1925 年的一篇关于《达洛维夫人》的评论中，约
翰·W·克劳福德（John W. Crawford）将伍尔芙的写作节
奏比作"交响乐的展开。简直无法想象，英语散文中也可
以写出这种效果"。在另一封给作曲家、音乐家埃塞尔·史
密斯女爵（Dame Ethel Smyth）的信中，伍尔芙强调了这
到底有多复杂：

> 关于 HB〔布鲁斯特（Brewster）〕的文字我绝不会
> 因为文学性不够而说他的书写得不好——实际上，我
> 觉得他和所有美国人一样，从某个层面来看，太文学
> 了——过于精巧、文雅、圆滑、雅致，动用大脑，但
> 远离躯体。我不想说他生来就是作家，因为他写得过于
> 工巧——一点儿都不冒险——他不愿跌跌撞撞地跳进
> 掌控之外的区域——他让文字缓缓滴入读者心中；他
> 的文字优美却无法让我激动。

好的节奏让人激动，这就是我下文将要阐述的观点。
节奏这个词从希腊语"rhythmos"而来，指"一切规

律出现的动作、对称之物……以有规律的、连续出现的强弱元素或相反、不同条件为标志的运动"。指的是"乐音和寂静的时间把控"，因此为"空间中特定时间完成的运动"。

福勒认为，大声地念出一个句子或段落，如能自然聚成单词群落，且从整体中的位置及与相对位置来看，每个群落的长度和抑扬顿挫都恰如其分，那就是有节奏感。写散文，最好培养自己的直觉，分辨听起来是否合适，注意声音的每一个音节，对押韵和呼吸保持敏感。福勒说，有一种训练方法：大声读出来。[1]

有评论家认为，散文作家不应强调节奏。《纽约客》资深文字编辑玛丽·诺丽斯（Mary Norris）2015 年的作品《你我之间》（*Between You & Me*），相当于美国版《吃，开枪，离开》（*Eats, Shoots & Leaves*），她在该书中评论道："如果作家不写诗，却玩起了节奏，文字编辑们看到后总会面面相觑。"那些文字华而不实的杂志供稿人"天理不容"，但注重节奏的确很有必要，这并非矫饰。福特·马多克斯·福特甚至认为散文"应该像在情人耳畔诉说漫长独白一样"，不过，比起用在对散文节奏的深入剖析中，这也许更适用于概括他臭名昭著的情史。安东尼·特罗洛普的

---

[1] 我们的祖先将"押韵（rhyme）"拼成"韵（rime）"，但我们改了拼写，使其接近"rhythm（节奏）"。

解释更脚踏实地：

> 我们追求的和谐感必然来自日常对耳朵的锻炼。
> 在时间允许的情况下，很少有人会迟钝到听不出句
> 子是否和谐。明白了什么和谐、什么不和谐，就能
> 用耳朵来感知区分。

总之，我比较赞同的观点是：散文的节奏是优秀写作不可或缺的一部分，朗读是找准节奏的最佳方式。

畅销书《奔腾年代》（*Seabiscuit*）和《坚不可摧》（*Unbroken*）的作者劳拉·希伦布兰德（Laura Hillenbrand）告诉采访者："优秀的文字都带着乐感和数学之美，富于平衡感和节奏。读出来，就能更好地体会到这一点。"在罗伯特·弗罗斯特1913年致朋友的一封信中，这个问题得到了进一步的升华："我……下意识地让自己用有意义的声音创造乐感。"此处讨论的不是诗歌语言，而是广义的文字。他后来对这个问题做了进一步的说明："**全靠耳朵**。真正的作者是耳朵，真正的读者也是耳朵。我知道，有人读书时无须听见句子的声音，读起来飞快。我们称之为眼睛读者，他们瞟一眼就能理解意思，但他们是糟糕的读者，因为他们无视优秀作者置入文字中的精华。记住，句子的声音承载的信息往往多于词语本身……要不是认为此事至关重要，

我就不会写这些了。"

　　弗罗斯特很擅长让读者以特定的方式说出自己的句子。诗歌中，他用**意义**驱动声音，因此，我们大部分人凭借直觉诵读他的诗歌就可以找准重音。在散文中这更难实现，需要训练耳朵，但人们一直都在这样做。

　　最初，所有的写作，无论是宗教文献还是经典著作，公共告示还是个人文章，都是用于大声朗读的——哪怕只是读给自己听。书很少，朗声阅读很常见。随着印刷和文字的大规模普及，在公共场合又增添了"默"读——用眼睛读，不用嘴读，但默读在理解意义的同时也关注静默的声音。修道院是黑暗时代的学术中心，试想在修道院中，众多僧侣大声朗读，某天绝望的修道院院长喊出"嘘"——默读的习惯便开始了。无须朗读，也能听见散文的节奏。

　　不过，很多人会选择朗读。乔叟在朗读会后修改了《坎特伯雷故事集》（可能会把听到的抱怨加入书中，借虚构的朝圣者之口说出来，如书中认为乔叟押韵矫饰的律法人士）。几个世纪后，莫里哀和斯威夫特都会将故事读给仆人听，要是他们听不懂就改，直到仆人听懂为止。卡夫卡带着"演员无法企及的极度狂热和充满节奏感的活力"为少数朋友诵读，他总是情不自禁地嘲笑自己的作品，尤其是《变形记》。埃德娜·奥布赖恩（Edna O'Brien）将她 1970年具有突破性的小说《异教徒之地》（*A Pagan Place*）"朗读了数百遍"，大量段落熟读成诵。

　　我最喜欢的一个例子是关于柯勒律治的，他为查尔斯·兰姆（Charles Lamb）朗诵长诗时，抓住了这位朋友外套上的一粒扣子，让对方无法脱身。兰姆抽出折叠小刀割下扣子，迅速从花园的小门撤离了。兰姆会这么说："5个小时过去，我回家路过花园时，依然听见了柯勒律治的声音，我向里望去，他在花园里闭着眼睛，手指捏着扣子，右手优雅地摆动着，就像我离开他时那样。"最好记住，读者们也带了折叠小刀。

　　居斯塔夫·福楼拜也为句子的节奏费尽心思，他想让散文的风格"如韵文般有节奏感，如科学语言般准确"。福楼拜的书信表明，他不是能够让语言自然流出的作家，他的文字是长期努力的结果。人生的最后二十年，他在简陋的小村庄克鲁瓦塞中度过，住在一座毗邻大森林的农庄里，距塞纳河仅三十码距离。据说，他的工作室台灯深夜常常亮着，水上的航行者可据此判断方向。夜间快写完时，福楼拜会站在窗口，"没有朋友在场，他便将写好的文字念给鹅掌楸、月亮与河水听"。[1]如果这样还不行，他就去森林，

---

[1] 从2013年冬天开始，我和太太看完了156集的《白宫风云》（The West Wing）。在其中一集中，杰德·巴特利特告诉妻子："为了表演而大声说出的文字就是音乐。它们具备节奏、音高、音色和音量，而这些都是音乐的属性，音乐有深入并触动我们心灵的力量，以字面意义无法企及的方式激励我们。你发现了吗？"艾比·巴特利特答道："你这个演说狂。"也许吧，不过他对朗读文字节奏的看法没错。〔《白宫风云》第3季第6集《战争游戏》（War Games）〕

吼出作品以检验节奏。

　　詹姆斯·伍德从《包法利夫人》中抽出了一句话，以展示福楼拜对散文的处理手法。艾玛怀孕了，她丈夫查尔斯自以为是。法语为："L'idée d'avoir engendré le délectait."字面意义为"得知自己让她怀孕了，他很高兴"。企鹅经典版[1]将其译作："The thought of having impregnated her was delectable to him."伍德认为此处英语译文失去了原文的精华，不过，我们在此讨论的关键问题不是译文缺失了什么，而是福楼拜的节奏。法语中，三个词中有四处"ay"发音——"l'idée，engendré，délectait"。福楼拜的小说有着明显的"ay"，这是他最爱的动词时态——未完成时的声音。伍德总结道："这规律而重复出现的未完成时动词发音，在《包法利夫人》中就像小镇生活无聊的钟声一般回荡着，而在英语译文中却被处理成了习惯性动词，如'他会做某事'或'他当时在做某事'。"

　　对散文中节奏效果的探究从亚里士多德开始："这种文体不能用格律体写，却又不能没有节奏。用格律体写，难以令人信服，会显得矫饰，也会让听者分心，时刻去留意再现的韵脚……从另一方面说，没有节奏感，就没有形式。散文体必须有形式，却不能是格律的形式：倘若没有形式，

---

[1]　Penguin Classics，杰弗里·瓦尔（Geoffrey Wall）译。

既令人不快，也令人费解。"

　　尽管亚里士多德谆谆教导，但节奏在散文体小说中的重要性还是相对较新的概念〔真是如此，尽管班扬（Bunyan）的文字和《钦定圣经》（*King James Bible*）写出了美妙节奏〕。米兰·昆德拉在1967年的小说《玩笑》（*The Joke*）修订版中加了一段发人深省的评论。他写道："在歌德的时代，人们认为散文不像诗歌那样具备美学特性，可能要到福楼拜，它才摆脱了卑微的审美地位。自《包法利夫人》后，小说艺术在人们心目中开始与诗歌艺术平起平坐，小说家（所有对得起这个称呼的小说家）为自己文中的每一个词语都注入了诗歌词语那样的独特性。"

　　伊迪斯·华顿是20世纪20年代早期的作家，她将小说描述成"最新颖、最流畅、最不墨守成规的艺术"。几年后，博尔赫斯解释了为何说福楼拜"是第一个献身于……**用散文**创造纯粹美学作品的作家"。"文学史上，散文的诞生迟于韵文。这种看似矛盾的现象催生了福楼拜的雄心壮志。'散文生于昨天，'福楼拜写道，'韵文是文学古董中最卓越的形式。音步的组合已被用尽，但散文还没有。'"[1] 小说就

---

[1]　另一位同时代与福楼拜有交集的法国作家是保罗·福尔（Paul Fort），保罗·魏尔兰（Paul Verlaine）赞他为"诗歌王子（Prince des Poètes）"，在1912年一次国家级报刊的公投中，该称号又进一步得到了确认。福尔的《法语民谣》（*Ballades françaises*）以散文的形式印出，正是为了强调流动性、节奏、抑扬顿挫、半谐音比押韵重要。另一位先锋作家兼电影制作人阿兰·罗伯-格里耶（Alain Robbe-Grillet）则时常提及，他的语句是由童年时布列塔尼的波浪组成的音乐编织的。

是小说。

E. M. 福斯特在《小说面面观》中花了一整章讨论节奏及长篇小说能实现的整体乐感——节奏感不仅限于句子或段落。他指出，在《追忆似水年华》的简单节奏中，普鲁斯特常会回归"短乐句"主题，这是虚构的作曲家梵蒂尔（Vinteuil）以此创作不同形式的旋律，人物会在关键的时刻听到。福斯特说这种旋律"有时并无内涵，会被忽略"——"在我看来，这应该就是节奏在小说中的功能。它用不着像模式那样始终都在，但随着其消长我们会充满惊奇、新鲜和希望。"他接着说，节奏在"不以情节为焦点的小说中串起全文"。普鲁斯特的小说没多少情节（此处指复杂事件），但他用"节奏、细节处理及反复出现的主题将小说联结在一起"。节奏意味着连贯性、界限和结构。阅读《追忆似水年华》最享受的事情之一，就是读了几百页后才发现一种节奏：这些"波浪"可独立成书。

托马斯·曼在写作中也会充分留意到文字的整体乐感。1903 年，他的自传体中篇小说《托尼奥·克鲁格》（Tonio Kröger）出版后立即成了畅销品。曼随后回忆道："也许是乐感让它深受读者喜爱，这是我首次尝试将音乐用于风格和形式的塑造，这是我首次将史诗散文结构的概念理解为用不同主题编织思想，将其理解为用音乐串起的复合体——后来在《魔山》中我大规模地用了这种形式。"

时间离我们更近的一个例子，是库尔特·冯内古特的词组"就这样（so it goes）"。在《五号屠场》（*Slaughter-house-Five*）中，这个词组成为贯穿全书的讽刺节拍，该书主人公二战期间被德国人囚禁，并被转移到德累斯顿做"合同工"，1945年盟军轰炸该市时，又被迫进入废弃的屠宰场难民营——第五屠宰场。小说中"就这样"用了106次，每每提及死亡率时就会出现。这就是福斯特所说的"小说中简单的节奏……重复加变化"，这就是瓦格纳的主旋律在文学中的对应物。此处变化的是情境，但该词组回响在整部小说中。

冯内古特在"突出部战役"（Battle of the Bulge）后被俘，多次与死神擦肩而过。被释后，他在给家人的第一封信中说了1944年12月19日被俘以来所经历的事情：关押他和其他战士的恶劣环境，德累斯顿的被轰炸及后来的俄罗斯空军扫射。信中出现了一种消极的叠句："许多人死了……但我没死……美国人来了，接着是英国皇家空军。24小时中他们一共杀了25万人……但我没死……（俄罗斯空军）扫射轰炸，死了14人，但我没死。"显然，他在有意无意地预演那个20多年后将使用的代号。不过，甚至在此之前，他就已在另一封信中透露，他曾听一位挚爱的叔父使用叠句"如果这还不算好，还有什么好的？"文学的主题可以借用，然后在练习中升华。

关于散文写作中节奏的主题，最精彩的论著要数 F. L. 卢卡斯（F. L. Lucas）的《风格》（*Style*），该书出版于 1955 年。第 10 章中，作者直面节奏问题。卢卡斯也引用了福楼拜，提出优秀的风格必须满足呼吸的需求——写下难以诵读的文字毫无意义。尽管当代作品主要用于默读，但倘若朗读时让人上气不接下气，就难以成为佳作。

我与好友塞姆·沃森（Sam Wasson）分享了这个观点，他是舞者兼编舞鲍勃·福斯（Bob Fosse）的传记作家——这位舞蹈家倾其一生理解、运用节奏。塞姆回应道："我始终认为普鲁斯特的上气不接下气是件好事，传达了令人眩晕的激情，像纯粹的感情激流般令人沉醉困惑。"塞姆说得没错：大部分规则，即便是节奏的规则，都可以被打破。不过，还是有必要了解一下规则。

在散文中，正如亚里士多德教导的那样，格律可能会让读者懊恼或发笑——如狄更斯的无韵诗，尤其是《老古玩店》（*The old Curiosity*）和《巴纳比·拉奇》（*Barnaby Rudge*）。难点在于，怎样使用节奏才不会唐突。正如卢卡斯所言："在特定的温度下水壶会歌唱，因此，富于激情的散文会自然地呈现出节奏感。"

作家首先要掌握的技巧是对偶——以某种对称的形式组织想法和音节。"这是最好的时代，这是最坏的时代"，"四条腿是好的，两条腿是坏的"，由于两个半句之间存在平衡，这种句子更好记，更有效。荷马常使用该手段，蒲柏等诗人和约翰逊博士等散文大师亦如此。"大脑始终在保持、寻找平衡，真理与智慧总是处于两种极端之间。"卢卡斯解释道。但他也告诫作者："对偶过量，风格就会显得矫揉造作；对偶过少，风格就会显得不得要领。"（这句话本身就是对偶！）

接下来要讨论的是词序，此处需结合节奏和清晰度来谈。兵法的要点之一，在于将最强兵力部署到最重要的战略位置；同样，写作的艺术也讲究把最有力的词语安排到最重要的位置。英文句子最关键的部分位于句末，次要的部分则位于句首——虽说若是将通常位于末尾的词语或词组调到句首能表示强调，但实际上这是反常的。"强调可能的确很重要，但更重要的是富于变化。倘若所有的句子都以重心收尾，就会造成让人发狂的单一性。"

弗兰西斯·培根的散文《论友谊》（*On Friendship*）中就有一个漂亮的例子："人群不代表陪伴，面孔不过是画廊中满墙的作品，交谈仅仅是铙钹的嘈杂声，假如没有爱。"一位培根评论者称，读者普遍会误认为前三个论断是常理，等最后发现重要前提"假如没有爱"时会感到窘迫。该评论家称，这个前提应移到句首。但倘若真改成这样，形势就不妙了：重点是强调生活无爱的空虚，因此这种空缺需留到最后一刻。读者可能会感到震惊，但这无疑正是培根的目的所在。

马克·吐温甚至认为骂人都应该让"愤怒之词"落在强调的位置上。在《亚瑟王朝廷上的康涅狄格美国佬》（*A Connecticut Yankee in King Arthur's Court*）中，他让汉克·摩根如此批评国王的咒骂："骂得不太好，放在一起很别扭，咒骂之词几乎落在了中间，而不是末尾，末尾才是它应该待的地方。"这是吐温一条有趣的建议：要带着节奏感骂人。

另一例来自现实生活而非文学作品，1941 年 12 月 7 日，日本偷袭珍珠港。富兰克林·D. 罗斯福只有一个多小时来准备向美国人民发表演说。第一稿中他称当日为"将永载于世界史册的日子（a date which will live in world history）"。终稿中则变成了"将永载于罪案史的日子（a date which will live in infamy）"。不仅更有力，还将重音落在了"infamy（恶行）"的第一个音节上，增强了词组整体的力量。

再说说拟声法：使用那些听起来和意思一样的词语。通过单独使用词语可以实现，也可通过控制说出或读出它们的时长——这种手段在诗歌中很常用。以丁尼生[1]（Tennyson）诗句为例：

---

[1]　丁尼生告诉朋友，英语中仅有一词他找不到同韵词——"scissors（剪刀）"。可能他还得加上"orange（橘子、橙子）"。

The moan of doves in immemorial elms,

And murmuring of innumerable bees...

（老榆木上白鸽呻吟 / 数不清的蜜蜂低语……）

再看蒲柏巧妙的句子"And ten low words oft creep in one dull line.（10 个低字组单词常常悄悄混进一行沉闷的诗句。）"这样的例子在散文中比比皆是——不过需要使用更多音步来覆盖。

每种语言都有一些词语，蕴含了所需表达的噪声——"thump（重击）"、"rattle（咔嗒咔嗒声）"、"growl（咆哮声）"、"hiss（嘶嘶声）"——不过相对较少。"crawl（爬行）"、"creep（匍匐）"、"dawdle（拖延、浪费时间）"等都有长元音，表示行动缓慢，"skip（跳）"、"run（跑）"和"hop（跳跃）"等都是短元音，暗示着紧凑短促。不过，含长元音的"leap（跳跃）"和"dart（飞奔）"是长而急促的，而含短元音的"drag（拖、拽）"、"hesitate（犹豫）"、"dilatory（缓慢的、拖拉的）"却是模仿缓慢的。所以耳朵很容易上当，除此之外，拟声本身就很容易吸引注意力，也许这并不是我们想要的。

接下来要讨论的是头韵，第二种依赖节奏的技巧。这是一种古老的手法，在大量词组和谚语中都有——"by might and main（全力以赴）"、"by fair means or foul（不

择手段地）"、"in for a penny，in for a pound（一不做，
二不休）"等。卢卡斯称之为"语言的润滑剂，念起来更容
易"。它们都很不错，但可能也很危险，因为你也许会过分
迷恋。想想莎士比亚在《仲夏夜之梦》中前面的头韵，织
工波顿谦虚地告诉我们他的"耳朵对音乐很敏感"，倾听
后，他说：

> The raging rocks
>
> And shivering shocks
>
> Shall break the locks
>
> Of prison gates;
>
> And Phibbus' car
>
> Shall shine from far,
>
> And make and mar
>
> The foolish Fates.

> （愤怒的山石
>
> 令人震颤地撞击
>
> 打破狱门的枷锁；
>
> 太阳神的战车
>
> 在远方闪耀
>
> 将决定愚人的命运。）

　　几个场景后，莎士比亚在一段不同的话语中为我们展示了如何将拟声和头韵结合起来——迫克威胁波顿：

I'll lead you about a round,

Through bog, through bush, through brake, through brier;

Sometime a horse I'll be, sometime a hound,

A hog, a headless bear, sometime a fire;

And neigh, and bark, and grunt, and roar, and burn,

Like horse, hound, hog, bear, fire, at every turn.

（我会把你们引得团团转

穿过沼泽、灌木、荆棘、欧石楠

有时变成一匹马，有时化身一条犬

摇身变成猪，化作无头熊，幻化一簇火

我要学马嘶、犬吠、猪叫，我咆哮，我燃烧

我要变身马匹、猎犬、猪、熊和火）

　　头韵见效会有很强大的力量，譬如此处。最后一例：伊迪斯·华顿《欢乐之家》（*The House of Mirth*）中的两位主角在外散步：

As she moved beside him, with her long light step, Selden was conscious of taking a luxurious pleasure in her nearness: in the modeling of her little ear, the crisp upward wave of her hair—was it ever so slightly brightened by art?—and the thick planting of her straight black lashes.

（她走在他身边，步履轻盈悠长，塞尔登感到了她在近旁时奢侈的快乐：她小小的耳朵，一缕飘起的卷发——它一直都是这样美自天成吗？——还有她浓密、又黑又直的睫毛。）

此处伴随的细节很重要，然而让这段效果出众的是节奏，传达出平日无比冷漠的塞尔登和美女同行时兴高采烈的状态。他的感觉不只是通过文字传达，还有"L"的发音——"long light step ... luxurious pleasesure ... her straight black lashes（步履轻盈悠长……奢侈的快乐……浓密、又黑又直的睫毛）"。该段表达精致，头韵好像在歌唱。此处节奏不只是伴随意义，它本身就有意义。

总之，卢卡斯的四大中心标题——对偶、词序、拟声词和头韵，都一语中的。他的几点主要建议也很中肯：

在散文中，需避免明显地大面积使用韵文。最工巧、最热情洋溢的散文，常含有不太明显的小块韵文，因此令人愉悦——前提是读者的注意力不会完全被吸引。

富于变化是最靠谱的处理方法。可以通过变换节奏、变换长度来隐藏韵律。

不敢使用韵文节奏，散文就会僵化，缺乏节奏感。但与此同时，我们也可大量使用连续非重音音节，来避免散文格律化。和散文的其他效果一样，越不明显越好。

散文中的声音和节奏，有时可以与意义形成呼应，但此类问题或许有些棘手。同样，头韵很有价值，但用起来也比较冒险。

重复亦如此。重复通常是出于粗心，无意间造成的。在《从这里到永恒》（*From Here to Eternity*）中，詹姆斯·琼斯（James Jones）坚持不懈地重复"咧嘴笑了"和"咧嘴笑着"——某页上普鲁伊特咧嘴笑了6次。大部分作家会担心自己无意间写出重复和内部押韵。尽管如此，恰到好处的重复还是会奏效的——"诚实的"和"诚实"在《奥赛罗》（*Othello*）中出现了52次，是伊阿古和奥赛罗关注的鼓点。在《了不起的盖茨比》中，"时间"或相关指代词出现了近500次，但它们加强了文字的力度，没有让读者懊恼。同样成功的还有《荒凉山庄》（*Bleak House*）开篇有力轰鸣的重复，尤其是对伦敦大雾的描述。（狄更斯曾经是一名议会记者，他认为报刊报道议会辩论时应该为演说配上乐谱，像歌剧那样。）在《亨利五世》（*Henry V*）中老板娘奎克莉（Mistress Quickly）宣布福斯塔夫（Falstaff）之死时，告诉我们：

> So
> a'bade me lay more clothes on his feet: I put my
> hand into the bed and felt them, and they were as
> cold as any stone; then I felt to his knees, and
> they were as cold as any stone, and so upward and
> upward, and all was as cold as any stone.

（让我在他脚上再多盖一些衣服：我把手伸进被子，摸到它们同石头一样冰冷；然后我摸到他的膝盖，它们同石头一样冰冷，接着向上再向上，他整个人都同石头一样冰冷。）

这段话紧凑动人，使其效果加倍的是三次"同石头一样冰冷"。同时也体现了粗鄙的效果，尽管老板娘奎克莉话语的**意图**不是对弥留之人的性暗示，然而在 16 世纪，"石头"正是"睾丸"的俚语。

戏剧性韵文中的重复是另一回事。再看下亨利·詹姆斯的《螺丝在拧紧》中新家庭教师对读者说的话："我敢说我自己是……一个不同寻常的年轻女子……我是不同寻常的，因为当那些不同寻常的事情初露端倪时，我能大胆面对。"此处的重复有效——当然也塑造了句子的节奏。

重复不得要领，就会让读者恼怒。迈克尔·霍尔罗伊德（Michael Holroyd）是英国顶尖的文学传记作者之一，但他的近作过于马虎。在《秘密之书：没有父亲的私生女》（*A Book of Secrets: Illegitimate Daughters, Absent Fathers*）中，他描述了一位古怪艺术品赞助人厄尼斯特·贝克特的早年生活，其父为保守党议员，"但（厄尼斯特）无心从政——他一心想投身于银行业。这位银行家之子 21 岁那年进入了自家创办的银行——贝克特银行，父亲 1874 年过世后成为大股东，最终又把 3 个儿子引入了银行业"。"银行""银行家""银行业"——4 行说了 5 次，且互相并无关联，读起来只会感到沉闷。

另一例，希拉里·克林顿（Hillary Clinton）的回忆录《艰难抉择》（*Hard Choices*）中频繁使用文字游戏，这与其说是为了奏效，不如说是因为固执——"主导非洲未来的将会是枪支和贪污[1]，还是经济增长和有效管理[2]呢？"她问道。还有汤姆·沃尔夫，他这么做只会让人恼火，因为他自知是调侃。2012 年出版小说《回归血脉》（*Back*

---

[1]　guns and graft, 此处用头韵。——译者注
[2]　growth and good governance, 此处依然用头韵。——译者注

to Blood）时他相当得意："有几座无趣的现代公寓楼玻璃玻璃玻璃玻璃透明的外观透明的外观透明的有条纹的外观……"

少用几个词，或美自天成，或惨不忍睹（有些例外）。[1] 关键在于句子本身要容易朗读（哪怕是在心里默读），正如罗伯特·雷·洛朗（Robert Ray Lorant）所言："优秀的散文富于节奏感，因为思维即是如此。思维之所以有节奏，是因为它总是在向某处前行，有时小跑，有时迸发，有时舞动。"

最后说一下莎士比亚最爱的节奏——抑扬格五音步（iambic pentameter），这最初是乔叟从法语中引入的。其中十个音节以五对呈现，重读和非重读音节在一行诗中交替出现；也可以参见詹姆斯·芬顿（James Fenton）的解释："一行有五音步，各含一轻一重。与一重一轻恰好相反。"（"penta"意思是五，"meter"指音步，"iambic"指抑扬格。）那么就是：

If mu-/ -sic be / the food / of love，/ play on

（如果说音乐是爱情的食物，演奏在）

---

[1] 有一次，斯蒂芬·金问小说家谭恩美（Amy Tan）（两人在摇滚乐队 The Rock Bottom Remainders 一起演奏），有没有哪个问题是她在讲座上从未被问过的。她告诉金："从没有人谈论语言。"乔治·艾略特在《亚当·彼得》（*Adam Bede*）中如此论述我们描述爱的词语："我相信最美的语言主要由不庄重的词构成，如'光'、'声'、'星星'、'音乐'——那些不值得一看或不值得一听的词，小如**碎片**或**木屑**的词：却代表了伟大优美而无法言说之物。"（《亚当·彼得》，柯林斯大众版，第 579 页）

即：轻重 | 轻重 | 轻重 | 轻重 | 轻重 —— 抑扬格五音步。除莎士比亚外还有其他人使用，也不仅限于济慈（"When I have fears that I may cease to be"）和艾略特〔普鲁弗洛克（Prufrock）的"I should have been a pair of ragged claws."〕的句子，甚至连当代作家都凭借它来实现特别的效果。1973 年惊悚小说家罗斯·托马斯（Ross Thomas）出版了《猪肉切割机》（*The Pork Choppers*），这是一部悬疑小说，背景设置在大工会。故事中反英雄主义的人物是工会主席唐纳德·卡宾，这个强大的工会正要重新选举，由于卡宾酗酒，因此走向麦克风发表至关胜负的演讲时是有风险的，形势对他不利。若是输了，就会成为耻辱的失败。一位名叫居扬的记者和卡宾已成年的儿子凯利在侧翼坐观形势。

　　"他们说，我应该辞职离开。（They say that I should quit my job and run.）"

　　他停下来，然后更有力、更大声，甚至更嘲弄地重复这句话：

　　"他们说，我应该辞职离开。"

　　戏剧性地又顿了一拍，他爆发了：

　　"辞职，去死吧！我刚开始战斗呢！"

　　一些人为此起身欢呼吹口哨，那些未起身的则一起砸着拳头，期待好戏登场，也算是赞赏卡宾的宣言。

"我会被人骂的，"居扬说道，"到底怎么了？他每次都这样吗？"

"凯利，你来跟他解释吧。"因伯说道。

"各种原因凑到一起了吧，"凯利说道。"我想他不是有意的。他只是知道这样管用。你记下前两行了吗？"

居扬瞥了一眼自己的笔记。"嗯。这句话读起来很平常：'他们说，我应该辞职离开。'"

"除非伯南树林移到邓西嫩（Till Birnam Wood remove to Dunsinane），"凯利说道，"这是五音步，抑扬格五音步。但他不只是偷了莎士比亚的节奏，还偷师蓝调。所有纯正的蓝调歌曲，第一句一般都是重复的，仔细想想，它们也是抑扬格五音步，或者试着写成那样……他从我记事起就这么做了……他说，他会不停地寻找听起来对劲的句子，直到找到合适的为止。"

"不停地寻找听起来对劲的句子，直到找到合适的为止"：与弗吉尼亚·伍尔芙——还有福勒相呼应——"思维的波浪"。所有这些词语都有助于散文节奏的形成，也可提炼成"听起来对劲"。

　　早在 2014 年，我去听小说家艾伦·古尔加努斯〔著有《往日情怀》(Oldest Living Confederate Widow Tells All)等〕的讲座。他有句评论一语中的："论节奏，《钦定圣经》是我们所有人的榜样。"随后，我碰巧读到了莱恩·库珀博士（Dr. Lane Cooper）1952 年出版的小册子《英语圣经中的特定节奏类型》(Certain Rhythms in the English Bible)。书中有些地方用了术语——"扬抑抑格（dactyl）"：一个长音节后跟两个短音节；"抑扬格（iambus）"：双音节的韵律音步，一个短音节后跟一个长音节；"抑抑扬格（anapest）"：两个短音节后跟一个长音节；"扬抑扬韵脚（cretic）"：两个长音节将一个短音节夹在中间——但库珀解释了为何多少个世纪以来《圣经》的韵律还是如此有力。他说道：

　　　　（如果，）传教士、演说家和作者稍留意（《钦定圣经》的）节奏，他们就不会再满足于原以为赏心悦目的语句。比如，想一下本句中长长的一行扬抑抑格的效果："who hath believed our report, and to whom is the arm of the lord revealed?"（谁相信我们所言，主的膀臂向谁显现？）或这一句中抑扬格向扬抑抑格的转变："the sun to rule by day, for his mercy ruleth for ever."（太阳主宰白日，主的仁慈主宰永恒。）

库珀继续引用抑抑扬格："My doctrine shall drop as the rain, my speech shall distil as the dew.（我的教义将如甘霖般洒下，我的话语将如露珠般浸润。）"以及钦定本"雅各书"第 1 章第 19 句中扬抑扬韵脚的使用："swift to hear, slow to speak, slow to wrath."（敏于听，缓于言，缓于怒。）试想《钦定圣经》的 47 位译者互相大声读出译文，彼此赞赏点头。

与节奏密不可分的是风格（毕竟 F. L. 卢卡斯的著作是以该词命名的）。在贝尔纳·塔维涅（Bernard Taver-nier）1986 年的影片《午夜旋律》（*Round Midnight*）中，萨克斯风乐手由现实中的萨克斯大师德克斯特·戈登（Dexter Gordon）扮演，他给一位满腔热情的音乐家提供建议，与他分享风格的实质。"风格不是你某天走出去，就能从树上摘下来的，"他说，"这棵树在你心中，自然生长。"

我们可以帮助这棵树生长。司汤达的写作风格明晰，受到赞誉时他只是简单地说："我抄了《拿破仑法典》（*Code Napoléon*）。"《拿破仑法典》是波拿巴于 1804 年创立的法国民法法典，之后成了明文规定的法律。（司汤达去世后，朋友在他的抽屉中发现了成堆的手抄法典。）而马丁·路德则模仿过图林根大臣的风格，其翻译的德文《圣经》有助于对当代德语的塑造，效果可与《钦定圣经》对英语的塑造匹敌。

诺曼·梅勒对此也持有坚定的立场，不足为奇。"风格，"他说道，"自然是每位优秀的年轻作者都渴望得到的。调情中，与之对应的是优雅。大家都希望做到优雅，但谁又能凭借直奔目标做到呢？"他透露道——秘诀之一是找到符合基本材料的基调。他写道："年轻的知识分子中有种倾向可能过于强烈了，有人认为我们可以生成一种意识……时机来临就能写出好文。然而，如此假设，可能并未充分意识到提笔写作还需源自多年的实践经验，可以说这是一种几乎与意识分开的技能，更接近于练了十年音阶下来，手指弹琴的复杂直觉。"

再说一说写作和音乐的联系。在实际的语言运用中，声音的语调也是重要的元素，它常常能够指示所说的意思。比如"好啊／好吧（all right）"既可以暗示热情赞同，也可以指示退让。[1]同样地，一篇作品的"语调"也能流露出作者的态度，可能会在很大程度上成就或歪曲语言的字面意思。在书页中，眼睛能汇集段落或对话的声音，可享受旋律或抑扬顿挫。眼睛在捕获声音方面则没那么迅速。

---

[1] 在阿加莎·克里斯蒂 1950 年的侦探小说《谋杀启事》（*A Murder Is Announced*）的一处对话中——重音所落之处——能够提供关于杀手的重要线索：糊涂的穆加特罗伊德小姐是说"**她**不在那儿"，还是"她不在**那儿**"非常关键。英国警察培训会给一个简单的六词小句："我没和你太太睡（I didn't sleep with your wife.）。"然后重复，每次将重音放在一个不同的单词上，得到六种完全不同的意思。

　　多少个世纪以来，作者们都明白——"成就优秀风格的是思维"，米歇尔·德·蒙田（Michel de Montaigne）写于1580年。有人问资深《纽约客》剧评家约翰·拉尔（John Lahr），读书时他会被什么吸引，他答道："我常被语气和语言的倾向性吸引。句子浮现的方式。一些方向独特的句子，在我听来就像一种声音，我可以听从它的命令，也会被其曲折多变所吸引。风格，毕竟就是新陈代谢。"

　　2011年11月，我聆听了保罗·亨德里克森（Paul Hendrickson）的讲座，他是最近一位为厄尼斯特·海明威作传的作家。很多人都模仿海明威的风格写作，他告诉观众："他糟糕的文字，风格的确易于模仿。但归根结底，只有海明威才能写出精彩的海明威语句——那种音乐回荡在他脑海中。"

　　毋庸置疑，又回到了我们最初的问题——正如坐在索菲娅·罗索夫和直立的鸡蛋旁边，等着轮到我们弹琴，驾驭思维的波浪。

1960 年 11 月 3 日，在伦敦地铁上阅读《查泰莱夫人的情人》的
通勤者——那是该书向公众出售的日子

第 9 章

"像佐罗那样"：描写性爱

> 性爱是我们最激烈的交流形式，这种沟通的语
> 言无人可解，无法阐释。
>
> —— 埃德蒙·怀特（Edmund White），2013

> 这令人大惊小怪的事情说白了就是一起睡。想
> 要身体的快感，我还不如去牙医那儿。
>
> —— 伊夫林·沃《邪恶的躯体》（*Vile Bodies*），1930

"性爱，"我的高中校长（他是一位牧师）布道时会突然
冒出这么一句，"是拉丁语中'六'的意思。教会有六条戒
律。"如此开场后，他就可以随意说自己要说的事情了，任
由我们去好奇到底是哪六条戒律。但他的确抓住了我们的
注意力，因为差不多每个人都对"性爱"感兴趣（毕竟大脑
才是身体最大的性器官），大多数人都乐意读——凭借我多

年审读小说投稿的经验来看——作家也乐意写这方面的内容。"性爱"——这次不是牧师校长说,而是艾丽丝·默多克——"是一种复杂、微妙、无所不在、神秘、多层面的事情,性爱是普遍存在的。"

本章不会讨论色情描写(色情描写一词源于希腊文:"关于娼妓的写作"),也不会讨论色情文学,当然,很多好书的部分段落的确有点色情。不管属于哪一种类型,许多关于性爱的优秀文字都比较露骨。本章将探讨性爱在小说中的表达,从塞缪尔·理查逊到毫无遮掩的当代小说,还会探讨当代小说家该怎样写性爱——如果这么做明智的话。

描述性爱关系的场景应在阐述故事主题和情节发展中具有重要意义,且关系需足够明显:小说可能是所有艺术形式中最私密的一种,读者的思维、心灵与人物的联系最紧密。然而,如何描写肢体亲密接触的场景,取决于一个时代的审查制度、潮流和禁忌。正如能熟练使用英语、德语、法语和意大利语的批评家乔治·斯坦纳所言:"每种语言划分禁忌的界限各不相同。一种语言中被视为卧室中最狂野的言辞,在另一种语言中则几近公开。反之亦然。在不同的语言中,词语的节奏是完全不一样的。不同语言的呼吸节奏各不相同,而这在亲热和前戏中很重要。"文学中的性爱描写也很重要。"性爱场景"在一些人看来可能深入表现了对人物的微妙感觉,对另一些人而言则会觉得极为尴尬,还有人认为这纯粹是挑逗。〔莫妮卡·莱温斯基（Monica Lewinsky）给了比尔·克林顿一本尼克森·贝克的《声音》，该小说露骨地描写性爱，莫妮卡的动机我们可想而知。〕

那么作家该怎样处理性爱场景呢？性爱中会用到五官，因此我们不该忽略微妙的线索。但几乎可以断言，最好始终避开过分具体的描述或过为精细的画面。2012 年的诺贝尔文学奖获得者莫言在一部小说中将女性的胸部描述成"熟透的杧果"；在《巴西》（Brazil）中，约翰·厄普代克将男性生殖器比作山药——二者都是失败的比喻。我们可能会想起，在《不可儿戏》中，普利斯姆小姐说："成熟值得信赖。年轻女人太青涩。（恰索保尔医生吃了一惊。）我说的是园艺学。我的比喻是从水果来的。"记得初中时，有个男孩给我看一本貌似经常被翻阅的小说，萨金·格伦（Sergeanne Golon）的《安吉利卡与国王》（Angélique and the King），该书的背景设在路易十四的宫中。书中描述安吉利卡的胸部"像新鲜的圆苹果"。[1] 也许女性的胸部的确和苹果、瓜类、梨子、柠檬、杧果等有相似之处，但**不同之处**更多。一般我们可以想明白作者为何选择某个比喻，

---

[1] 选自该小说："他再次将安吉利卡拥入怀中。'你多可爱啊！所有感官都感到甜蜜无比！'"期待让他们疯狂，安吉利卡哼哼着，咬着他蓝色外套的丝绸肩章。裴格林轻轻笑了。"'放松，我的小狐狸。你会如愿以偿。'"她向他屈服了。奢华的金色帷幕笼罩着他们。她热切的躯体，因欲望而变得贪婪，不知身在何处，也可能是伴侣经验丰富的爱抚让她整个人都在颤动……"〔萨金·格伦：《安吉利卡与国王》，纽约：Lippincott 出版社，1960 年，第 111 页〕

哦，天真的日子一去不复返！

但更多的情况下，让比喻显得荒唐的，往往是它的"另一面"——与所喻之物的**不同之处**。

约 20 多年前，《文学评论》设立了"最糟糕性爱描写奖"。时任编辑奥伯伦·沃宣布，描述性爱最糟糕的作者将获得年度大奖，这一奖项旨在"让人们关注当代小说中粗鄙、品位低俗且草率冗余的性爱描述，从而制止这种行为"。第一届获奖者是著名播音员、作家梅尔文·布拉格（Melvyn Bragg），获奖作品为《跳舞的时间到了》（*A Time to Dance*），他不太高兴。

此后，一些著名作家都曾问鼎该奖，以下各位都曾进入最终候选人名单：

托马斯·品钦、朱利安·巴恩斯、爱丽丝·沃克（Alice Walker）、卡洛斯·富恩特斯（Carlos Fuentes）、伊莎贝尔·阿连德、维克拉姆·赛斯（Vikram Seth）、珍妮特·温特森（Jeanette Winterson）、伊恩·麦克尤恩、萨尔曼·拉什迪、保罗·泰鲁（Paul Theroux）、汤姆·沃尔夫、乔伊斯·卡罗·奥茨（Joyce Carol Oates）、斯蒂芬·金、加夫列尔·加西亚·马尔克斯、马里奥·巴尔加斯·略萨（Mario Vargas Llosa）、诺曼·梅勒、多丽丝·莱辛、J. G. 巴拉德（J. G. Ballard）、伊恩·班克斯、戴维·米切尔（David Mitchell）、本·奥科瑞（Ben Okri）以及阿莉·史密斯（Ali Smith——她的主人公在性高潮时说："我们成了能唱出莫扎特音乐的鸟。"）——当代知名小说家很少有没上榜的。

那么奥伯伦之子、该奖项现任委员会主席亚历山德·沃说得对吗？"在小说中，描写性爱就是不管用。"每年 12 月，该杂志社都会翻遍当年小说，这个任务通常会交给睿智的内部评论员汤姆·弗莱明（Tom Fleming）。正如他所言："在印刷书页上传达性高潮的力量是件难事，所以很多小说都栽在了满是比喻的意识流叙述上。"但除了比喻，过分投入的小说家也可能陷入描述过度——感情用事地加入粗俗的语言、矫饰的哲学思考、大量抽象的名词、洪水般泛滥的图像、过度的生理细节、荒唐的比喻还有突兀的华丽辞藻。有的作家写作时就像在报道无人经历过的性爱"新闻"，而不是将其当作人之常情。

调研 2011 年入围作品时，莎拉·莱尔（Sarah Lyall）在《纽约时报》写了"书中性活跃的主人公"是怎样"被比喻成觉醒的野兽、被闪电击中的木头、狂怒的海洋生物和'午夜列车'"的。"他们的喘息急促猛烈、或长或缓，他们嗅闻、起伏、揉捏、摩擦、拧捏、偎依、反抗、发抖、剧烈震颤。"说完如此冗长枯燥的失败案例后，我们不禁思考，尽管尝试多以荒唐描述告终，为何人们还是如此坚定地要描写性爱。

2012 年 3 月，我花了一个下午在《文学评论》翻阅他们的资料。真是受教了。有人把男人性器官描述成"有弹性的芥末瓶惊喜"〔戴维·哈金斯（David Huggins）〕，"玫瑰色的欢快的小黄瓜"（伊莎贝尔·阿连德）；保罗·泰鲁的则是"抖动的魔鬼鳗"；还有"像在满是死鱼和盛开黄色睡莲的无底沼泽中……戏水"〔匈牙利作家彼得·纳达斯（Péter Nádas）〕；在凯西·莱特（Kathy Lette）的《致爱、荣誉和背叛》（*To Love, Honour and Betray*）中，某情人"勃起的那部分太大了，我误以为是小镇中心的某种纪念碑，差点在附近指挥起交通来"。[1]

　　看似失去了自我批判力的小说家多得惊人。此处以《佩顿·安伯格》（*Peyton Amberg*）那被过分吹捧的作者塔马·贾诺威茨（Tama Janowitz）为例："等她和维多利亚完事，感觉像是尝试了某种奇怪的日本菜，盘中活物蠕动着。或像知道了即将涨潮，却不得不趴在石头上吞下贻贝的肉。"而 2005 年获"最糟糕性爱描写奖"的贾尔斯·科伦（Giles Coren）在小说《温克勒》（*Winkler*）中写：当精力充沛的女主角想抓住恋人的生殖器时，"它就像落在空

---

[1]　有一段我特别喜欢——因该杂志的评论而喜欢——来自詹姆斯·弗雷《圣经最后的圣约书》（*The Final Testament of the Holy Bible*）："他继续缓慢地移动，真的很慢，直到最深处，它继续构建着直到我看到、感觉到。这是爱、欢乐和快感，我身体的每一部分都在唱着我从未听过，但最美最美的歌，这是盲目而纯粹的，我的脑海中是最白的白色，我看到了无限永恒，看到无限时，我甚至理解了它，明白了这世上其他的任何事情，所有仇恨、愤怒、死亡、热情、嫉妒和凶杀，没有一件是要紧的，我感到百分之百的安全感。我觉得没什么是坏事。我看到了过去和未来。"

　　《文学评论》评："这应该是描写性高潮吧——但也同样可用于描述重度脑震荡。"

浴缸中跳动的莲蓬头，她用双手指甲深深抓挠他的背部，他又在她胸口画了三道条纹。就像佐罗那样"。性爱通常颇有意趣，但喜剧的性爱场景会被诸如此类的自我毁于一旦。贾诺威茨和科伦都是非常成功的作家，因深刻的洞察力备受赞誉，但他们的确需要用更贴近小说的方式来描写性爱的亲密感觉，两人似乎没有意识到自己的描述会给他人带来怎样的感受。

正如朱利安·巴恩斯在 2013 年的一次讲座中所提及的，描写性爱场景时作家可能会担心暴露自己 —— 读者可能会以为某处性行为是接近于作者本人的，他认为将这种恐惧隐藏于幽默之中是最佳的解决方案。

在《文学评论》的年度颁奖典礼上，名人们在伦敦市中心历史悠久的进出俱乐部（In & Out）欢聚一堂。提名作品中下流的双关语不在少数，一些小说家甚至刻意植入放纵的场景，以求进入最终候选人名单。近期提名作品中分别有与狗、龙虾和机器人发生关系的，有时很难说清楚作者是想表现幽默还是严肃。我还邂逅了汤姆·沃尔夫 2012 年的小说《回归血脉》中的这一段，绝对算不上色情，但也算不上有趣：

喘息 喘息 喘息 起伏 起伏 隆起 推 隆起 隆起 隆起 正在隆起 她后面 隆起 推 亲热 亲热 亲热 亲热……

许多小说家的性爱描写读起来毫无说服力，注定失败，又似乎令人倒胃口地传递着玩世不恭的态度。威廉·F.巴克利（William F. Buckley）回忆起一次同弗拉基米尔·纳博科夫共进晚餐，纳博科夫告诉他自己很开心，因为他下午写作时润饰了自己的"O. S. S"。

"什么是 O. S. S？"巴克利问道。

"必要的性爱场景（obligatory sex scene）。"《洛丽塔》的作者解释道。

如今的情形诚然令人沮丧：作者或为提高销量植入糟糕的性爱场景，或尽心尽力地创作——却不幸失败。难怪巴黎国家图书馆有一个保存色情文学的藏书板块被命名为"L'Enfer"——地狱。[1]

畅销书《蕾丝》（*Lace*）在 35 个国家售出超过 300 万本，作者雪莉·康兰（Shirley Conran）当初认为自己写不好性爱场景，便聘请了小说家同行西莉亚·布雷费尔德（Celia Brayfield）撰写 12 处性爱场景，其中两处为特殊场合下的特写，报酬为 500 镑。然而，该书最初是打算写成一本非虚构类性爱手册的。康兰是报刊专栏作家，原本计

---

[1] 20 世纪 90 年代，传记作家理查德·霍姆斯在那里研究泰奥菲尔·戈蒂埃（Théophile Gautier）写给妻子的色情书信，工作人员穿着保护性红围裙和红色橡胶手套把大堆材料递给他。我在想：他们现在还这样吗？

划创作此书帮助给她写信寻求建议的少女。布雷费尔德随后出版了自己的一系列畅销小说〔《珍珠》(*Pearls*)、《白冰》(*White Ice*)、《王子》(*The Prince*)〕，还为小说家们撰写了写作指南《畅销书》(*Bestseller*)，其中有一个板块就性爱写作提出了有用的指导建议。她的论述中，这一点我不太赞同："我们就性爱写作所学的大部分内容——不管是有意还是无意的——都没什么用，"她说道，"在直接描写性爱时，我们只从前人那里继承了色情描写和少数色情文学。"实际上，仔细看就能发现，过去的文学作品对该问题的处理还是具有一定启示意义的。

在 18 世纪的英国，城市发展，印刷文化兴起，城市的探索者也发现了域外具有不同性爱道德观念的民族——色情小册子、放荡的俱乐部因此增多，约 40% 英国妇女奉子成婚。人们的态度发生了改变，这尤其要归功于那些聚焦性爱的各色记者、高级妓女、浪子和哲学家。到 18 世纪 50 年代，三位伟大的革新者，塞缪尔·理查逊、亨利·菲尔丁和劳伦斯·斯特恩开始探索这个话题。审查制度，或者说时代的含蓄程度，既有阻碍性，也展现了机遇。

理查逊的《帕美拉》最先出版，尽管情节聚焦于女主角"差点被强奸"，但其中没有深度讨论性爱的感受——于是，对此深感厌恶的菲尔丁戏谑地写了《夏美拉》

（*Shamela*）[1]，内容为语言下流的系列书信，让看似贞洁、天真的女主人公暴露了内心深处的另一面。

劳伦斯·斯特恩紧随其后。在《多情客游记》（*A Sentimental Journey*）中，有很多女性人物与无比贞洁的帕美拉形成鲜明对比。若是具体描述，两位作家无法担责，[2]不过两人都有自己的委婉语。比如，脸红就是斯特恩最明显的性爱生理反应之一。在时尚的女士中这是一种理想特质，但此处则是直接与女性的性欲联系在一起。如在《多情客游记》中，当小说主人公约里克触摸来自布鲁塞尔那位女士的脉动时，他暗示"如果从心脏流出的是同样的血液，然后下降到极端之处……那我相信你的脉搏一定是全世界女人中最好的"。斯特恩是这一领域的早期导师，他告诉人们露骨可以有多种方式。

这部小说——名副其实——已经产生了自己的词汇，贮存了关于性爱的比喻。斯特恩的主要作品《项狄传》（*The Life and Opinions of Tristram Shandy*）对"交媾之事"几

---

[1] shame 意为耻辱，此处为讽刺。——译者注
[2] 《风月女人回忆录》〔*Memoirs of a Woman of Pleasure*，通常称为《范妮·希尔》（*Fanny Hill*）〕，是约翰·克莱兰（John Cleland）的色情小说，出版于 1748 年。该书被认为是"第一部英国原创散文体色情文学，第一次以小说的形式展示色情"，这是历史上被检举最多的禁书，克莱兰之后的写作生涯都在平息此事，但这也表明了描述性爱在 18 世纪是多么自在，与后世的纠缠阻碍形成对比；也说明了色情写作的内容应该让人愉快，而非尴尬或窘迫。书中也展示了此类内容可以接受的幽默。小说后面范妮抗议水手嫖客，对方喊道："呸！亲爱的，遇上暴风雨，哪个港口都是好的。"

近痴迷。胡须、鼻子、扣眼、三角帽、木马、墙上裂缝、衬裙裂缝、绿色衬裙——都只是其次的。没有哪一处直接描述或说出身体部位: 皆为一语双关、旁敲侧击, 最能体现这些的要数项狄被母亲怀上的时刻:

> "天哪亲爱的,"我母亲说道,"你是不是忘了给钟上发条?"……"老天啊!"我父亲喊道……"创世纪以来, 有哪个女人用这么蠢的问题打断男人?"请诸君想想, 我父亲说的是什么? ……没什么。

从此处项狄和假象读者的对话, 我们可以想象, 他父亲没说什么, 却**做**了很多——具体来说, 即成为项狄的父亲。

说到性爱象征, 连简·奥斯汀都曾小试牛刀。在《曼斯菲尔德庄园》中, 索瑟顿庄园一日游暗示了托马斯爵士的大女儿玛利亚·伯特伦的失贞, 当时她已被许配给了愚蠢的詹姆斯·拉什沃思。年轻的人们在大宅子里散步, 一直走到了生殖器形状的铁栅栏和外面的荒郊野地。玛利亚和亨利·克劳福德在调情, 她想爬过去。范妮向玛利亚喊道:"在那些尖刺上你肯定会伤到自己, 你会划破裙子的。"奥斯汀很少这么急于暗示。正如伊迪斯·华顿所言:"简·奥斯汀的天赋微妙地在故作正经的浪潮边缘尽情发挥。这位主要在教区中活动的未婚女性小说家如此淡定。"[1]在1750年到1850年间，假正经和委婉的性暗示并存；而在维多利亚时代早期，小说家能自由表述的内容越来越受限制。

在维多利亚时代早期，性爱问题被转移到了物体上，一本当时的礼仪书建议，淑女不应该坐在仍有绅士"身体"余温的座位上。（不过，"钢琴腿要盖起来，以免太具有暗示性"，这是谣言。）小说家找到了表述性爱关系的方式——哪怕是保守程度众所周知的夏洛特·勃朗特（Charlotte Brontë）。在《简·爱》中，勃朗特就依赖于象征。罗切斯特和简被困在大暴雨中，天气不仅仅反映了罗切斯特的感情。"我几乎看不见主人的脸，尽管离得很近。是什么让七叶树痛苦？它扭曲着、呻吟着。而此刻大风在月桂小道上咆哮，向我们卷来。"随后罗切斯特热吻简，并三顾她的卧室，尽管他们是在不同房间过夜的。"早晨起床前，小阿黛尔跑进来告诉我，果园最后面的七叶树夜间被闪电击中了，被劈成两半。"

此处暗示性欲和未得到满足的挫败感，再明显不过——同时代人指责勃朗特的小说不道德就不足为奇了。反过来，她妹妹艾米莉的《呼啸山庄》处处充满性爱的意象，却丝毫未提及这对不幸的恋人发生了关系。怒火中烧的夏洛特，将希斯克利夫对凯瑟琳·恩肖的感情称为"堕落

---

[1]　少女时代，伊迪斯·华顿曾认为"通奸（adultery）"指乘坐交通工具时付更多钱，因为她儿时曾看到一条公告：成人（adults）50分，儿童25分。

的热情和热情地堕落"。

英吉利海峡那边的态度同样也分两派。1856 年，《包法利夫人》在《巴黎杂志》（*Revue de Paris*）连载，政府以不道德之名对福楼拜及其出版商提起诉讼，但二者最终都被判无罪。六年后，《悲惨世界》（*Les Misérables*）出版了，当男女主角走向卧室时，我们读到的却是："这里我们停一下。新婚之夜的门口站着一位天使，她的手指按在唇上。"我们看不到其他内容了——不过维克多·雨果可能很清楚"唇"一语双关。[1]

乔治·艾略特绝非那种用语下流或愿意摆弄性爱内容的作家，但她也决定要展示人物的性生活。《米德尔马契》的一处关键时刻，爱上多萝西娅的威尔·拉迪斯劳，从椅子上起来，脸和脖子通红，洋溢着受挫的愤怒——此刻被一位文学评论家评论为"维多利亚小说中最接近描述勃起的时刻"。

如果这些还算微妙，那在《弗洛斯河上的磨坊》中艾略特就有一段几近厚颜无耻的露骨表述：

> 塔利弗夫人边说最后一句话，边从口袋里掏出

---

[1] 许多当代小说家对小说中死寂的空缺充满恐惧，但他们都会在卧室外做短暂停留，似乎那样就是体贴之举。安·泰勒承认："我绝不会和我的人物同床共枕，我会努力尊重他们。"见朱利安·巴恩斯《观点：解释坦率直言》（*The Essay: Explaining the Explicit*），英国广播公司（BBC）3 台，2013 年 3 月 11 日。

一串亮闪闪的钥匙，她拣出其中一把，面带柔和的
微笑，用拇指上下揉擦，望着纯净的火焰。如果塔
利弗先生是对婚姻关系敏感的男人，那他可能会认
为她掏出钥匙是为了辅助想象，期待他此刻有心情，
对得起最好的荷兰床单……

其他人也按她的路子走。托马斯·哈代的写作生涯，
始终都与言行得体的卫道士们有矛盾，他匿名出版的第一
部作品，别人以为是乔治·艾略特写的。在 1874 年的小说
《远离尘嚣》中，有些段落被编辑莱斯利·斯蒂芬（Leslie
Stephen）查禁或更改了，编辑写信给迷惑不解的作者，说
诱奸侍女那段应该用"谨慎的手法"处理，并承认哈代经
历这种删减是出于"让我觉得丢人的极度谨慎"。

哈代是一名现实主义者，深感艺术应述评现实状况，
然而后来他还是不断遇到大幅删改的编辑，一直奋斗到了
《德伯家的苔丝》，和他别的小说一样，这部"人物和环境
小说"——他提出先连载，因为完全想到了会被出版商拒
之门外。《默里杂志》（Murray's Magazine）和《麦克米
伦》（Macmillan's）都拒绝了这部小说——原因是"不得
体的直白"和"滋味过于丰富"。哈代立刻删减并改写了
部分章节，于是《图画报》（The Graphic）接受了这部小
说——假结婚替代了苔丝的被诱奸。然而《图画报》有所

保留，拒绝出版描述苔丝婴儿洗礼的章节，也反对描述安吉尔·克莱尔将苔丝和其他挤奶女工抱过被淹没的小路的段落。杂志编辑表示，如果女人们是坐在推车里被推过去的会更合礼数，这样就可以省去一处或许无比色情的描述。只有一位读者抱怨已连载的故事——一位几个女孩的父亲，他认为提及带有血迹的天花板是不得体的，哈代可想不通是为什么。与此同时，两处主要删减在其他杂志中匿名刊登了。

当苔丝的故事完整地、未经删节地印成纸质书时，译本迅速席卷了欧洲——德语、法语、荷兰语、意大利语和俄语。在莫斯科长达一年的月度连载中，其中一位热切的读者是托尔斯泰。《苔丝》标志了"英语小说的新世纪"，评论者写道。但性爱描写革命还要再等一二十年。[1]

最后，翻天覆地的变化来了。一战爆发，詹姆斯·乔伊斯开始写《尤利西斯》。大家都说这是一部肮脏的作品：一个充斥着自慰、排泄物和性幻想的故事。这部书在美国被

---

[1]　苔丝向父母抱怨，他们没告诉她无人陪伴的年轻女孩可能会面临怎样的危险："为什么不告诉我会有危险？为什么你们不警告我？夫人小姐们知道要提防什么，因为她们在小说里读到这些小把戏了……"《五十度灰》(Fifty Shades of Grey)中克里斯蒂安·格雷赠给他奴役并迷恋的对象安娜斯塔西娅一本初版《苔丝》，并在其中写下了这句话，安娜斯塔西娅的本科论文主题正是哈代小说分析。正如蒂姆·帕克斯所言，《五十度灰》(发行头两年半就在全球售出九千万本)"绝对是很保守的：没有将对性侵的探索和享受用于怀疑道德或社会准则，而是用于加强巩固它们"〔蒂姆·帕克斯：《为何如此受欢迎》(Why So Popular)，《纽约时报书评》，2013年2月7日，第12页〕。

禁。最后一章中莫莉·布卢姆长达 45 页的性高潮独白，在现在看来可能算是温和的，但依然情色、有趣，完全与人物契合。乔治·奥威尔在《在鲸腹中》（*Inside the Whale*）中为其辩护：

> 这里满是读者认为理应无法言传的东西，可有人却成功地传达了……读《尤利西斯》的某些段落，你会感到乔伊斯的大脑与你合二为一，他非常了解你，尽管他不认识你。[1]

乔伊斯创作杰作的同时，D. H. 劳伦斯也在酝酿自己的革命。许多人觉得他的书也是淫秽的——不道德、堕落，展示了"生活脏手帕的一面"。他文字的创新性在于他对性爱、对彼此触摸、对肢体亲密重要性的痴迷：他力求重新强调身体，以此对抗西方文明对精神的过分强调。

《儿子与情人》于 1913 年出版，未惊动审查者。如果

---

[1]　乔伊斯常与亨利·米勒（Henry Miller）一同被提起，因为二者都因淫秽遭到谴责。但米勒描述自己的文字是直白的自传，奥威尔在《在鲸腹中》里也是如此评价米勒《北回归线》（*Tropic of Cancer*）的："《尤利西斯》不仅出色，写作意图也大不相同。"米勒是一个将观察和幻想混合在一起的报道者，再次引用奥威尔——"愿意提及日常生活的空洞和肮脏，但乔伊斯是一名艺术家。米勒不是，可能也不想成为那种意义上的艺术家……米勒只是不动感情地讨论生活。"米勒是一名文学革新者，但除了推动性爱讨论在法律和社会中的解放，他对我们帮助不大。正如特里·伊格尔顿（Terry Eagleton）所言，主要因为"很难用色情讲故事。性爱用于说故事显得重复。"〔特里·伊格尔顿：《搜查街头假行家》（*Grub Street Snob*），《伦敦书评》，2012 年 9 月 13 日，第 28 页〕

按作者最初的计划印刷，书稿会长达五百页，热销无望。最初出版商海涅曼拒绝了书稿，认为它组织无序、过于直白，于是劳伦斯修改后送到了朋友爱德华·加尼特那里，他是海涅曼的竞争对手达克沃思公司的审读。加尼特审查了一些段落，还删除了一些，最后书稿短了一百多页。劳伦斯感到沮丧，但他身无分文，反抗于他无益。

有趣的是删了哪些内容、为何要删。原稿中，主人公保罗·莫雷尔和女友克拉拉在林肯郡海滩嬉戏，他吻了"她怀中两个雪白闪亮的球"。加尼特编辑后，保罗只是吻了"她"。加尼特还删减了后面的暗示——保罗双手托住克拉拉的双乳，"像大水果盛在杯中一般"。保罗第二场恋爱的女友是米里亚姆，第一次见她的裸体时，保罗想到："她的臀部是他见过最美的。"加尼特可能觉得保罗聚焦于臀部太奇怪了，也可能是想用委婉语，将"臀部"改成了"身体"。这位编辑很好地协助了作者，劳伦斯最终甚至心怀感激，并将该书献给加尼特。

问题是，尽管劳伦斯对道德十分坦诚，但他的性爱描写会出现偏于说教、过分强调、感情原始，有时意外地呈现出喜剧感、效果不太均衡等问题。删减此类段落并非唯一的解决方案——编辑有时也会判断失误。虽说如此，我们还是希望劳伦斯时代的其他小说家能有他一半的勇气——也许正呼应利顿·斯特雷奇（Lytton Strachey）对弗吉尼亚·伍尔芙的评论:"在写作中完全摒弃性爱,真是一大憾事。"

劳伦斯后来的小说越来越直白,结果可想而知。1915年《虹》(*The Rainbow*)在英国被禁,而且一禁就是11年。5年后,续集《恋爱中的女人》(*Women in Love*)引发了更激烈的愤慨。这是一条典型的评论:"我不想说自己是文学评论家,但我嗅到污秽就会立刻发现,此处有成堆的污秽——腐烂成堆,在天上都能闻到。"但让劳伦斯臭名昭著的还要数他最后一部重要小说《查泰莱夫人的情人》(*A Propos of Lady Chatterley's Lover*)——故事讲述了27岁的贵族妇女康斯坦丝,即查泰莱夫人,是怎样在猎场看守人怀中得到性爱欢愉的。

该书最初于1928年在佛罗伦萨和巴黎出版,1960年由企鹅在英国出版,随即依据《1959淫秽出版物法令》此书被起诉,该案审判成了社会热点。依照该法令的规定,出版商若能展示作品具有文学价值,就能逃脱罪名。陪审团站在了劳伦斯这边,企鹅立刻出版了未删节版——《查泰莱夫人的情人》成了畅销书。

反对这部小说的原因之一,是其中频繁使用"操(fuck)"和"性交(cunt)"这两个词。在美版未删节的第一版卷首,格罗夫出版社印上了著名权威人物阿奇博尔德·麦克利什(Archibald MacLeish)的赞誉,他认为审查版中删除的

"是那些人们熟知，但伪君子审查制度假装人们闻所未闻的四字盎格鲁-撒克逊词语，陈旧、熟悉，或是那些描述普通两性关系事实的段落，还有试图穿透人类之爱的内容，叶芝对这种爱的阐述无可辩驳，它'从肮脏中起家'"。

在《关于〈查泰莱夫人的情人〉》中，劳伦斯写自己的目的是"让性爱关系有效、珍贵，而不是可耻"。他说，性爱"意味着男女关系的完整性"。这在一部原书名为《温柔》（*Tenderness*）的小说中是个重要的话题，大部分文字是非常有效的：

> 她异乎寻常地服从了，躺在毯子上，然后感到了一只柔软、带着无助欲望的手在摸索，抚摸她的身体，找寻她的脸。那只手在她脸上轻轻地、轻轻地触摸，带着无尽的温柔和镇定，最后他轻吻了她的面颊。
>
> 她安静地躺着，如同睡着，入梦一般。她感到他手的抚摸，她颤抖着，这双手很温柔，但在衣裙间摸索时却无比笨拙……

劳伦斯当然是有说教性的，读他的作品需要耐心，但他的文字让人屏息凝神。

在讲述一生藏书的精彩回忆录中，法国藏书家雅克·博内（Jacques Bonnet）解释了我们为什么要写或读与性爱相关的内容。性欲让文学前进，对很多人来说，第一次性爱经历来自书页。博内写道："很少有小说完全不涉及爱情故事……他们（指人物）也有性生活。作者对该主题的叙述方式随风格和性情而变……从完全沉默到解剖一般的精细描述，多种多样。"

　　然而，说出多少身体部位、哪些部位、用哪些词来说？我们的选词风格应处于拉丁术语和盎格鲁-撒克逊词语之间的哪个位置？普林斯顿大学创意写作教员、美国小说家伊丽莎白·本尼迪克特（Elizabeth Benedict）为此写了一整本手册，《描写性爱的快乐》（*The Joy of Writing Sex*）。"性爱场景，"她说，"不是性爱入门指南。"她补充道，作者必须"在有助于说明故事和人物时才用"。在别处，她也指出，"如果你陷入引发色情联想的通用词语，就无法做到这一点"[1]。当然，作者应该避开医院或医生的临床用词——"阴茎""睾丸""阴道"。但自以为是的"大"词也是应该避免的。

　　欲望，比实际的高潮时刻——劳伦斯用他20世纪20

----

[1]　小说家史蒂夫·阿尔蒙德（Steve Almond）在网上开了清单，共12条。"第9条：女人性高潮要过很久……请别以为男人颤抖着发出一两声呻吟就能引发女性高潮……很少有男性和女性公开宣布高潮。他们只是顺其自然。他们的身体会被感觉占据，通过不同方式起伏。描述起伏。"另一条写道：真实的人不会用色情的俗语交谈。大部分情况下，发生性关系时他们只是说各种奇怪的事情，如"我觉得我血液不循环了""我脚抽筋了"或"你已经来了吗？"

年代的方式称高潮为"决定性的时刻"——更性感，这一点很重要。以马塞尔·普鲁斯特《追忆似水年华》为例，叙述者强烈地思念失去的恋人艾伯丁，她曾每天早上在年轻洗衣女工和朋友的陪伴下去卢瓦尔河游泳。另一方叙述了当时发生的事情：

> 由于艾伯丁小姐总是穿着泳衣蹭着她扭动，她让小姐脱了泳衣，用舌头舔她的喉咙和胳膊，甚至舔艾伯丁小姐向她伸出的脚。洗衣女工也脱了衣服，她们嬉戏着将对方推进水中。此后发生什么她不会告诉我更多了，只是完全服从命令，做任何让人满意的事情，我将洗衣女工带上床。她问我，是否要她做为艾伯丁小姐脱下浴衣时做的事情。然后她对我说："要是你见过那位年轻女士怎样发抖的就好了，她对我说（哦太美了），然后她太兴奋了，忍不住咬我。"我还能看到女孩胳膊的印记。

在《微暗的火》（*Pale Fire*）中，纳博科夫嘲笑艾伯丁是个"荒谬的'小女孩（jeune fille）'"，"胸部是贴上去的"，但这样述评该人物是不公平的：在小说语境中，这关乎欲意，很动人，与大幅度色情描写的露骨细节不同。

时间更近一些的是菲利普·罗斯的早期中篇小说《再

见，哥伦布》(*Goodbye，Columbus*)。书中主人公花了好几个章节在梦中与女友约会，然后他们去游泳："她用拇指和食指抓住了她泳装的底部，轻轻盖上露出的肌肤。我的血液在跳动。"我们的血液也在跳动。早在 20 世纪 70 年代，罗斯在宾夕法尼亚大学教授创意写作，他的一次讲座主题是"欲望文学"，学生成群结队地涌来，希望听他细致入微地谈性。然而，学生们听到的却是对卡夫卡、福楼拜、穆齐尔（Musil）、昆德拉、三岛（Mishima）、贝娄和马拉默德（Malamud）小说的分析，罗斯很享受这些微妙的性感段落，如《包法利夫人》中的："她正吃着左手银杯中黑樱桃酒的冰块，眼睛半闭，勺子咬在齿间。"据一位学生在《纽约时报》的文章回忆，大家越是研究这句话，就越能体会到它的性感。

2010 年，在切尔滕纳姆文学节的讲座上，马丁·艾米斯声称，写好性爱是"不可能的"，且该话题"很少有作家能控制好"。他说："我父亲曾经说，你可以暗示，但不能描述。这是由该话题本身的性质决定的。不是谁会顷刻间一语中的问题，而是根本不**存在**正确的表达方式。我说过小说中没有'禁止入内'的牌子，但关于性爱描写也许有。"

我们也许会和艾米斯产生共鸣（尽管他曾试着通过让一个人物说"封套"女人来解决词汇问题），但不会向这

个论断屈服。2013 年 10 月,《纽约时报书评》刊登了题为
《淘气的小问题》的专题特写,就描写性爱为何如此困难、
优秀的性爱场景应有哪些要素等问题,采访了不同的作家。
尼克森·贝克给出了很有个人特点的词组:"失望、惊喜、
不世故、毛发"。另一位作者希拉·海蒂则给出了看似最明
显却也无比重要的一点:"有趣的性爱场景关乎人物在该场
景中的反应,因此一本不怎么需要性爱的书,就很难出现

西多妮-加布丽埃勒·科莱特（Sidonie-Gabrielle Colette）,法
国作家、表演者〔《图片邮报》(*Picture Post*) 费利克斯·曼
(Felix Mann) 和库尔特·赫顿 (Kurt Hutton)〕

有力的性爱场景。如果你不认为性爱是生活的重要部分，就不可能写好。"

关于怎样写好，有一些有趣的建议和案例，如契诃夫的故事《吻》（*The Kiss*），甚至连达洛维夫人对萨利·塞顿的爱也是，但最全面的建议来自埃德蒙·怀特。怀特喜欢描写性爱的场景，他说："它们同临终和死亡一样，是最让我震撼的生活巅峰经历，是一个人的第一次'环形'周期和第一次威尼斯刚朵拉之旅。"但是他警告说：

> 别将性感局限于性爱场景。托尔斯泰的安娜有着宽臀和轻盈的步伐，弗龙斯基有粗厚的脖子。我们永远都不会忘记他们的身体，也不会忘记他们是多么般配的一对。科莱特[1]是关于身体和性感姿态的伟大诗人，但她从不反射情侣之间所有复杂的信号。性爱是我们厚重、裁剪奇怪的生活织物中最明亮的线，我们永远不知道那意味着什么，但我们总是以为自己知道。

如果要找模仿对象，我会选择将性爱写得很好，但也常常写得糟糕的人：约翰·厄普代克。

---

[1]　即 261 页照片中的西多妮-加布丽埃勒·科莱特。

2008 年，在第四次被《文学评论》提名"最糟糕性爱描写奖"之后，厄普代克摘得了该奖项的终身成就奖（他选择不出席领奖），然后接下来的一年，他又因《东镇寡妇》（*The Widows of Eastwick*）中令人记忆深刻的场景再次闯入最终候选人名单。此刻，厄普代克已获得了尴尬的名声。菲利普·罗斯〔在厄普代克为评论罗斯前妻克莱尔·布鲁姆（Claire Bloom）的回忆录而引起争执前，两人曾是朋友〕随后嘲笑《夫妇们》（*Couples*）又是一部"关于生殖器的小说"。艾伦·古尔加努斯则抱怨他"疝气一般的尽心尽力……过分执着于那些潮湿的质感和每种气味……这家伙在书房里，用天使的语言来实践色情狂的动机"。在一次 1997 年对厄普代克的猛烈攻击中，戴维·福斯特·华莱士引用了一位朋友的话，可能是女性朋友，称厄普代克"只是带着词汇库的阴茎"。

然而，他写得好时效果完全不同。致力于出版前评论的行业杂志《科克斯书评》（*Kirkus Reviews*）断定，虽然他们也批评过厄普代克，但他的性爱场景写作"几乎超越了其他所有当代作家"。罗斯称他是唯一能达到科莱特式无辜的性感效果的美国作家，是一位"伟大的性爱作家"。在他早期（1960）的小说《兔子跑吧》（*Rabbit, Run*）中，厄普代克的措辞无比谨慎："性高潮"一词从未出现，尽管"高潮"一词出现了一次，但暗示身体部位的少之又少。厄普代克的传记作家亚当·贝格利（Adm Begley）评价道：

> 我猜厄普代克避免客观临床术语不是为了小说
> 得体，甚至不是出于美学原因，而是因为模糊的
> "它"更具有超越感……比如，兔子坚持露丝做爱前
> 完全赤身裸体，厄普代克着重于露丝裸露皮肤激起
> 兔子的性欲，除了必要之处，丝毫未写出裸露的身
> 体部位名称。

"欲望是悲伤的。"萨默塞特·毛姆在他的故事《雨》
（Rain）中写道，这一点厄普代克也懂。下文引自《夫妇
们》，用来展示厄普代克的心理剖析、描述的力量，当然，
还有性爱成分——此处丝毫没有他 2000 年后写作中那种
过分成熟的比喻。这里展示了性爱的复杂性、深度和痛苦：

> 尽管他耐心地滑行，等待她下身肌肤加速，但
> 她最终无意于高潮，带着绝望让他赶紧完事。放开
> 后，她转过身去。用胳膊环住她的胸时，他的手指
> 触到了意想不到的悲伤的坚硬。
> ……

单纯写好性爱场景，并不意味着其中的人物会惹人喜

爱或易产生共鸣：我希望引用的段落足以说明这个场景在书页中的效果。《夫妇们》出版于 1968 年，是厄普代克事业中期的作品，精装本售出了几百万册。厄普代克总是抗议，说该书"本身不是关于性爱的：是关于性爱成了新的信仰"。它是"唯一剩余的事情"。在那种情况下，通奸反而成了现代的浪漫探险和精神追求。他抗议得可不少：不过，他的 23 部小说中既有最糟糕的性爱描写，也有最优秀的。

在我的眼中，写好性爱场景是个不错的目标，但在实践中却很难成功。可以尝试，但得做好"满纸荒唐言"的准备。若想获得进一步的指导，可以读读《旧约》中关于性爱的长诗《雅歌》（*The Song of Songs*），关于如何有效地描写肢体欢爱，该诗被称为最具指导意义的孤例。此后，也可以看看约翰·邓恩（John Donne）的哀歌《致他那即将入寝的情妇》（*To His Mistress Going to Bed*）：

现在脱去鞋子：然后安全地踏入
爱的神圣殿堂，这温床……
此刻邪恶的天使出现，
有的轻抚我们的发，有的让肉体为之震颤。
让我徘徊游离的双手，尽情释放
于前，于后，其间，其上，其下。
哦，我的美洲！我的新大陆，

我的王国，一人独居，最为安全……

进入这领土，获得自由；

手到之处，印记存留。

全裸！欢乐皆由你而生。

　　这首诗在 1633 年（邓恩过世后两年）未获得出版许可，但 21 年后被收入一部选集。试想邓恩写小说会是什么样。

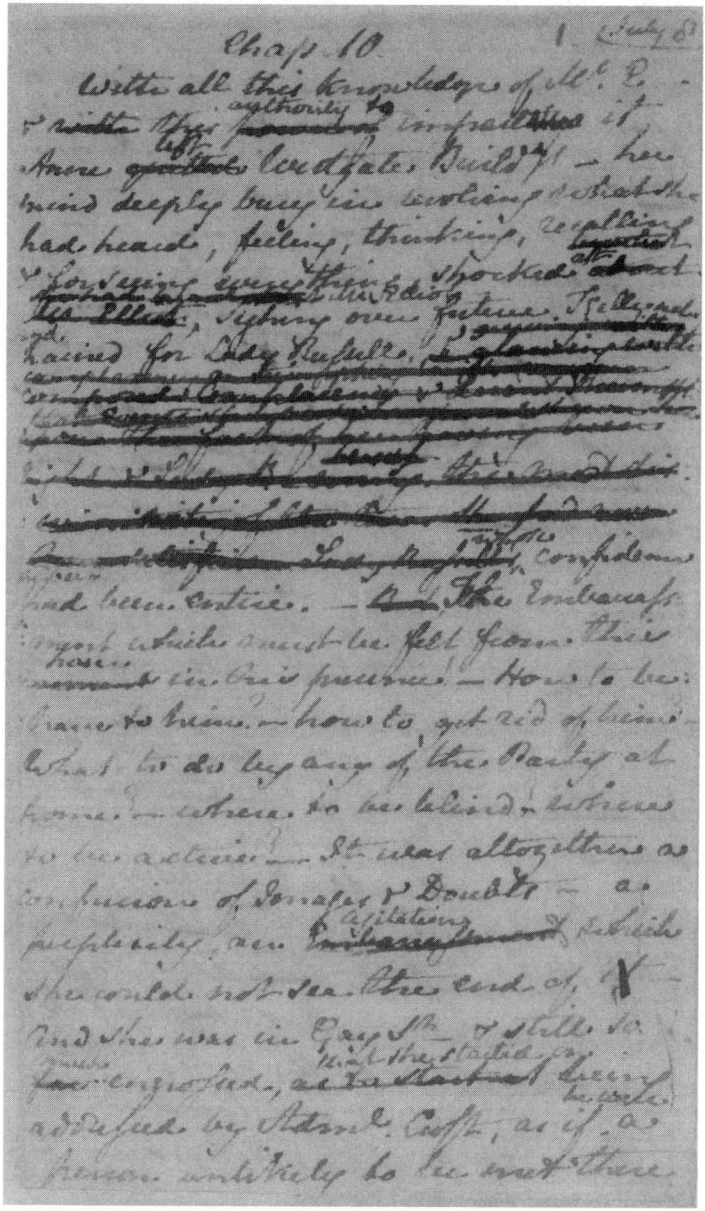

简·奥斯汀《劝导》第 10 章手稿第 1 页

审阅和修改（第一部分）

如果听起来像写文章，我就改。

—— 埃尔默·伦纳德

废纸篓是作家最好的朋友。

—— 艾萨克·贝什维斯·辛格

（Isaac Bashevis Singer）

　　我手中有一本薄薄的册子，灰色的封面已经褪色，这是我在纽约社会图书馆（New York Society Library）的书架上偶然发现的。这本书由牛津大学出版社出版于 1926 年，其中有《劝导》（*Persuasion*）最初版本的最后两章，约 40 页，还有解释这些早期版本与 1818 年版本不同之处的 16 页注释，1818 年是简·奥斯汀逝世后一年。这是她作品现存的唯一手稿，将 11 页扩展成了 35 页，增写中大部分笔墨都用于扩展悬念——发生在安妮得知埃利奥特先生往事后离开史密斯夫人家，到与温特沃思上校再续婚约之间。

每段中的微调更是不在少数。貌似 1926 年版曾包含数页奥斯汀手稿复制品，是她完成的小说中唯一幸存的手稿（现保存于大英图书馆），但大部分都磨损了，仅有一份尚存。奥斯汀的手稿字迹整洁，向右倾斜，但她不满的词语和整行文字都被黑笔用力划去。

在写埃利奥特先生和克莱夫人的部分，奥斯汀揣摩道："此刻疑虑重重，不知到底将是他的狡黠还是她的狡黠，会起决定性的作用。"最初她用的是"手段"而不是"狡黠"。安妮和克罗夫特上校在一起，了解到温特沃思即将出现时，奥斯汀的第一稿中安妮"不太坚决地"走出了屋子。此处她改成了"带着颇为被动的决心，安静地走出了屋子"——小改动，但很有效。

安妮和温特沃思独处时，在手稿中，他说话时用的是一种"不管是否能开口都要说话的声音"，在修改版中则用"一种努力、有所控制的声音说"。（该小说中最惊人之处之一，是温特沃思固执地不愿流露出任何爱着安妮的迹象，想获得美满结局，这都是需要克服的主要障碍。）在他们重要的会面中，温特沃思就自己的行为向安妮作了大段解释，在手稿中，全部用间接引语——远不如终稿中的直接引语的表达那么有力。

　　这份修改稿本身很重要，但这本书还能展现出这些章节与印刷版终稿大相径庭的重要情节。例如，克罗夫特上校邀请安妮去他的农庄，也故意邀请了温特沃思。于是，这一对疏远的恋人在完美的独处环境中互诉衷肠。经历了如此多的误会后，他们的话语很感人，但过于直接，缺乏戏剧性。

　　集中写作仅三周后，奥斯汀就做了一次大幅修改。在修改后的第 22 和 23 章中，她将安妮和温特沃思安排进了一间全是人的房间，毫无隐私。温特沃思在一张桌前坐下写信，而安妮和哈维尔上校则在谈论男人和女人示爱时有何区别。正如克莱尔·托玛林（Claire Tomalin）在洋溢着赞誉之词的奥斯汀传记中所写的那样："修改后的最后两章极富戏剧性，阅读多遍后，仍能体会到几乎令人无法承受的紧凑动人，因为这对情侣无法直接对话，而是必须通过其他方式交流。温特沃思停笔，假装在写另一封信，实际上是在写给安妮；而安妮说给哈维尔听的每一个词，都是在向温特沃思倾诉。"

　　在小说家卡罗尔·希尔兹（Carol Shields）为奥斯汀撰写的短篇传记中，她赞赏道："这处场景成了一段眉目传情的芭蕾，一段用眼神、手势和静默潜台词间接传递信号的芭蕾。这对恋人不是在早期版本中那种不真实的独处中呈现的，而是置身于流动、熙熙攘攘的世界中，两人在人潮涌动的会客厅里眉目传情。"

　　总之，这是文学中最有效的修改之一了。

　　大部分作者都明白初稿有待润色，但每个人润色的方式千差万别。福楼拜对修改很狂热，他称想当作家的人提笔写书前要先读一千五百本书。"文章就像头发，"他会这么说，"越梳越顺。"伊迪斯·华顿热情地告诉朋友："我正在集中消灭形容词。"弗吉尼亚·伍尔芙则说："每天，每一分钟，我都在修改。"雷蒙德·钱德勒建议："每天上午向打字机里乱扔文字，中午清理。"布克奖获得者阿兰达蒂·洛伊称该过程是"用砂纸打磨"；格雷厄姆·格林则叫它"修指甲"——"我喜欢早餐后写作，"格林解释道，"好好吃上一顿晚餐后修改，那时我有酒后之勇。"润色前，简·奥斯汀的小说几近荒唐闹剧，笨拙之作是如何变成抛光之金的，修改点石成金的例子不在少数。

　　有时，这种努力听起来是强迫症式的。格雷的《挽歌》（*Elegy*）一共 128 行——耗时七年。霍拉斯教导说，作家应该将已完成的诗作搁置九年，直到那时才能判断是否值得公开出版。维吉尔写《埃涅阿斯纪》（*Aeneid*）用了十年（平均下来，每天**至多**写三四行），临终前，他宣称自己的史诗故事没有真正达到期望值，应该被销毁。卡夫卡烧了自己百分之九十的作品，但临终前一天却忍不住再改一次

《饥饿的艺术家》（*A Hunger Artist*）。曼修改《魔山》时，用质量更好的纸誊抄了整个原稿，他认为单纯的抄写——在此过程中还有修改——是控制材料的最佳途径。

托尔斯泰将《克莱采奏鸣曲》（*The Kreutzer Sonata*）修改了 9 遍。那不过是部中篇小说——他太太将《战争与和平》从头到尾抄了 7 遍，而某些部分这位伟人自己至少改了 12 次。[1]

巴尔扎克喜欢在午夜时分开工，连写 18 小时，他的印刷工很绝望：

> 从每句话的开头、中间到结尾，直到纸张页边，都画满了线。每条线都指向一处增写、发展、补充的修饰语或副词。几小时后，整张纸看起来就像是烟花表演的设计图，随后会更加混乱，字里行间各种符号让页面更为复杂，页边钉着或用封蜡贴着许多纸片。

写作和修改皆无定法。迪斯累里（Disraeli）写小说时要身着晚礼服；约翰·契弗只穿平角短裤写；托马斯·德·昆

---

[1] 他修改的大部分时间和精力，都放在作者的声音干扰读者的地方了。他会对人物进行重新定义、重新分类，将两种或两种以上性格类型的特点结合进一个人物，修改人物所说的话，加入更充实的人物刻画，接下来一般还要大幅删除。最终，他的主人公发展出了自己充实的文学质感。——见凯瑟琳·B. 福伊尔（Kathryn B. Feuer）的《托尔斯泰和〈战争与和平〉的诞生》（*Tolstoy and the Genesis of 'War and Peace'*）〔纽约：康奈尔大学出版社（Cornell University Press），1996 年〕

西会在一间屋里写，等屋子堆满纸和书，他没地方呆了，然后就把这间屋子锁起来，再找一间；弗里德里希·席勒在桌子抽屉里装满正在腐烂的苹果，说需要腐朽的气味帮助自己写作；亨里克·易卜生（Henrik Ibsen）的工作习惯最奇怪，他在桌前摆上奥古斯特·斯特林堡（August Strindberg）的照片，以此激励自己——"他是我的死敌，"易卜生解释道，"我写作的时候，他应该被挂在那儿看着。"菲利普·罗斯像海明威和年轻纳博科夫的结合体，会把完成的原稿送给朋友，然后用录音带录下他们的反应，这是展示自信心的独特方式。

伟大的喜剧家和 Goons[1] 创始人史派克·米利甘（Spike Milligan）也自有一套：

> 他一写剧本就不想停下，边想边写，要是遇到某处想不出合适的句子，就会用一根指头戳键盘，打出"操"或"妈的"，然后若无其事地继续。初稿会有多处这样的脏话，但随着一次又一次的修改，骂人的话就会越来越少，直到第10稿左右，他会写出完整的、没有脏话的稿子。

马克·吐温常用的是这种方式的变体："想写'很、非

---

[1] 傻瓜秀（*The Goon Show*），为英国经典喜剧电台节目。——编者注

常（very）'的时候，用'该死'替代，编辑会帮你删掉，文字就像样了。"由于米利甘的性格形成期是在二战期间英国军队中度过的，频繁骂人对他来说可能很自然。（他习惯了替代和将就：当火炮手时，训练中他会和其他人一同齐声喊"砰!"因为他们没有用于练习的炮弹。）

　　亨利·詹姆斯的修改顺序和风格也自成一家。杰作《一位女士的肖像》写于 1881 年，那时他 37 岁，正是笔下生风的时候。1906 年，他对该书进行了修改，所有修改都加深了其风格。比如，为了让亨莉埃塔·史塔克普尔的方言更令人信服，他改写了她对伊莎贝尔声明的措辞，将"我要嫁给班特灵先生，我要住在伦敦了"[1]改成了"我马上就要定居伦敦了"。修改版听起来不仅更偏离英式英语，还更显蔑视感。"砰!"

　　一些作者带着极大的热情修改。担任约翰·厄普代克编辑多年的戴安娜·阿西尔（Diana Athill）回忆起厄普代克早期如何"被自己的精湛技艺冲昏头脑"：

　　　　玻璃杯碎了，记得是一位妻子在厨房里打碎的，隔壁屋里的丈夫听到了，对声音的描述延续了几行

---

[1]　作者将 "reside in London" 改成了 "locate right here in London"，"locate""right here" 都多用于美式口语。——译者注

字。细细品读后，发现那段描述是对玻璃杯破碎声音精确至极的分析，但如此一来，读者便会停下来想"多工巧的写法"，而不是想"哎哟！她把玻璃杯摔了"——同样的完美主义者应以此为戒，这是过于工巧的实例，很有借鉴意义。

在法语中，这被称为过分"voulu"，意为"有意控制的"，过分计划或自我太强，洋溢着过于工巧的气息。优秀文字的关键在于保持平衡——既要追求用词恰到好处，也需避免过度修饰文字导致自我太明显或用力过猛；既要给出足够的信息让读者理解，又不能说得太多。要让读者注意歌曲，而不是注意歌手。

修改讲究的主要是懂得该在何时何处删除。海明威曾自嘲，他会把自己写的东西删掉一半。安东·契诃夫经常被大量写作者围住，请他给出修改意见，契诃夫会建议所有人"删，删，删！""写书就像造珊瑚礁，"P. G. 伍德豪斯是这么想的，"一点一点增加，结果就会好得多。对我来说，修改主要是再上点色，别放过任何一处过于平淡的地方。"

诺曼·梅勒对自己的一处小改动非常满意，他将其记录在《诡异的艺术》中，作为精彩修改的例子。他修改的是《鹿苑》(*The Deer Park*)，最初他写的是：

"报纸把休格报道得太好了，"有一天晚上她向
酒吧中的人宣布，"我真的想试试他。我真的会试
试，休格。"她给了我一个来自姊妹般的吻。

梅勒将"宣布"改成"说"，并加上"姐姐"，于是变
成了："她给了我一个来自姊妹般的吻。姐姐。"他对此非
常满意：

> 仅仅是两个词，但我感到自己似乎透露了某种
> 神圣的自然法则，埋下了宝贵的线索 —— 来自姐姐
> 的吻，同来自妹妹的吻是很不同的 —— 与来自姊妹
> 般的吻也不同，它阐释区分了这种套话，我觉得可
> 以给自己颁诺贝尔文学奖了。

然而，后来他不再看重细节了。他告诉戴安娜·阿西
尔（这位也担任他的编辑），在两词之间做出艰难抉择后，
突然想起其实读者不会注意，所以他不如快速地写下去，
为此他感到如释重负。但人们**会**注意到的，至少，最优秀
的读者会注意到。

神经精神医学告诉我们，创作和修改用的是大脑的不
同功能，许多作家无法轻松地在二者之间切换，因此作家
最好趁早弄明白自己是否擅长修改作品。契诃夫写道："对

自己不满是每一位天才的基石。"也许吧，但这也可能具有毁灭性。西里尔·康诺利（Cyril Connolly）毁了自己的写作成果，因为他对自己的文字太挑剔了（他过世后，他的公寓中发现了四部尚未出版的小说）；巴尔扎克因修改而过度劳累，英年早逝。威廉·卡洛斯·威廉斯（William Carlos Williams）准备出版最后一部著作时，他发现的问题让他痛苦不堪，据他的传记作家说，他甚至"将原稿撕成碎片，丢进了垃圾堆"。是他妻子掏出这些碎片寄给了出版商，出版商"像拼图一样把它们拼起来了"。

看到（或看不到）自己的问题，同是否接受他人的意见是两码事。纳博科夫曾称编辑为"华而不实的慈祥野兽"。编辑要求托马斯·曼缩短第一部小说《布登勃洛克一家》时，他表示抗议，称小说的长度"对其特质而言是必要的，不能轻易改动"。1856 年，特罗洛普收到了《巴彻斯特教堂尖塔》（*Barchester Towers*）100 英镑（价值为今天货币的 200 倍）的预付金，这是"令人满意的增收"，但此后他对出版方要求删减该书的要求感到震惊："从已完成小说的每六个词中去掉两个，我不知道怎样才能做到。"乔治·萧伯纳的反应更激烈，在一封致《泰晤士报》的信中，他写道：

你们有一位好管闲事的职员，花了很多时间追捕分裂不定式。必要时，每一位出色的文学巧匠都会分裂自己的不定式。我强烈建议，立刻解雇这样的冗员。至于他是走快点（go quickly）、快快地走（quickly to go）还是快走（quickly go），那都无所谓。重点是他应该立刻走人。

萧伯纳是痛恨自己文字被他人修改的众多作家之一。这不见得是自负甚至自信，而是意愿问题，就像莎士比亚对他的十四行诗来说，是"唯一的促成者"，不借外力就能水到渠成。凭我的经验看，很少有作家**喜欢**自己的文字被人改动。和苏格兰作家威廉·麦基瓦尼（William McIlvanney）合作他的小说《托尼·维奇的文件》（*The Papers of Tony Veitch*）时，我曾试探性地建议某些段落可以和缓些（在我眼中，一些比喻不是华而不实，而是极度浮华）。麦基瓦尼很是愤怒，表示坚决不让我做他的编辑了。我很伤心，因为在这件事之外他是个魅力非凡的人，也是一位优秀的作家。1983 年该书问世，虽然评论家也指出了我提的问题，但该书赢得了犯罪小说"银匕首奖"。这也许算我俩打平手了吧。

恰如其分的语言是很棒的润滑剂。库尔特·冯内古特应邀审读朋友的书并给出了 10 条建议，不过他告诉对方，只需听从"感觉在理"的建议，不要因为是他提出来的就全盘接受。这就是完美的建议。冯内古特会清晰地亮明观点，虽然并非所有的建议都是动听的甜言蜜语，但他会给朋友留出一定的空间，让对方自行决定，自己掌控自己的作品。

如果你觉得作者可以承受，最好实话实说。伊夫林·沃和他要好的笔友南希·米特福德（Nancy Mitford）采用的就是这种方法。后者对他抱怨："打字稿每页都有修订，原稿我改了一遍又一遍——整本稿子我改了两次。"沃简练地回应道："现在不说这个了……修改和写作一样重要，必须有感情地修改。"我喜欢那个"有感情地"。但很多作家都带着沉重的心情修改。

一些作家假装从不修改，但随后还是明白了旁观者声音的重要性。乔伊斯·约翰逊（Joyce Johnson）告诉恋人杰克·凯鲁亚克自己开始写一部小说，他扮了个鬼脸。"他问我是不是常常修改，还说永远都别修改，什么都别改，一个词都别改。"以这个故事为后盾，更有传言说凯鲁亚克写《在路上》（On the Road）时，将一卷 120 英尺长的薄绘图纸塞进打字机，直到写完时才拿出来，一字未改。传说是因为他想得到不间断、未经修饰的语流，看似这正符合他关于自发写作和忠于叙述本身的信念。但凯鲁亚克绝非从不修改，他在改进和写新稿上同样花了数年时间。他只是觉得，承认就不够酷了。

评论家托马斯·鲍尔斯（Thomas Powers）讲述了真相：

凯鲁亚克花了五年找出版商，出版商坚持要做一些基本的编辑工作：将词语的长河分解为句子、段落和章节，不然书很可能被毙。除此之外更重要的是，编辑告诉他，来来回回的公路旅行没有意义。凯鲁亚克可能拒绝过这些建议，但他还是改了。他听从了编辑的意见，将多次行程压缩成了几次，每次都有各自的意义和结果，如此形成了该书探索追寻的结构。

凯鲁亚克在 1950 年收到了挚友和缪斯尼尔·卡萨迪（Neal Cassady，人物迪恩·莫里亚蒂原型）1.6 万字的来信。通信后，他弃置了之前所写的文字，用意识流加"创造性的非虚构"风格重塑了整部小说，然后再给出版商。（下一轮修改稿中，有两处重要的手写的改动："垮掉的一代"改成了"在路上"；约翰·凯鲁亚克改成了杰克·凯鲁亚克。）凯鲁亚克从 1951 年 4 月 2 日开始写作，1957 年 9 月 5 日，《纽约时报》称赞该作品"具有历史性的意义"。

凯鲁亚克爱发表武断的观点。鲍尔斯说他"将美国作家划分成了不停删减和不停添加两类"。在第一组归类中，他放进了斯科特·菲茨杰拉德和亨利·詹姆斯——"写啊改啊将书打磨成一颗宝石"。第二组中有惠特曼和沃尔夫——"热情拥抱美国的惊人风景，创作出像密西西比河洪水泛滥那般有力的书"。凯鲁亚克坚信自己属于第二类。

　　至于沃尔夫来说，真相也不同于传言。编辑麦克斯·珀金斯留在编辑室地板上的文稿远远多于付梓印刷的——他也因此而成名。珀金斯负责了海明威、菲茨杰拉德和沃尔夫作品的出版。听到沃尔夫抱怨作品因遭大幅修改而被毁，珀金斯努力为自己的职业辩护，他写道：

　　　　所有内容都是经汤姆允许后才删减的。《时间与河流》(*Of Time and the River*，最终于 1935 年出版)写不下去时，他把书稿带给我，让我帮忙，我很不情愿，也非常焦虑。汤姆**要求**我帮助他。他**需要**帮助。

　　说到修改，沃尔夫显然是编辑的噩梦。他自己承认："我努力删 5 万个词的后果，有时可能是最后增加了 7.5 万个词。"但珀金斯清醒地意识到，自己是个表达简洁的人，现在面对的是另一种风格的写作者，这就好比木匠在给建筑师提建议。他们相识之初，沃尔夫告诉珀金斯："选择和修改这种事，对我来说就是下地狱。"珀金斯答道："你肯定要下功夫，也许调整和修改下的功夫比写作更多。"最初，沃尔夫对这些建议心怀感激，但日后他越来越感到憎恶，就换了出版商。他后来再也没写出那么优秀的作品了。

　　修改常常是为出版需要服务，但有时也可能成为出版需求的受害者。1937 年 12 月，由于出版商告诉 J. R. R. 托尔金，读者想看"更多霍比特人的故事"，托尔金便开始创作新书，这就是《魔戒》的缘起。托尔金很快就意识到，新书不仅会改变最初霍比特人故事的背景，还会让人物咕噜（Gollum）发生重大变化。在第一版《霍比特人》中，玩猜谜游戏时，咕噜心甘情愿地用魔戒下赌注，因此他和比尔博在友好的气氛中分开了。在第二版中，为了体现出魔戒具有腐蚀人心的能力，托尔金让咕噜对比尔博表现出很强的攻击性，还因输了魔戒几近发狂。他将修改版交给出版商，以此为例说明哪些地方需要改动，但并未得到回应。收到新版校对稿时，他发现样本文字被直接塞进去了。修订本出版于 1951 年，在英国和美国发行。[1]

　　在时间更近的关于修改的故事中，最著名的一例要数美国短篇小说作家雷蒙德·卡佛（Raymond Carver）——主要是关于作家和编辑互动的，但也提出了到底谁有决定权的问题。2007 年，卡佛的遗孀宣布，她打算原封不动地出版卡佛的 17 篇故事，按克诺夫出版社编辑改动之前的样貌呈现给众人。这位编辑是戈登·利什（Gordon Lish），自恃才高，极具攻击性，他给自己起了个昵称："小说船长"。

---

［1］　不过这位作家与意外事件结下了不解之缘。W. H. 奥登（W. H. Auden）校稿时看到一处打印错误，认为比前一稿效果更好，"诗人（poets）知道海域的名字"变成了"港口（ports）知道海域的名字"。奥登误以为是作者自己的修改。

据卡佛《纽约客》的编辑查尔斯·麦格拉斯（Charles McGrath）说，利什将卡佛的小说调整了顺序、重新命名并做了改写（尤其是结尾），常常将卡佛的故事删减一半或更多，减到他认为只留下原文的精华为止。正是利什的改动，让卡佛赢得了极简主义者的名声，尤其是他 1981 年的轰动之作《当我们谈论爱情时我们在谈论什么》（*What We Talk About When We Talk About Love*）。

利什最有名的修改案例是《好事一小件》（*A Small, Good Thing*），小说中一对夫妇在等孩子从昏迷中苏醒。麦格拉斯说，利什将标题改成了"洗澡（The Bath）"，故事删减了 2/3，且去掉了其中的关键段落"最后承载了救赎式希望的一刻"。原来的结尾没用上，这对夫妇被留在了寒心的绝望中。卡佛在 1980 年 7 月 8 日的信中承认，利什"极大地改善了本选集中的许多故事"。然而，随着时间的流逝，他开始对《好事一小件》感到无比沮丧，最后忍无可忍写信请求利什恢复故事原貌，他最终恢复了 1987 年故事集《我打电话的地方》（*Where I'm Calling From*）经利什编辑前的版本。

到底谁有最终决定权？位于巴黎的莎士比亚书店也兼做出版，店主西尔维娅·毕奇（Sylvia Beach）在法国出版了詹姆斯·乔伊斯的《尤利西斯》，随后乔伊斯毁约，西尔维娅便将该书交付兰登书屋。对此她是这样评论的："婴儿是母亲的，而不是助产士的，对吧？"

　　威廉·戈尔丁和《蝇王》的案例，则更能彰显编辑与作家的合作精神，而非某一方的屈服。戈尔丁从 1951 年（凯鲁亚克同年）开始写这部具有突破意义的小说，并于次年 10 月完成。此书原名是《内部的陌生人》（*Strangers from Within*），不过还有几个不同的名字——《丛林之兽》（*Beast in the Jungle*）、《他们自己的岛屿》（*An Island of Their Own*）、《这座岛屿是我的》（*This Island's Mine*）、《乐趣和游戏》（*Fun and Games*）、《喧嚣之岛》（*The Isle Is Full of Noises*）、《结束一座岛屿》（*To End an Island*）——最后费伯出版社（Faber）编辑想出了《蝇王》这个名字。[1]

　　打字稿最先到了乔纳森·凯普（Jonathan Cape）手中，然后又到了帕特南出版社（Putnam）伦敦办公室、查

---

[1]　显然，修改书名是首先要考虑的，出版史上侥幸逃过糟糕名字厄运的书不计其数——《飘》（*Gone With the Wind*）也许会是《号角在歌唱》（*Bugles Sang True*）、《不在我们的世界》（*Not in Our Stars*）、《抛下重担》（*Tote the Weary Load*）；《傲慢与偏见》最开始是《第一印象》（*First Impressions*）；《1984》（*Nineteen Eighty-Four*）原为《欧洲最后一人》（*The Last Man in Europe*）；《洛丽塔》曾是《海边的王国》（*The Kingdom by the Sea*）；《太阳照常升起》原来是《节日》（*Fiesta*）；《战争与和平》曾为《终成眷属》（*All's Well That Ends Well*）；《故园风雨后》曾是《信仰之家》（*The House of Faith*）；《波特诺伊的抱怨》曾在《犹太男孩》（*The Jewboy*）、《自慰》（*Whacking Off*）和《犹太病人开始分析》（*A Jewish Patient Begins His Analysis*）之间犹豫不定；《了不起的盖茨比》书名曾有多个选择，如《在一无所有和百万富翁之间》（*Ash-Heaps and Millionaires*）、《西卵的特里马乔》（*Trimalchio in West Egg*）、《去西卵的路上》（*On the Road to West Egg*）、《红色之下》（*Under the Red*）、《白与蓝》（*White and Blue*）、《戴金帽的盖茨比》（*Gold-Hatted Gatsby*）以及《一跃而起的恋人》（*The High-Bouncing Lover*）。不过我最喜欢的例子要数伊恩·弗莱明的《摧月号》（*Moonraker*），最初为《周一即地狱》（*Mondays Are Hell*）。据说雷蒙德·钱德勒有着 20 世纪最敏感的耳朵，他说书名（当然还有电影名）应该具有"让人记住的独特魔力"，他补充道，《马耳他之鹰》（*The Maltese Falcon*）"让人一看到就陷入思考"。"蝇王"是对古迦南语"Baal-Zebub"的字面翻译，指罪恶之王。因此，戈尔丁接受了这个与《圣经》呼应平行的书名，他对《圣经》很熟。

普曼和哈尔出版社（Chapman and Hall）、哈钦森出版社、
柯蒂斯·布朗出版社（Curtis Brown）（戈尔丁突然想到，
自己可能还是需要找个经纪人）、博德利海德出版社（The
Bodley Head）……直到 1953 年 9 月 14 日，他将"磨得
破破烂烂的打印稿"送给费伯出版社。公司里一位名叫波
利·珀金斯（Polly Perkins）的审读人，在戈尔丁投稿来
信的左上角写下了她的判词："时间：未来。关于殖民地原
子弹爆炸的荒唐无聊幻想。一群孩子在新几内亚附近的丛
林中登陆。废话，沉闷。无意义。"

　　幸运的是，费伯刚招收了一位年轻的编辑，前途似锦
的前牛津学者查尔斯·蒙蒂思（Charles Monteith）。一个
周二下午，他一时兴起从被拒的文件堆中拿起《内部的陌生
人》。那一周，他完成每日工作后都会回去看那部书稿，觉
得它颇有吸引力。当然，小瑕疵是有的——整页都是逗号，
"多得像水果面包上的红醋栗一样"——以及猪崽（Piggy）
的"标准"用语中含有错误拼写，如"asthma（哮喘）"拼
成"ass-mar"这种小疏漏，当然还存在几处更大的问题。

　　虽然蒙蒂思从事出版还不到一个月，却能看出里面最
主要的结构问题：除小说开头对原子弹战争的描述外，还
有两处冗余的情节会分散读者的注意力——死去的飞行员
随着降落伞飘到岛上之前的空袭，以及接近结尾处"巡洋
舰"解救孩子前与敌船展开的海战。其次，蒙蒂思发现人

物西蒙难以令人信服，他认为故事中所有极其不可思议的事件必须要"模糊处理、删除或'缓和'，要把西蒙放在理性能解释的层面"。

尽管费伯出版社的几位资深员工都不太确定，但出版社还是同意了蒙蒂思联系作者的请求。第一次见面时，两人都很紧张，但他们的交谈流露着"谨慎的信任，甚至喜欢"。蒙蒂思说了自己的修改意见，戈尔丁回去修改，三天内他送回了新版全稿，原本分开的序曲、间奏和尾声合并放入主体部分。戈尔丁在附信中提到，西蒙的刻画仍是有待解决的问题，的确如此。他总结道："用全新的眼光再看，我不由得赞同您提出的所有意见，我现在满怀热情和活力做着清理工作。"改动超出了蒙蒂思的预想——会面时他只是建议缩短核战争的段落，而没说彻底删除。他用铅笔写出建议，将修改部分送给戈尔丁。"你可能还是容易过度强调，"他告诫道，"说明问题过于直接。"在四天后的一封信中，戈尔丁接受了蒙蒂思的每一条批注和修订。"我发现自己的确容易过度强调，我会注意的。"他写道。

下一封信中，蒙蒂思告诫戈尔丁别将西蒙变成一本正经的人，别把他变成一个"其他淘气包用枕头砸他，他却仍在卧室祷告的好孩子"。书中前面的部分只需展示西蒙"有点奇怪、与众不同、沮丧，因此拥有那种罕见的孤独的勇气，敢于面对猪头爬到山顶"。

　　此处编辑和作家存在异议：戈尔丁想让西蒙直接和神交流，让小说"显圣"。不过，一月份送达费伯的新书稿，已经将蒙蒂思的新建议融入其中了〔还将书名改成了《噩梦岛》（*Nightmare Island*）〕，戈尔丁还在信中说："如果你还想弱化关于西蒙的内容，请自便。"蒙蒂思立即回复，道歉说"多有搅扰"。尽管如此，他继续改稿，进一步缓和对西蒙的描写，修改了一些句子。好几页中拉尔夫认为西蒙有"光环""是个重要人物"之处，也被他划去了。此外，他还删了拉尔夫认为"西蒙被非自然光环绕"的地方——戈尔丁很可能是想表达，那是来自神灵的光。蒙蒂思还是看出了戈尔丁的动机，并提出了实现该目标的最佳途径。最后一块拼图：即使戈尔丁有时不确定，也很信任蒙蒂思。

　　接下来的一个月，蒙蒂思写信邀约合同、支付预付金——费伯出版社的"图书委员会"批了50英镑，但鉴于该作者的耐心，杰弗里·费伯又额外投入了10英镑。很快，出版社另一位编辑艾伦·普林格（Alan Pringle）想出了"蝇王"这个名字，作者很喜欢。尽管戈尔丁对某几章标题的命名仍有疑虑——"凭直觉，我不太喜欢"——但他还是接受了蒙蒂思取的名字，看吧，修改的日子结束了。应该说，是差不多结束了。避免将西蒙"神化"的过程，甚至延续到校样阶段。

　　1954年9月17日，《蝇王》出版了，这是戈尔丁把它送到费伯出版社一年零三天之后。该书收获好评无数（还有人对电影版权感兴趣），鲜有负面评论。唯一扫兴的是美国出版机构的反应，尽管他们读的是作品终版，但普遍无动于衷——至少 12 家公司拒绝了书稿，其中克诺夫还拒绝了两次。最后，科沃德-麦卡恩（Coward-McCann）出版公司开价 1000 美元，费伯开心地接受了。这家英国公司继续代理戈尔丁的作品，在戈尔丁有生之年始终都担任他的出版商，蒙蒂思则继续担任他的编辑。在精致的戈尔丁传记中，约翰·凯利是这样评价这段编辑与作者之通信的："通信中流露出两人的诚挚，还有蒙蒂思对人际关系的巧妙处理。"小说一般不设致谢部分，窃以为是一种遗憾。

幽默漫画"和编辑吃晚饭"

第 11 章

审阅和修改（第二部分）

我所出版的每一个词语，我都改过，而且一般
修改了数遍。我铅笔的寿命比橡皮长。

——弗拉基米尔·纳博科夫

我完全站在剪刀这边。比起铅笔，我更信任剪刀。

——杜鲁门·卡波特（Truman Capote）

2013 年 8 月中旬，我去科罗拉多州的阿斯彭参加朋友
的婚礼。朋友从事文学代理，那个周末我和他代理的两位
作家聊天，我们聊到了修改。

作家 A：

我的问题是重复。

作家 B：

我容易写过头。比你好些——我的问题比较宽泛。

作家 A（尖锐地回应挑战）：

的确是，但你的问题可以解决吗？

大部分书稿，如戈尔丁的，一般存在两到三个主要问题，超过这个数目，或许就无可救药了。初次写作的作家往往会有一些地方表现出色、把控得当，另一些方面则相对较弱，或根本做不到。即便是很有经验的作家，在写作层面也有无法提高的地方——编辑菲·维尔登的作品时，我总感到她书稿中的男性人物不够有力，之后她会欣然答应修改，哪怕不能将这些人物改到令人无比满意，也要尽可能让他们饱满起来。《绝望的主妇：整形复仇记》（*The Life and Loves of a She-Devil*）是她最优秀的小说之一，当时她很乐意再改几轮，但终究还是要停下来的——《纽约客》编辑和随笔作家罗杰·安吉尔（Roger Angell）说，有时，如果拔掉了全部杂草，最后就会得到一片整洁的绿草坪——看起来毫无生机。

编辑菲的作品令人愉快，少有异议。通常，要是作家接受 90% 以上的建议，我就会不高兴——没有编辑指望自己说的全都正确，如果作者接受 80% 以下的建议我就会很愉快。人们常引用海明威的建议："醉时写作，醒时修改。"[1]

---

[1] W. H. 奥登也发表过类似评论。而在彼得·德·弗里斯（Peter De Vries）1964 年出版的《鲁本，鲁本》（*Reuben, Reuben*）这部基于迪兰·托马斯（Dylan Thomas）生平所写的小说中，一位人物也说过："有时我醉时写作，醒时修改，有时醒时写作，醉时修改。但创作中你需要把两者结合起来——结合太阳神精神和酒神精神，即结合自发与和克制、情感和约束。"〔《鲁本，鲁本》，纽约：班特姆出版社（Bantam），1965 年，第 242 页〕

权衡编辑的意见时，作家理应保持清醒的头脑。作家们常说："故事的精髓在我的心中，但我不确定自己是否讲出了最佳效果。"杰弗里·阿切尔问他最早两部小说的编辑科莱斯·科克·史密斯（Corlies Cork Smith）："你对我的文字做了那么多调整，我们之间到底有什么不一样？"科克拖着他颇有特色的费城长音说："第一——稿，杰弗里。"

年轻时，我曾在威廉·柯林斯出版公司（William Collins and Sons）担任编辑，我最先修改了杰拉尔德·西摩（Gerald Seymour）的小说，然后又编辑了一位英国独立电视新闻（Independent Television News）知名记者送来的悬疑小说，即后来的《哈里的游戏》（*Harry's Game*）。与格里·西摩（Gerry Seymour）讨论稿子前的周二，我参加了比利·柯林斯爵士（Sir Billy Collins）主持的每周编辑例会，他70多岁了，略带慈祥，独断专行，爱听好故事〔当时柯林斯引以为傲的作者有阿利斯泰尔·麦克莱恩、哈蒙德·因尼斯（Hammond Innes）、杰克·希金斯（Jack Higgins）、温斯顿·格雷厄姆（Winston Graham）、赫尔曼·沃克（Herman Wouk）、阿加莎·克里斯蒂和恩加伊奥·马什（Ngaio Marsh）〕，工作之余，他常常会读柯林斯的最新小说。那天，大会议室中有20多名员工正在等待，他大步走进来，满意地说周末读了3部书稿，每部中的主要人物都死了，开会前，他给3位作家都打了电话，在他的坚持下，他们都同意让死去的主人公活下来。

在格里·西摩的小说结尾，名为哈里的卧底军官主人公，在与他追踪的爱尔兰共和军恐怖分子对决时被残忍枪杀了。我向自己保证，该学学比利·柯林斯。和西摩见面时，我建议让哈里活下来，我的作者摇头了。"我不能那样做，"他说，"那样就会与全书的精神相违背。"比利·柯林斯 6 英尺 4 英寸[1]的形象立刻浮现在我眼前。"好吧，"我据理力争，"只是身负重伤，可以吗？"格里又摇头了。"那脑损伤呢？"我坚持道。他再次悲哀地摇了摇头。这时我绝望了。"好吧，那——**永久性的**脑损伤？"多年后格里会向我提起这段对话，我认了。[2]

让主人公复活，很少成为修改的主要任务。乔纳森·弗兰岑在一篇评论中列出了修改时要考虑的层面："感情用事、叙事薄弱、散文中夹杂了明显的韵文、唯我论、自我放纵、厌女症及其他偏狭的态度、博弈平淡、说教突

---

[1] 约为 1.9 米。——编者注
[2] 最近我读到了一篇文章，记录了尼克·霍恩比（Nick Hornby）阅读彼得·德克斯特（Pete Dexter）的惊悚小说《列车》（Train）时的反感。不过，提及下列内容并不是我想为自己的愚蠢行为辩护："是这样的，强奸的过程中，女主人公的乳头被切掉了，真的让我很不舒服。我的意思是，我知道我应该为这种事感到不舒服。但它让人难受得超出了应有的程度。我难受得不时地找作者谈话。'彼得，真的要切掉吗？解释一下。不能只是……差点被切吗？或者你可以压根就不提它：我的意思是，哦，伙计。她丈夫刚刚被残害，她本人被强奸了。我们已经知道大体情况了。别提那事儿了吧。'"〔尼克·霍恩比：《沐浴十年》（Ten Years in the Tub），伦敦：比利夫出版公司（Believer Books），2013 年，第 82 页〕碰到这样的内容，编辑和读者都会"难受得超出了应有的程度"。

出、道德简化、不必要的麻烦、信息过剩……"这个列表不错（其编排方式很像在展示弗兰岑作品的对立面），还可以追加人物过多、基调或节奏问题（太慢或太快）以及阐释含混不清等。

简明清晰的叙述，并非写作的唯一方式，但却是最佳的方式。正如威廉·斯特伦克（William Strunk）在 1918 年的经典之作《风格的要素》（*The Elements of Style*）中所言："一幅画中不应有冗余的线条，机器中不应有冗余的零件。同理，句子不应有冗词，段落不应有冗句。"加夫列尔·加西亚·马尔克斯也常说："文学只是木匠活。"

首先，我们来看看比喻。描述雪天，很难有人超越希罗多德（Herodotus），他想出了"空气中全是羽毛"，但作家们还是喜欢创造新比喻。有人问博尔赫斯为何不离开庇隆主义者[1]控制之下危险的布宜诺斯艾利斯，舒舒服服地去哈佛任教，他答道："审查是比喻之母。"[2]然而在关于"比喻"的讲座中，他也提到了尝试创造新比喻的徒劳性。后一观点并非完全具有说服力，但其中有一个绝妙的 13 世纪冰岛诗歌的比喻列表，从"怀恨的海鸥"、"鲸口的上颚"

---

[1]　庇隆主义对外主张同美国和苏联保持等距离的"第三立场"。——编者注

[2]　在年代离我们较近的严肃小说作家中，博尔赫斯的幽默或许是最狡黠的。在此举一例：在评论同为阿根廷小说家胡里奥·科塔萨尔（Julio Cortázar）的论文中，他写道："但丁·加百利·罗塞蒂（Dante Gabriel Rossetti）读《呼啸山庄》时，给朋友写信说：'这一幕发生在地狱，但我不明白地名怎么会是英文。'"〔豪尔赫·路易斯·博尔赫斯：《非虚构类作品精选》（*Selected Nonfictions*），纽约：维京出版社，1999 年，第 111 页〕

（指大海），到指代嘴巴的"牙齿之家"。

　　尼采写过，创造新比喻的欲望源自对与众不同的渴望，对别处的渴望。也许吧。不管动机为何，糟糕或不恰当的比喻也会和陈腐的句子一样，偷偷潜入文字，大部分作品都难以幸免。修改时，作者应该检查每个比喻，确保它们听起来贴切。

　　与之类似的还有老掉牙的措辞。纳博科夫将陈词滥调视为糟糕艺术（不只是写作）的罪魁祸首；而马丁·艾米斯则将他 2001 年的评论集命名为《对战陈词滥调》（*The War Against Cliché*），他称："写作本身就是对抗陈词滥调的运动。不只是笔头的陈词滥调，还有思维和心灵的陈词滥调。"

　　大部分陈词滥调很容易识别，但有些不明显却很致命。其实，我们很容易就会陷入陈腐的表达而不自知，真是丢人。人们可能会借此找乐子：大约 1946 年（这个时间对他所用的例子来说很重要），爱尔兰作家弗朗·奥布赖恩创作了这段"陈词滥调问答录"：

> 东西很少的时候，它们还会怎样？
> 相隔甚远。[1]

---

[1] 表示很少的 "few" 可组合成词组 "few and far between（相距甚远／十分少见）"。此处为打趣。——译者注

燃油不够时它们在做什么？

奔跑。[1]

它们跑得多低？[2]

低到危险。

看到建议该怎么做？

扔出去。[3]

为了多少钱你愿意把意见扔出去呢？

看值多少钱。

作家、评论家杰夫·戴尔（Geoff Dyer）很好奇，构成陈词滥调至少需要几个词："两个？若是用'寒冷（bitter cold）'和'灼热（searing heat）'，就会陈腐到极致，可要是看到'严酷（bitter）'或'冷（cold）'这两个词语分开用，没人会——请忽略我的老套三字词组——眨眼睛……"

据说，仅在英语中，每 98 分钟就会诞生一个新词。热爱词语的作家们时常为创造词语所吸引——比如莎士比亚，他引入的新单词超过 1700 个〔如 "assassination（暗杀）" "bump（冲撞）" "critic（评论家）" 和 "road（公路）"〕；约翰·弥尔顿创造了 "pandemonium（嘈杂）" 和 "自尊（self-

---

[1] 英文中燃油越来越少为 "running low"，此处答 "running（奔跑）" 为打趣。——译者注
[2] 与"到底多么缺燃油？"一语双关，"low" 可以指 "少" 或 "低矮"。——译者注
[3] 英文中提建议可用 "throw out a suggestion"，此处答 "throw out（扔出去）" 为打趣。——译者注

esteem）”；刘易斯·卡罗尔发明了“chortle（咯咯地笑）”“slithy（流畅、活跃）”“squawk（大声抱怨）”；而“diplomacy（外交）”“electioneering（竞选活动）”和“municipality（自治市）”则是由埃德蒙·伯克（Edmund Burke）创造的——但造词也比较危险，威尔·塞尔夫（Will Self）在小说中引入了几个乔伊斯式的精神错乱者造的新词，如“shivergreen”“saltsplash”“splutterance”“fitszackerly”“schlockenspiel”，让人感觉在显摆，令人分心。尽管我喜欢塞缪尔·贝克特的诗句“先舞蹈，后思考”，但仍然认为在语言中舞蹈要小心脚下。

关于标点符号（不应只局限于换气和重音等层面）有无数著作，巴尔扎克曾警告说，新手写作时“不要习惯性地用斜体、感叹号这些拐杖来支撑句子，要让句子本身能站得住。如果它们无法自我强调，那使用这些辅助设备就像是承认你的无助感”。

1943 年，诗人罗伯特·格雷夫斯和艾伦·霍奇（Alan Hodge）合著了一部名为《读者在看着你》（*The Reader over Your Shoulder*）的写作手册，书中有许多实用的建议，如“应保持标点符号的一致性，展现出文字间的联系，而不仅仅标注停顿时长”。

马丁·艾米斯擅长文学批评，他对逗号很在行。逗号是文艺复兴鼎盛时期由威尼斯印刷商阿尔多·马努奇奥（Aldo Manuzio）发明的，大约出现在 1490 年，出版希腊经典时，为了避免混淆，这位印刷商开始分隔词语和从句。"komma[1]"是希腊语"剪切"的意思。哪怕是微调都会受益无穷，艾米斯举了索尔·贝娄的故事《一桩盗窃案》（A Theft）中的一句话为例。故事中的一个人物名叫克拉拉·贝尔德（Clara Velde），贝娄写道："The mouth was very good but stretched extremely wide when she grinned, when she wept.（嘴挺好看的，但她咧嘴笑和哭泣的时候显得太宽了。）"艾米斯评："想使文学语言更具经济性的人，应该看看这句话的逗号。"

分号也容易使人上瘾。斯蒂芬·金写过他的作家同行乔伊斯·卡罗·欧茨"用了太多分号，可以收入吉尼斯标点符号纪录了"，而库尔特·冯内古特在爱荷华告诉学生们千万别用分号，自己却在自传《没有国家的人》（A Man Without a Country）中用了一个分号——这恰好"说明了一个问题……这个问题是：规则是有限的，哪怕是很好的规则"。（而我呢，我拼命设法截断杰弗里·阿切尔散文的语流，发现他给我起了绰号"semi-Cohen"[2]。）

约翰·厄普代克称段落和章节为"思维的歇脚点"，有的作家却完全无视它们——威尔·塞尔夫的《雨伞》（Umb-

---

[1] 即英文"comma"的词源。——译者注
[2] 英文中分号是 semi-colon，本书作者姓"Cohen"，此处打趣谐音。——译者注

rella）未分章节，几乎不分段，而《鲨鱼》（*Shark*）则完全不分段。还有些作家的段落无比地长，如普鲁斯特。乔纳森·弗兰岑写了一篇讨论威廉·加迪斯（William Gaddis）的论文，命名为《麻烦先生》（*Mr. Difficult*，除了"树干一样粗壮"的段落外，加迪斯还使用了自创标点符号和密集纤细的字体），他在文中承认："有天晚上，我读到了一个长达 4 页的段落，于是放下了书。"

弗朗辛·普罗斯的《像作家那样阅读》中有一段对雷克斯·斯托特的侦探小说《自己密谋》（*Plot It Yourself*）的论述，小说中侦探尼禄·沃尔夫应邀追踪一桩剽窃案，需要判断三份稿子是否出自同一人之手。他的结论基于"最明显的特征"——段落：

> 聪明人也许可以成功掩盖风格的其他所有要素，但有一种掩饰不了——分段。措辞和句法在清醒的情况下可由理性决定、把控，但段落——决定使用短距离跳跃还是长距离跳跃，决定在思想行为的中间跳跃还是结束后再跳走——是跟随直觉的，这种感觉源自个体内心深处。

我不知道这是否属实，但听起来很可信。

在《来自写作生涯的经验》（*Lessons from a Lifetime*

of Writing）中，动作兼探险作家戴维·莫雷尔〔David Morrell，兰博（Rambo）就是他创造的众多人物之一〕称自己的风格基于埃德加·爱伦·坡的两篇文章：《创作哲学》（The Philosophy of Composition）和《诗歌原理》（The Poetic Principle），二者都提倡章节要短，这样读者才能耐心地坐下来读完一章（或一个结构单元）。莫雷尔谨慎地遵循这条建议，以适应读者上厕所的时间、电视剧中的停顿、电话、邻居的突然拜访、到站。

现在寻求建议的问题来了。"天赋是在隐蔽中诞生的。"玛丽莲·梦露如是说。这是在引用歌德！马克·史洛卡（Mark Slouka）为《纽约时报》撰写了一系列关于写作的文章（"假如说作家在某个问题上达成一致——虽说可能性不太大——即，若想快速地将一部小说扼杀在摇篮里，最好的办法是在想法尚未成熟时描述给别人听。"），关于应何时请教哪些人（如果一定要请教的话），他提出了以下几点建议：（a）信任少数必要的声音；（b）尽力不要用你的不安全感折磨这些勇敢的人；（c）闭嘴好好写。这些建议中蕴含了另一条重要的真理：修改甚至在初稿完成前就开始了。[1]

---

[1] 作者如何回应出版后的评论就是另一回事了。契诃夫将职业评论家称作阻碍马匹耕地的马蝇，福楼拜则称之为"文字麻风病人"，而圣伯夫（Sainte-Beuve）则评论说"从来没人会为评论家立雕塑"。在丁尼生看来，他们就是文学秀发上的虱子；"守着糕点车的猪"，厄普代克说；问作家对评论家有何看法，就像问街灯灯柱对狗有何看法一样，约翰·奥斯本（John Osborne）说。托马斯·卡莱尔（Thomas Carlyle）的《重裁旧裳》（Sartor Resartus）遭遇了评论家的一片骂声。等他一成名，就重新发行此书——之前收获的评论均收入附录部分。

说了这么多，但大部分规则还是为了打破而存在的。
"行行好吧校长先生，别把它改得那么像英文。"美国小说
家大卫·马克森（David Markson）这样写道，他引用了伯
顿的《忧郁的解剖》，以此请求编辑不要改动自己的文字。
在《心之泣》（*cri du coeur*）中，出色的土耳其裔美国散
文家艾莉芙·巴图曼（Elif Batuman）进一步表示：

> 与其将文学视为技艺，我更乐意将它视为职业、
> 艺术、科学，或其他任何事物。技艺会试图阐释这
> 个世界、人类的状况或我们追寻的意义吗？它所做
> 的只是消极的指示："展示，别讲述"，"忍痛割爱"，
> "删除不必要的词语"。说得好像写作就是克服坏习
> 惯——删除冗词。

当然，写作不是那样。编辑尼克·霍恩比熠熠生辉的
随笔集《沐浴十年：在好书中浸泡十年》（*Ten Years in the
Tub: A Decade Soaking in Great Books*）时，我读到了这条
让我开怀大笑的建议："上过写作课的任何人、每一个人都知
道优秀写作的秘密在于削减、缩短、筛选、砍、劈、修理、修
剪，去掉每一个冗词，压缩、压缩、压缩。"他是这么开始的：

> 其实，小说及其创作并没什么功利主义可言。

我怀疑人们之所以迫切地想让小说创作听起来是勇敢的、费力气的工作，是因为这么做本身是不费气力的。痴迷于严格的要求是为了努力弥补，让写作听起来更像一份正式的工作，比如农耕或伐木。（这也就是广告工作者为何每天要工作 20 小时的原因。）写吧，年轻的作家们——享受玩笑或副词吧！尽情创作！读者不会介意！

多年的经验告诉我，作家修改的能力千差万别。有的人几乎无法提高初稿的质量；有的人不愿尝试；还有的人则将不够令人信服的作品变成了重生的第 2 稿—第 3 稿—第 6 稿。在此举一例，能目睹这次非凡的修改是我的荣幸。

1974 年理查德·霍姆斯写了雪莱（Shelley）令人敬仰的生平。之后，他没有立即创作其他内容，直到 20 世纪 80 年代早期，他仍不确定下一步该写什么。我们中学和大学都在一个学校（尽管他比我早一两年），80 年代早期我们又开始联系，讨论他可以写什么。最后定下写这样一本书，大约含 12 篇随笔，关于生命中某个关键时刻曾"出国"的 19 世纪英国作家。理查德重走了他们的旅程。最初候选写作对象有柯勒律治在德国哥廷根、赫兹列在法国巴黎、雪莱在莱里奇（位于意大利里维埃拉）、斯蒂文森在法国塞文山区、奥斯卡·王尔德在法国迪耶普，在同一写作框架内的还有济慈在罗马、拜伦在威尼斯和勃朗宁在佛罗伦萨。他打算将这本"个性版"的书命名为《浪漫旅人》（*Romantic Travelers*）。

我们都担心该书可能无法连贯地衔接在一起，因此我建议理查德减少要写的人物。他试着写了关于斯蒂文森《携驴旅行》（*Travels with a Donkey*）开场部分的草稿，但他仍想不出整体规划。

几周后，他去伦敦南岸的皇家节日音乐厅聆听创作于1830年的《幻想交响曲》（*Symphonie Fantastique*）。该曲目的副标题是"一位艺术家的生活片段，五部"，音乐讲述了想象力与天赋出众的艺术家因"无望的爱情"在"绝望的深渊"中用鸦片毒害自己的故事〔柏辽兹（Berlioz）在节目说明中这么写的〕。音乐会后，理查德沿着泰晤士河散步，他突然想到"我要想的其实就是'艺术家的生活片段'——我的"。他回去重写了斯蒂文森的部分，从第一段开始。"整夜我都听到脚步声……那年我18岁。"他后来回忆道：

> 我用了"我"这个词。实际上，无意间，我在同一段中以两种方式使用了"我"——那个年轻的、正在经历的我，以及日后回忆的我。突然间，整部书变成自传性质的了，或至少这是我第一次在写作

生涯中**用自传体的声音叙述**，同时也在为他人作传。因此这本书变成了讲述**我去过**的地方的故事，而我是在写作对象的陪伴下去的，我"踩着他们的脚步"。于是这就成了我在他们的陪伴下度过的时光，从而让整个过程变成了创作传记、开展相关研究。

第二部分将要讲述玛丽·沃斯通克拉夫特（Mary Wollstonecraft）在革命时期的巴黎闲逛，仍在酝酿中；但第三部分，关于雪莱在意大利斯培西亚湾，迅速衔接上了。因此《旅人》漫步式的描述开始发展成紧凑、近距离的个性化旅程。这种变化又引出了第四部分（内瓦尔在巴黎，而不是赫兹列在巴黎，因为 20 世纪 70 年代，理查德曾激情洋溢地花了两年时间在巴黎研究内瓦尔和戈蒂耶）。最终，第二部分成形了，部分与理查德自己的经历呼应（20 世纪 60 年代学生时代的骚动），从一定程度上也将该书变成了平衡的四重奏（又是音乐概念）。也有一部分——深受柏辽兹鼓舞——"我想写一位女人和一段情史……我的！"

几个月后理查德带着书稿回来，这一稿最终成为他的传记经典之作《脚步》（Footsteps），一部卓越的非虚构类作品（理查德嘲讽虚构与非虚构这种分类方式，称这类似于称男性为"非女性"）诞生了。他不仅找到了自己的声音，还像简·奥斯汀修改《劝导》那样进行了润色：他重新审视了自己要做的事情。

我的《简明牛津词典（1964）》将"修改（revision）"定义为"重读、检查、再次审视或思索，然后弥补错误"，但这样说就稀释了该词的力量。**重新开始，重新，重新**。最强大、最准确的说法是将"修改"视为用新眼光观看，当作一种观看所作所为和计划的新方式：重新观看（re-vision）。在《安娜·卡列尼娜》开头，托尔斯泰让堕落的斯捷潘·阿卡杰维奇·奥布龙斯基自信地宣称"Vsyo obrazvetsia"——一切都会水到渠成。他是乐观主义者，而如果极具想象力的作者想把文字改到满意为止，亦是如此。

迪娜·戈尔德斯坦（Dina Goldstein）《然后他们幸福地生活在了一起（真的吗？）》〔*And They Lived Happily Ever After（Do They?*）〕

第 12 章

终结的感觉

小说的结尾，就像孩子的晚宴派对结尾一样，一定要有蜜饯和糖果。

—— 安东尼·特罗洛普《巴彻斯特教堂尖塔》

善有善报，恶有恶报。这就是小说。

—— 《不可儿戏》中的普利斯姆小姐

（曾写过三卷本小说）

安东尼·特罗洛普和奥斯卡·王尔德都以自己典型的方式承认，人们渴望小说有一个快乐的结局——当然，我们期待任何故事的结局都皆大欢喜。维多利亚时代的人对此尤为热切：最后一章被称作"上升式结尾"，亨利·詹姆斯将其讽刺地描述成"分配奖项、津贴、丈夫、妻子、婴儿、财富、附加段落和愉快的评价"。詹姆斯开创了"开放式"结尾的先河，常常在故事或小说的对话中间切断。《大使》的结语是："'然后我们就到这儿了。'斯特瑞泽说道。"戴维·福斯特·华莱士在《系统的笤帚》（*The Broom of the System*）中给了更好的结尾，在句间戛然而止——里克·维格罗斯试图诱惑优雅的明迪·麦陶曼，说："I'm a man of my.（我是一个我这样的人。）"也许华莱士这样收尾是为了回应编辑的要求——换一个"精彩的有戏剧性的结尾"。[1]

尼采说"创作结尾"时需要花点心思——让任何一件艺术品都带着不可避免性结束。索尔·贝娄称自己缺乏"写出绝对结尾的意愿或能力"，并补充道："有时我认为自己书中的喜剧就是对这种缺乏定论的讽刺。"结尾之难，众所周知。为了给故事找到合适的结局，作家们可能会绞尽脑汁。最后几页一定要有分量吗？要是男女主人公死了会怎样？如何让松散的结尾紧凑起来？美国电影业有一个特

---

[1] 有一小部分杰出作家在句间结束了小说，比如尼古拉·果戈里〔《死魂灵》（*Dead Souls*）也许旨在设置悬念，因为小说原计划是作为三部曲的第一部〕，劳伦斯·斯特恩（《多情客游记》中有一句典型的影射："所以当我伸出手时，我抓到了女侍的——"），塞缪尔·贝克特〔《马龙之死》（*Malone Dies*）中的文字和马龙的意识流都逐渐消失于一系列片段中〕；詹姆斯·乔伊斯（《芬尼根守灵夜》）、弗拉基米尔·纳博科夫〔短篇故事《圈子》（*The Circle*）〕、托马斯·品钦〔《万有引力之虹》（*Gravity's Rainbow*）〕，和布雷特·伊斯顿·埃里斯〔Bret Easton Ellis，《吸引的规律》（*The Rules of Attraction*）〕，这四位作者都企图使结尾与开头平行。最近乔纳森·萨福兰·福尔（Jonathan Safran Foer）的《真相大白》（*Everything Is Illuminated*）结尾只有半句话，可被解读为自杀遗言。

殊的术语，用来指代向其他人物和观众解释情节的虚构人物。在好莱坞工作的老友史蒂夫·布朗告诉我这种故事讲述者叫"解释者欧文"，称之为莫里斯、杰克、山姆也很常见。在悬疑故事中，最后通常会有一位警察或私人侦探，在一间满是嫌疑人的屋子中解释作案者、作案动机和作案方式。这种表达方式也许源自意第绪剧院。

在经典之作《结尾的意义》（*The Sense of an Ending*）中，弗兰克·克蒙德审视了小说结尾的方式，这是他对史上终极思考模式综合调查的一部分。他写道："我们当然不能没有结尾；书籍最大的魅力之一是它们不得不结束。"然而，对读者来说，小说的结尾往往不够令人满意。陈词滥调、重复的语言、主线没收尾、虎头蛇尾——各种各样糟糕的结尾。在一个名为"Landless"的博客中，有一篇叫《十种最糟的小说结尾方式》的博文，上榜的结尾方式有："从此以后，他们幸福地生活在了一起。""感谢老天，这只是一场梦……是吗？""从那天起，迷雾之谜仍未被破解。"这样的结尾看起来似乎总是那么随意，那么迁就，不够真实。但克蒙德承认："小说会结束；也许可以避开太绝对化的结尾，但总要结束；这是一种假装的停止，一种'表面上的耗尽'。"然后他郑重地补充："结尾，仅当不是被动的，且为事件带来清晰的改观时，才算结尾。"

这个要求很高。乔治·艾略特几乎无法应付结尾的困境，并承认《弗洛斯河上的磨坊》结尾并不是很有效：是自找麻烦。"大部分作者都不太擅长结尾，"她补充道，"部分问题出在结尾本身的性质上，它最多只能算一种否定。"

1872 年《米德尔马契》出版，这是一部四卷本小说，那时三卷本小说更为常见。在写作时，艾略特就被要求估测全书长度，她感到"一阵战栗"。她表示该书的长度不会超过萨克雷的某些作品，"我不知道怎样才能简短地写完自己想讲的故事"。但她一直都在为此焦虑，最后一部分发表前（最初以连载形式出现）的一个月，她在给朋友的信中写道："《米德尔马契》的结尾会让人失望的，做好心理准备吧。"她随即决定，加上一篇类似于详细列举主要人物命运的"尾声"，就像电影结束时那样。[1]

"每一道界线既是开头，也是结尾。"她在开头写道。"与这些年轻人相伴甚久，别后谁不想知道他们日后的命运呢？"接着就是长达 9 页描述弗雷德·温西、玛丽·加斯、本和莱蒂·加斯、利德盖特和罗莎蒙德、多萝西娅和威尔·拉迪斯劳的详细命运。没写的一个人物是洛维克牧

---

[1] 简·奥斯汀的侄子这样写她："如果我们问起来，她会告诉我们书中人物后续生活的众多小细节。通过这种老办法，我们得知斯蒂尔小姐未能成功捕获医生的心；凯蒂·班内特令人满意地嫁给了彭伯里庄园附近的一位牧师，而玛丽最多只嫁给叔叔菲利普的一位职员，满足于在梅里顿圈子当社交明星；诺丽斯夫人给威廉·普莱斯的'一小笔财产'是一镑；伍德豪斯先生接受了女儿的婚姻，但不让她和奈特利先生定居在唐维尔，约有两年；弗兰克·丘吉尔放在简·费尔法克斯面前的、她未读的信中，有'原谅'这个词。"〔詹姆斯·爱德华·奥斯汀利（James Edward Austen-Leigh）:《回忆录》(Memoir)，1870 年〕

师卡姆登·法尔布拉泽，他未能赢取玛丽的芳心，还输了新医院的神父选举。读者感到乔治·艾略特真心同情这个人物，但也明白他后来的人生道路注定会充满失望和悲哀，对该人物的感情让她无法写出后来发生的事。

然而，这段总结了整部小说的段落，是乔治·艾略特最好的结尾之一。对此较有代表性的评价来自《纽约客》作家丽贝卡·米德（Rebecca Mead）讨论《米德尔马契》的新书，书中她评价结尾"有充分的理由成为文学史上最令人赞叹的结语"。当米德发现艾略特的初稿时，"就像发现莱昂纳多曾试图为蒙娜丽莎画的翘鼻子一样，效果很不一样"。原文写道：

> 她广泛地影响了身边的人；这世界日益增添的生机，毕竟主要取决于那些没有历史意义的行为，对你我而言，生活没那么糟糕，可能得归功于众多沉睡在无名之墓中、走过高尚一生的人们。

修改版很相似，但有重大区别：

> 她（多萝西娅）广泛地影响了身边的人；这世界日益增添的良善，部分取决于那些没有历史意义的行为，对你我而言，生活没那么糟糕，可能有一

半得归功于众多满怀信念走过平淡一生、沉睡在无名之墓中的人们。

正如米德所言，句子的乐感及其承载的意义变了。原稿中用的不是"这世界日益增添的良善"而是"这世界日益增添的生机"，立刻就没那么具体感人了。删除的词组"毕竟"有一种劝说的意味，破坏了整段文字庄重的权威性，若用"主要取决于"替代"部分取决于"、用"归功于"替代"一半得归功于"，流露的基调就会比定稿更乐观，而据米德的分析，定稿带着"难以抗拒、令人忧伤的庄重"。最后一个逗号后词序的调整，也增强了呼应感。在草稿中，走过平淡一生的人们，过的是"高尚"的生活，这个词指的是道德品质被他人认可；定稿的"满怀信念"则将重心从外在观察者的判断，转向了强调其内在信念，也让艾略特笔下走过平淡一生的人们更卑微，却更丰满。"我怎么看《米德尔马契》？"艾米丽·迪金森 1873 年在给家中同辈亲戚的信中写道，"我怎么看辉煌之作？"

艾略特最初写的是连载小说，所以没多少时间修改。倘若没有时间压力，作家可以没完没了地修修补补。在 1958 年的采访中，海明威称自己将《永别了，武器》（*A Farewell to Arms*）的结尾修改了"39 次才满意"。文学研究者的研究结果表明，他实际上写了 47 种结尾，有的坦率直言，有的表现出乐观的态度，文字长度从短句到几段不等。

　　在评论家所称的"虚无的结尾"中，海明威写的是："这个故事讲完了。凯瑟琳死了，你也会死，我也会死，这是我唯一能向你保证的。"在"婴儿生存的结尾"中，故事圆满结束："除了死亡没有结尾，出生是唯一的开端。"34号结尾是斯科特·菲茨杰拉德建议的，他提议海明威写"这个世界打垮每一个人，即使没被打垮也难逃一死……它公正地杀死最善良的人、最温和的人和最勇敢的人。倘若你不属于其中一类，那肯定也会被杀死，不过没那么快。"

　　这些思考都没写进终稿，终稿的最后一段是这样的："但等我把护士赶出去，关门，熄灯，一切却无济于事。我好像在同雕塑告别。过了一会儿，我走出去，离开医院，在雨中走回酒店。"**结束**。说离开所爱女人的尸体，如同向雕塑告别一般，听起来让人觉得难以置信。也许海明威应该接受菲茨杰拉德的建议，或选用之前某个版本的结尾。然而，他的选择避开了一种常见的诱惑：选用重大的宣言、得来不费力气的压倒性观点或折磨人心的句子，但那样可能会写过头（至少在我看来如此）。当然，这种结尾也可以用——不过很难成功。

　　朋友的建议可能好也可能坏。1861 年 6 月，查尔斯·狄更斯将最后几章送给印刷厂，此刻他认为自己给《远大前程》安排的结局很合适，写完后就去和朋友爱德华·鲍威尔里顿相聚放松一下，鲍威尔里顿是一位著名的罪案和历史小说家，狄更斯决定把终稿拿给朋友看。

这一版中，匹普听说蠢货本特利·朱穆尔已死，他心爱的艾斯黛拉不动声色地改嫁了一名乡村医生。在小说的最后三段中，匹普东行两年后归来：

> 我又回到了英格兰 —— 回到了伦敦，和小匹普一起走在皮卡迪利大街上 —— 此时一个仆人追过来，问我可否往回走一点，一位马车中的女士想同我说话。这是一辆小马车，这位女士自己在驾车；她和我无比忧伤地对视着。
>
> "我变化很大，我知道。不过，我想你也想和艾斯黛拉握握手吧，匹普。举起可爱的孩子让我吻一下！"（我猜，她以为那孩子是我的。）
>
> 之后，我为这次相遇感到庆幸；因为从她的脸、声音还有触摸中，我都确信她所遭受的痛苦不只是来自郝薇香小姐的教训，她也明白了我当年的一片真心。

这版结尾新颖独特，狄更斯很喜欢："（这个）结尾没有用这种事情老一套的发展趋势。"但鲍威尔里顿建议，别用这么令人沮丧的结尾。狄更斯不太确定，又去请教密友威尔基·柯林斯（Wilkie Collins）："鲍威尔特别担忧，觉得我应该把结尾改了……他的理由也很充分，于是我重新做了调整。整体而言，我觉得改完后更好一点。"在新版结尾中，匹普在萨迪斯宅废墟（郝薇香小姐布满蜘蛛网和灰尘的故居）与艾斯黛拉相见，最后一句话从"影子告诉我，我将不再与她分开"变成"我没看到再次与她分开的影子"。

然后，狄更斯给朋友（最后也成了他的传记作者）约翰·福斯特写信："也许你会感到惊讶，我把《远大前程》中匹普回到乔那里之后的内容改了……我加入了一小段文字，我相信修改后的故事更容易被接受。"这段更改几乎被用在了所有当代《远大前程》的版本中，在结尾中，匹普和艾斯黛拉在萨迪斯宅见面：

"我几乎没想过，"艾斯黛拉说，"会在离开这个地方时离开你。我很高兴。"

"你很高兴再次分别，艾斯黛拉？对我来说，分别是痛苦的事情。对我来说，我们上一次分别的痛苦记忆犹新。"

"但你告诉我，"艾斯黛拉认真地答道，"'上帝保佑你，上帝原谅你！'如果当时你能对我说那样的话，现在也会毫不犹豫地这么说——我现在的痛苦比其他所有教训都强烈，让我知道了你当年的一片真心。我已经屈服了，被打垮了，但——我希望——自己成了更好的人。像原来那样，体贴我，对我好吧，告诉我，我们还是朋友。"

"我们还是朋友。"我说道，当她从长凳上起身时，我站起来弯下腰。

"分开后还是朋友。"艾斯黛拉说道。

我握住她的手，一起走出了这个荒芜的地方；我最初离开这里时，晨雾升起，现在正如当年一样，暮霭升起，在弥漫的柔光中，我没看到再次与她分开的影子。

这是"萨迪斯宅结尾"，通常被认为暗示了艾斯黛拉和匹普（他往往通过否定反面表示肯定）一起走进落日，但最后一句话很含糊。尽管他们携手离去，但艾斯黛拉刚刚表示自己希望单身（"分开后还是朋友"），而几页之前匹普也告诉比迪，他还想过单身汉的生活。携手可能只是友谊而非爱情，也许我们应该将匹普最后的话理解为，他们对过去之废墟的道别已经终结，因为从情感上来说，所有苦涩或误解都消除了，无需再相见。"如果狄更斯希望匹普和艾斯黛拉从此幸福地生活在一起，"评论家鲁伯特·克里斯蒂安森（Rupert Christiansen）指出，"他可以轻易地说出来，像在《大卫·科波菲尔》《小杜丽》《荒凉山庄》中那样，多说几句。"

尽管 1862 年以后这个结尾是标准版，第一版结尾写着"影子告诉我，我将不再与她分开"，而手稿则是"我看到影子不再与她分开，合二为一"。第一版笨拙的措辞显然是暗示婚姻，而原稿更明显，暗示匹普和艾斯黛拉终身相伴。然而，狄更斯划去了这几种，改成了模棱两可的结尾。[1]他最终的选择让人想起希拉里·曼特尔《提堂》（*Bring Up the Bodies*）的结语，这是虚构托马斯·克伦威尔生活的第二部："没有结尾。如果你认为有，你就被它们的本质欺骗了。一切都是开始。"

现代小说家，尤其是人们评价较高的那些，总会避开感情用事：没有"上升式结尾"，而是偏向"渐行渐止"。塞缪尔·贝克特伟大的三部曲《莫洛伊》（*Molloy*）、《马龙之死》和《无法名状》（*The Unnamable*）是这么结束的："你必须前行。我无法前行。但我仍会前行。"这是关于写作和生活的双重描述。他最后一部散文体短篇（两千词）《冲动依旧》（*Stirrings Still*）结尾是：

---

[1]　福斯特感到最初的结尾"更具有统一性"且"更自然"，他在 1872 年传记的脚注中公开了未被采用的结尾，但也承认了新版本非常受欢迎。乔治·奥威尔写道："从心理层面上来说，在《远大前程》后半部分中，狄更斯做了一件大好事。"然而，一些 20 世纪早期作家，如萧伯纳〔1937 年用第一个结尾为限量版俱乐部（Limited Editions Club）出版了该小说〕感到最初的版本与故事的自然发展和故事的潜在基调更具有统一性。我赞同：狄更斯被出卖了。

　　诸如此类，他的脑海如此混乱直到内心深处一
无所有，只剩下越来越微弱的"哦"直到最后。无
论如何无论何处。时间、悲伤和所谓的自我。哦一
切都将结束。

　　这处结语似乎是存在主义者的呼唤，这是一种对结束
生存的渴望，更别提给小说收尾了。不管从何种意义上说，
这都是难以承受的。《冲动依旧》于 1989 年 3 月出版，贝
克特逝世于同年 12 月。

　　也许我们面对的是形而上学和信仰层面的问题。所
有的小说家都要对抗"有时限的现实的沉闷风车"，但问
题是如何做决定，就像《麦克白》中第二位女巫所说的：
"何时喧嚣结束／何时战争分胜负？"部分莎剧的结尾，或
许满足了某种重塑秩序的需求，却显得令人扫兴。我们真
的需要福丁布拉斯面对哈姆雷特的尸体滔滔不绝、需要维
罗纳亲王告诉我们罗密欧与朱丽叶之死是件伤心事、需要
《麦克白》结尾处马尔康姆的话吗？故事如何结束，受到
相应时代文化或艺术形式的塑造，也会受到读者或观众期
待的影响。我想起了一幅老漫画，一位作家闷闷不乐地坐
在打字机前，文字说明写着："哦见鬼……突然一阵猛烈
的炮火，他们都倒地而死。全剧终。"莎士比亚的许多剧
作在结尾处都有大量人物死亡，因为大部分读者都有心理

期待。如果达西告诉伊丽莎白自己不能娶她，因为他需要去找寻自我——或更糟糕，他意识到自己依然爱她，并在小说前半部分就表白，那样《傲慢与偏见》便无法成为经典之作。

简·奥斯汀在《诺桑觉寺》中承认，由于篇幅越来越短，作家不能掩饰故事即将结束。约翰·福尔斯为《法国中尉的女人》(*The French Lieutenant's Woman*)写了一个仿维多利亚式的"上升式结尾"(查尔斯和厄妮斯蒂娜快乐地生活在了一起)，我们并没上当，因为该书还剩四分之一。随后的情节是查尔斯追求莎拉，福尔斯进一步向我们暗示了两种可能的结尾——一种是快乐的，另一种则是不快乐的。他邀请我们做出选择，但偷偷暗示我们第二个更真实，因为它更具开放性，它预示着生活会继续，会走向不确定的未来，会有更多的期待。

所幸，许多小说的结尾令人满意。精彩案例有《了不起的盖茨比》、《哈克贝利·费恩历险记》、《米德尔马契》、《呼啸山庄》(我深谙世故的牧师校长总是说，它的最后一段是世界文学史上最工巧的)。这四部小说的结尾都被视为经典，的确如此。

在吐温故事的结尾，哈克贝利·费恩仍然不受约束，仍然渴望爱，他的乐观是以典型的吐温式的讽刺呈现的：

不过，我想我得继续找更远的地方，因为莎莉阿姨要领养我，要让我变文明，我受不了。我试过了。[1]。

哈克全部的道德危机感、所说的谎言以及所打破的社会惯例，都被揭露为游戏的一部分。甚至吉姆被解放了的事实，也被抹去了：生活终将以不完美、模糊的境况呈现，我们能做的就是跟随头脑和心灵，而这正是哈克打算做的。

找到合适的基调很重要，让读者为最后的欢呼做准备。《了不起的盖茨比》结尾时带着挽歌式的悲观，让人想起卡拉韦（Carraway）的话，"那些我几乎想起的事，永远难以言说"——

盖茨比信任这道绿光，信任在我们眼前终将逝去的激情未来。它曾离我们很远，不过没关系——明天我们会跑得更快，胳膊舒展得更开……在一个美丽的清晨——

我们继续着，逆流而上，不停击退潮流努力回到过去。

声音是忧伤的、怀旧的。也许《呼啸山庄》的结尾亦是如此，但还有宁静，甚至有一丝柔情，因为希斯克利夫

---

[1]　英文原文为"I been there before."本段含作者刻意为之的语法和拼写错误。——译者注

最终在教堂边缘的长草下安眠于凯瑟琳身旁：

> 在仁慈的天空下，我在他们周围徘徊：看飞蛾
> 在石楠和风铃草间扑闪，听草间微风轻盈的呼吸，
> 我不禁思索，谁会想到那平静的土地下躺着不安分
> 的沉睡者。

　　这三处结尾——还有之前引用的《米德尔马契》的结尾——都没有分发奖品、津贴或愉快的结局，每一个可能都引人发问："那**后来**呢？"也许凯瑟琳和希斯克利夫的灵魂永远在石楠中奔跑。然而，作者已经交代了主要情节，一段旅程已经完结，这让我们伤感，但还算令人满意。

　　故事的结尾也是所谓的"净化释放"，读者内心的强烈情感最后会大爆发。但故事为何一定要结束？对主人公后续发生的事情，狄更斯和福尔斯都很含糊，托尔斯泰却很确定。《战争与和平》结尾的 100 页很有名，以两部分尾声呈现，第一处详细叙述了皮埃尔和娜塔莎 7 年后的婚姻生活——很多读者宁愿没有那些多余的篇幅，他们没什么想象的余地了。

　　我们自然期待婚姻所代表的不仅仅是社会认可的亲密结合，还有更多内涵，至少在文学中是如此。弗朗辛·普罗斯说：

> 我们愿意相信存在永不消逝的爱，从一定程度
> 上是因为我们永远在混乱和连贯、幸福与心碎之间
> 摇摆，我们只能听天由命。所以我们总是倾向于站
> 在忠贞不渝的伴侣这边……[1]

许多现代小说反对忠贞不渝的伴侣，但即便如此也需要让读者的感情升温，直至沸点。什么才是让故事结尾具备"净化释放"效果的最佳途径，人们各抒己见。然而，也许到最后，我们会跟随直觉结束故事。

在萨默塞特郡巴斯城外的唐塞德修道院读高中时，我有一位叫伊尔蒂德·特里索恩（Illtyd Trethowan）的老师，他是一位本笃会修士。他在牛津时很优秀，但因患上了小儿麻痹症，左臂萎缩，课上他经常玩弄左臂，好像（在我们青少年眼中）把它当宠物猫。他对某些事物特别憎恶〔如乔治·梅里迪斯（George Meredith）的小说〕，也有其他怪癖，比如喜欢在大部分句子中夹着拖长音的"唔"。伊尔蒂德老师写了几本关于宗教哲学的书，退休时他在布朗大学任客座讲授。他教我英语和"论文概要"写作课——如果学生想考牛津或剑桥，后者为必修的特别课程，差不多能

---

[1] 安妮·普鲁（Annie Proulx）最近承认，她希望自己当初没写《断背山》（*Brokeback Mountain*），这个故事被成功地改编成了电影，但很多人给她写信抱怨不幸福的结尾。"他们自己改写故事，里面加上了杰克死后出现的各种男友和新欢等。真快把我逼疯了。"（《纽约时报》，2015 年 1 月 2 日，C2 版面。）

涵盖一切。

　　这门奇怪的科目在一间小的历史图书馆上课。那里只有一张长桌，足够 12 名学生和老师坐。伊尔蒂德会坐在桌子的一端，学生则费劲地挤在另一端。我回想起一节特别的课，有一个男生比同龄人成熟，名叫朱尔斯·康坎农（Jules Concannon），他决定赌一赌，伊尔蒂德老师在 40 分钟的课程结束之前，能否说到 100 个"唔"。学生交换了借据和其他形式的赌注，开始上课了。

　　牛津哲学家吉尔伯特·赖尔（Gilbert Ryle）的《心的概念》（*The Concept of Mind*）因其好战的人文主义成了伊尔蒂德最厌恶的著作之一，讨论该书时，一桌学生很快就听到伊尔蒂德满是"唔"的跑题讲解。他说话时，满是灰发的脑袋轻轻点着，全班同学都异乎寻常地热情专注，因为康坎农在默默地数数。时间一分一秒地过去了。伊尔蒂德老师继续说啊说。"……这就是为什么我们要思考，赖尔的叙述中有没有讨论到自己的价值观从何而来？……"此处他停下了，右手玩着左手。康坎农在座位上不安地晃动。图书馆的时钟显示，距离下课还有一分钟。康坎农面前的练习纸上，已经记到了 99。长桌上的悬念在升温，老师的思考时间似乎前所未有地拖长了。最后，伊尔蒂德老师又开始说话了："好吧，我想我最好再说一次'唔'，否则你就数不到 100 了。"

下课铃响了。

老师的敏锐。

完美的结尾。

净化释放。

毕业后，我仍会不时去伊尔蒂德修道院的小屋拜访老师，我们成了好朋友。有一次，我向他提起他曾给我们的写作建议。他告诉我们，别以为在文章的最后一定要发表重大宣言，或枯燥地重复已经说过的论点。说完想说的东西——

就停笔。

致谢

对那些从未写过书，或从未参与过书籍制作的人来说，为他们的书顺利出版而操劳的亲朋好友和专业人士多到令人吃惊。本书不长，要感激的人却很多。

《像托尔斯泰一样写故事》源于泰晤士河畔金斯顿大学的讲座，此后迅速延伸。我应布莱恩·布里瓦蒂（Brian Brivati）之邀去该校任客座教授，他是我的朋友，其作品也是由我负责编辑。很快，我就加入了梅格·詹森（Meg Jensen）领导的金斯顿大学创意写作团队，没多久她和布莱恩就成婚了：可以看出，金斯顿大学充满了爱。

本书写作之初，该校另一位老师韦斯娜·戈兹沃西就阅读了书稿并提出了重要的建议；教员负责人戴维·罗杰斯始终给予了大力支持；七年多来，优秀的学生们也反馈了许多意见。

通读原稿并提出宝贵意见的还有瓦莱丽·格罗夫（Valerie Grove），她严格地要求我使用优秀（且不无聊的）英语；三位小说家：我的意大利击剑伙伴安德烈娅·博科尼（Andrea Bocconi，她告诉我应该长话短说）、贝齐·卡特和戴夫·金（Dave King，纽约大学的写作教师）。约翰（John）和妮娜·达恩顿（Nina Darnton，两位都是小说家）以及他们曾任企鹅出版社编辑的女儿丽莎（Liza）均为重要读者，我儿子托比（Toby）和女儿玛丽（Mary）也对部分章节提出了有用的建议，不过，小儿子盖伊的命令无济于事：他让我别写这本书，并告诉我不如写小说。

还要感谢比尔·阿尔博斯（Bill Albers）、尼古拉·班内特（Nicola Bennett）、露辛达·布鲁门菲尔德（Lucinda Blumenfeld）、戴维·博达尼斯（David Bodanis）、卡特里娜·克莱（Catrine Clay）、朱利安·卡顿（Julian Cotton）、塞巴斯蒂安·福克斯、维多利亚·戈尔丁宁、乔尔·格鲁克斯曼（Joel Glucksman）、理查德·霍姆斯、弗吉尼亚·艾恩赛德（Virginia Ironside）、安内特·科巴克（Annette Kobak）、丽贝卡·米德、尼可拉斯·帕特里奇、齐娜·罗恩（Zina Rohan）、玛丽·珊蒂斯（Mary Sandys）、伊丽莎白·西夫顿（Elisabeth Sifton）、林顿·斯塔福德（Linden Stafford）、安妮·玛丽·斯托达德（Anne Marie Stoddard）、凯瑟琳·塔利斯（Catherine Talese）、罗丝·特里梅因、伊利亚·瓦希（Ilya Wachs）、塞姆·韦森（Sam Wesson）、梅丽莎·希美纳（Melissa Ximena）。

华盛顿的蒂姆·迪金森曾为我之前的书提供过帮助，本书也在他的指点下获得了极大的改善：他常常用我遗忘已久的诗歌或小说段落启发我，几乎一字不差地背给我听（我核查过了）。同时他还会找出我用错的逗号和武断的观点，与他共事总是很愉快。

在兰登书屋，我很享受和热情四射的威尔·墨菲（Will Murphy，同辈中最棒的击剑手）就修改内容展开唇枪舌剑，他总是慢慢地、稳稳地将我的船引入港口。他的助理春日美嘉（Mika Kasuga）阻止我跑题，还有苏珊·卡米尔（Susan Kamil）、汤姆·佩里（Tom Perry）和吉娜·森特罗（Gina Centrello）都站在海角呐喊助威，这些都是早期的支持者。伊万·卡姆菲尔德（Evan Camfield）带着他一贯的冷静权威监督本书的制作，设计师达娜·李·布兰切特（Dana Leigh Blanchette）充满想象力，阿奇·弗格森（Archie Ferguson）制作了精美的护封，马丁·施耐德（Martin Schneider）是最敬业、最富学识的文字编辑：我觉得自己很幸运。

罗宾斯工作室绝对给人以非凡的体验。戴维·哈尔普恩（David Halpern）始终给予我帮助，蕾切尔·博格斯坦恩（Rachelle Bergstein）不知道阅读点评了多少个版本的书稿，我只知道，她每每评阅后都会提出新见解。简妮特·大城（Janet Oshiro）让我的工作更轻松。而这家代理公司的领导者凯西·罗宾斯，不仅承担着妻子的繁重职责，还阅读、重读了无数遍不同版本的修改稿（几乎达到了索菲娅·托尔斯泰的工作量）；在本书制作过程中，她劝告、哄骗、吓唬、取悦、鼓舞了每一个人，让我在需要改进之处重获生机，也为精彩片段锦上添花。可以说，她要是和托尔斯泰合作，一定是所向披靡的二人组。

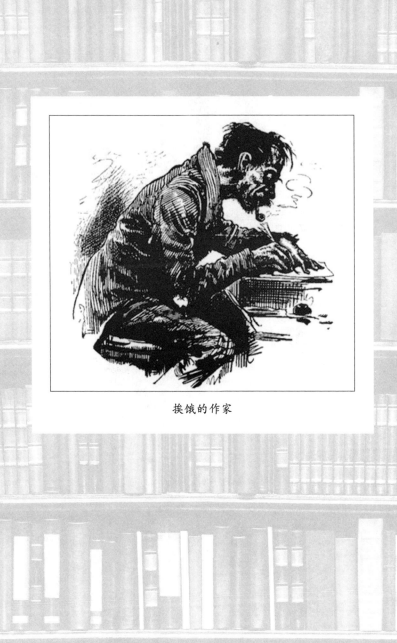
挨饿的作家

没什么可写了，我高兴死了，早知道写书那么麻烦，我就不写了。

——马克·吐温《哈克贝利·费恩历险记》

注释

引言

第 1 页 **"我终于成了作家"**：*The Paris Review,* Summer 2006, p. 127.

第 1 页 **"写小说有三条原则"**：William Somerset Maugham, quoted in *The Week* (U.K. edition), December 14, 2013.

第 1 页 **"在洛杉矶的一场跨年晚宴上"**：See Mark Singer, "Secrets of the Magus," *The New Yorker,* April 5, 1993, p. 54. 辛格引用戴维·马梅特（David Mamet）对自己好友、长期合作者的评价："他明白有所作为和不作为的区别。魔术师执行一项任务，幻觉就在观众脑海中产生了。这就是表演的作用。"当然，这不仅仅是表演或变戏法。

第 3 页 **"它们是这句话的首字母"**：Leo Tolstoy, *Anna Karenina,* Part Ⅳ, Ch. 13. 该书译本约有十四种（仅 2014 年就出了两种），不同译本各有所长。此处我结合了几种。

第 8 页 **"有写作病的酒鬼"**：贝汉 1964 年死于酒精中毒。

第 8 页 **"现在，所有想当作家的人举手"**：贝汉的英国出版商为哈钦森，这个故事就是他哈钦森出版社的编辑告诉我的，不过不能确保百分之百真实。小说家保罗·斯科特的版本更简洁："有个故事——你听过吗？一个文人应邀开办创意写作讲座。在教员陪伴下愉快地走完准备流程后，他问台下有多少人想成为作家，差不多每个人都举手了。'那你们还坐在这儿干吗？'他问道，'赶紧回家写啊。'" Paul Scott, *On Writing and the Novel* (New York: Morrow, 1987), p. 171. 我更偏爱我自己的版本。

第 8 页　"难道谁听说过": Interview with Steven R. Centola, *Conversations with Ann Beattie,* ed. Dawn Trouard (Jackson: University Press of Mississippi, 2006), p. 75.

第 8 页　"她认为老师不能将": Cf. a similar argument in Flannery O'Connor, *Mystery and Manners* (New York: Farrar, Straus and Giroux, 1985), p. 83.

第 9 页　"优秀的教学，辅以对写作的挚爱": John Gardner, *The Art of Fiction: Notes on Craft for Young Writers* (New York: Vintage, 1985), p. ix.

第 9 页　"写作难道不是件苦差事吗？": *The Letters of Ernest Hemingway: 1923–1925,* ed. Sandra Spanier, Albert J. DeFazio Ⅲ, and Robert W. Trogdon (Cambridge: Cambridge University Press, 2014).

第 9 页　"奶牛在用火枪": D. J. Taylor, *Orwell* (London: Chatto, 2003), pp. 91–92. See also Peter Stansky and William Abrahams, *The Unknown Orwell* (New York: Knopf, 1972), pp. 222–223, and Michael Shelden, *Orwell: The Authorized Biography* (New York: Harper, 1991), p. 119.

第 13 页　"删，删！从第二页开始": Chekhov, quoted in Janet Malcolm, *Reading Chekhov: A Critical Journey* (New York: Random House, 2002), p.172.

第 14 页　"在创作期间不能阅读他人作品": Francine Prose, *Reading Like a Writer: A Guide for People Who Love Books and for Those Who Want to Write Them* (New York: Harper, 2006), p. 9.

第 1 章　抓住、邀请、诱导：关于开头

第 17 页　"我们讨论到哪儿了呢？": Theresa Rebeck, *Seminar* (London: French,

2012).

第 17 页 "年轻人脸上面露难色": P. G. Wodehouse, *The Luck of the Bodkins* (London: Herbert Jenkins, 1925), p. 7.

第 18 页 "我喜欢截止日期": M. J. Simpson, *Hitchhiker: A Biography of Douglas Adams* (London: Justin, Charles, 2003), p. 236.

第 18 页 "格特鲁德·斯泰因喜欢在写作间歇看奶牛": Mason Currey, *Daily Rituals: How Great Minds Make Time, Find Inspiration, and Get to Work* (New York: Knopf, 2013), pp. 250, 120, and 9.

第 18 页 "小说是一项漫长的工作": Iris Murdoch, interviewed by Jeffrey Meyers, "The Art of Fiction," *The Paris Review*, No. 117, Summer 1990.

第 18 页 "但所选文章必须和写作主题无关": George Steiner, "The Art of Criticism No. 2," *The Paris Review*, No. 137, Winter 1995.

第 19 页 "完美的假条": http://www.theparisreview.org/interviews/2718/the-artoffiction-no-94-e-l-doctorow.

第 20 页 "然后老园丁用红手帕擤了下鼻子": Robert Graves, *Goodbye to All That* (London: Cape, 1929), p. 18.

第 20 页 "许多书在开篇时，作者都会营造井然有序的氛围": Michael Ondaatje, *The English Patient* (New York: Vintage, 1983), p. 93.

第 21 页 "另一位《圣经》学者": Frank D. McConnell, *The Bible and the Narrative Tradition* (New York: Oxford University Press, 1986), p. 4.

第 22 页 "讲故事的首要原则": P. G. Wodehouse, *Laughing Gas* (London: Herbert Jenkins, 1936), pp. 7–9.

第 22 页 "有这么一则逸闻": Agatha Christie, *The Murder on the Links* (London: Bodley Head, 1923), p. 5. 克里斯蒂也许改编的是罗伯特·本奇利开场："'该死'，公爵夫人对国王说，'把你的手从我腿上拿开。'"然而，在《小说写作》中，伊迪斯·华顿提到："据说一位伊顿男生写校刊小说时用公爵夫人边说'该死'边点燃雪茄开篇，若是在公爵夫人不常吸烟或骂人的年代，后文依然如此继续，叙事无疑会显得苍白无力。"华顿和克里斯蒂均于 1923 年使用该词，多萝西·塞耶斯的第一部小说《谁的尸体？》(*Whose Body?*) 也于同年发行，书中彼得·温西公爵上来第一句话就是："哦该死。"难道纯属巧合？

第 23 页　**"差点滚下床"**: Gabriel Garcia Márquez, *The Paris Review*, No. 82, Winter 1981.

第 24 页　**"黑尔便明白了他们打算谋杀他"**: Graham Greene, *Brighton Rock* (Harmondsworth: Penguin, 1938, reprinted 1963). 美国版用词一样，但词序略有不同。

第 26 页　**"托马斯·曼的第一部小说《布登勃洛克一家》(*Buddenbrooks*) 是这样开场的"**: Thomas Mann, *Buddenbrooks*, trans. H. T. Lowe-Porter (Harmondsworth: Penguin, 1957), pp. 67, 159. 不同译本开场有所差别。

第 27 页　**"如果有人像作家那样闯到你跟前"**: "Up Front," *The New York Times Book Review*, January 29, 2006, p. 4.

第 27 页　**"吸引人的叙事"**: Robert Heinlein, Introduction, *Double Star* (New York: Del Rey, 1970), p. x.

第 28 页　**"一种权威感"**: Francine Prose, *Reading Like a Writer*, p. 17.

第 30 页　**"除了二十英里开外的马拉巴岩洞外"**: 特里·伊格尔顿在《怎样读文学》中对《印度之行》开头进行了详细讨论。(Yale University Press, 2013, pp. 8–15.)

第 32 页　**"如果需要事先把一种苦差事的所有麻烦问题都想清楚"**: Thomas Mann, *A Sketch of My Life* (Paris: Harrison, 1930), p. 48.

第 32 页　**"像任何图景一样"**: Paul Scott, *On Writing and the Novel*, pp.82–83.

第 34 页　**"从地点开始"**: *The New York Times*, August 4, 2010, p.B18.

第 35 页　**"19 世纪德国哲学家"**: Friedrich Schlegel, fragment No. 206 from *Athenaeum Fragments* (1798), trans. Peter Firchow. "片段，像微型艺术品一般，应被独立于其环境之外，本身具有完整性，像豪猪一样。"

第 41 页 **"但叙述声音"**: Mohsin Hamid, *The New York Times Book Review*, September 29, 2013, p. 35. 纳博科夫在一次环美公路旅行中写下初稿，他是夜晚坐在汽车后座写的——这是唯一没有噪声和风的地方。

第 42 页 **"在那彻底疯癫的裸露癖中"**: Francine Prose, *Reading Like a Writer*, p.100.

第 42 页 **"第一段是一大难事"**: Gabriel Garcia Márquez, *The Paris Review*, Winter 1981.

第 42 页 **"首句难"**: Joan Didion, *The Paris Review*, No. 74, Fall-Winter 1978. 在一篇网络文章（www.dailywritingtips.com/20-great-openinglines-toinspire-the-start-of-your-story/）中，评论家马克·尼科尔（Mark Nichol）列出了 20 种可能的开头方式：荒唐，尖刻，冷酷，深信不疑，愤世嫉俗，令人困惑，神秘，警句，阐释，预兆，坚毅，吸引，流浪冒险，精辟，诗意，序言，浪漫，讽刺，尖酸，意想不到。然而，这些类型描述的都是声音基调——讽刺、坚信、尖刻，而非常用写作手法。

第 43 页 **"写作'就像谈恋爱……'"**: Mavis Gallant, "Talk of the Town," *The New Yorker*, March 3, 2014, p. 27.

第 2 章 环形废墟：创造人物

第 45 页 **"范妮·普莱斯眼睛的颜色"**: Vladimir Nabokov, "Good Readers and Good Writers" (1948), in *Lectures on Literature: British, French, and German Writers,* ed. Fredson Bowers (New York: Harcourt Brace Jovanovich, 1980).

第 45 页 **"我为那些不得不提及……"**: Julian Barnes, *Flaubert's Parrot* (London: Cape, 1984).

第 46 页 **"忍无可忍！"**: *Turgenev's Letters,* ed. A. V. Knowles (New York: Scribner, 1983).

第 46 页 **"小说兴起于古典时代晚期"**：See Michael Wood, "Report from theInterior," *The London Review of Books,* January 9, 2014, p. 29.

第 48 页 **"她的体型不是纤细"**：Henry Fielding, *Tom Jones* (New York: Barnes and Noble, 2004), p. 137.

第 49 页 **"非常英俊的年轻人"**：Fyodor Dostoyevsky, *Crime and Punishment,* trans. David Magarshack (London: Penguin, 1967), p. 20.

第 49 页 **"大卫·洛奇认为"**：David Lodge, *The Art of Fiction,* pp. 182–183. 大卫·洛奇在小说《干得漂亮》（*Nice Work*，1988）中创造了一个名为罗宾·彭罗斯（Robyn Penrose）的学究，他坚持认为"人物"是资产阶级谬论，是为了巩固资本主义意识形态而创造的幻象。

第 49 页 **"在他身上，我们大部分人都能看到"**：David Lodge, *The Independent,* March 3, 2005.《尤利西斯》最初是作为《都柏林人》中的延伸故事构思创作的，也许听到这里你会有些诧异；不过更令人惊讶的还在后面，随后的《芬尼根守灵夜》最初是作为《尤利西斯》的第 19 章节构思创作的。

第 49 页 **"现实生活中的人，即便能引发"**：Marcel Proust, *Remembrance of Things Past: Swann's Way,* Part 1 (London: Chatto, 1966), pp. 112–113.

第 50 页 **"即使论及此类具体的行为"**：This list comes from Jacques Bonnet, *Phantoms of the Bookshelves* (London: MacLehose Press, 2010), p. 84.

第 50 页 **"精心安排的小说"**：D. H. Lawrence, *Lady Chatterley's Lover* (London: Penguin, 2010), p. 146.

第 50 页 **"在后来两封给朋友的信中"**：*Turgenev's Letters,* ed. A. V. Knowles. See also Isaiah Berlin, "The Gentle Genius," *The New York Review of Books,* October 27, 1983.

第 51 页 **"到了圣彼得堡，火车停下后"**：For this perception I am grateful to Peter Mendelsund, *What We See When We Read* (New York: Vintage, 2014), p. 36.

第 52 页 **"你们是否记得"**：See Tatyana Tolstoy, *Tolstoy Remembered,* trans.

Derek Coltman (New York: McGraw Hill, 1977), p. 276.

第 52 页　**"文学界最伟大的操纵大师之一"**: Janet Malcolm, "Dreams and Anna Karenina," *The New York Review of Books,* June 25, 2015.

第 53 页　**"纳博科夫称，所有伟大的小说"**: See Azar Nafisi, *Reading Lolita in Tehran* (New York: Random House, 2003), p. 241.

第 53 页　**"童话没有心理描写"**: Philip Pullman, *Fairy Tales from the Brothers Grimm: A New English Version* (New York: Viking, 2012).

第 53 页　**"卡夫卡的人物往往"**: Franz Kafka, *The Castle,* introduction by Max Brod, p. xiii.

第 54 页　**"'英俊''讨人喜欢'"**：马丁·艾米斯在一篇文章中敏锐地指出了这一点。"她营造氛围和存在感，创造人物时，她用特别的个人风格来留出想象空间。"Martin Amis, *The War Against Cliché: Essays and Reviews, 1971–2000* (New York: Vintage, 2002), pp. 436–437.

第 54 页　**"V. S. 普里切特凭借身体部位来传递情绪"**: See Martin Amis, "In Praise of Pritchett," *The London Review of Books*, May 22, 1980. 本书中两例均参考该文。普里切特不久于人世前，我与他签约为契诃夫写传记。我问他，是否从契诃夫那里学到些什么？一时间，他在谦虚和坦诚之间挣扎，然后说道："不，我觉得没有。"

第 55 页　**"我要为我的小仙女找一个纤细的名字"**: Vladimir Nabokov, *The Playboy Interview,* ed. G. B. Golson (New York: Playboy Press, 1981), p. 66.

第 56 页　**"巴尔扎克认为编造的名字……"**: See Mary F. Sandars, *Honoré de Balzac: His Life and Writings* (New York: Dodd, Mead, 1905), p. 21.

第 57 页　**"很棒的虚构人物名"**: Allan Gurganus, "The Man Who Loved Cemeteries," *The New York Times,* October 31, 2013, p. A29.

第 57 页　**"美国作家希尔玛·沃利特承认"**: From a lecture Wolitzer gave to the Society Library, New York, December 2011.

第 58 页　**"你必须考虑这些名字"**: See also various websites about the naming

"这样吧——让我们把故事理清楚，
让人物引起共鸣、活灵活现。"

of characters, especially an essay "What's in a Name?" by Jan Fields, and an article by Brian A. Klems "The 7 Rules of Picking Names for Fictional Characters".

第 61 页　　**"迪芙谢恩":** See Robert Payne, *Dostoyevsky: A Human Portrait* (New York: Knopf, 1958), p. 197.

第 63 页　　**"没有任何人物描述":** *Editor to Author: The Letters of Maxwell E. Perkins,* ed. John Hall Wheelock (New York: Scribner, 1987), pp. 205–206. 刚阅读完《了不起的盖茨比》初稿后，珀金斯致信斯科特·菲茨杰拉德，信中写道："要是在街上遇见汤姆·布坎农，我能认出他来，也会躲着他。"

第 63 页　　**"他所创作的特写镜头是有意义的":** Robert Payne, *Dostoyevsky: A Human Portrait*, p. 196.

第 63 页　**"她总是侧着站"**: See Sol Stein, *Stein on Writing: A Master Editor of Some of the Most Successful Writers of Our Century Shares His Craft Techniques and Strategies* (New York: St. Martin's Press, 1995).

第 63 页　**"两个黛西的鲜明对比"**: See Daniel Mendelsohn, "Do Critics Make Good Novelists?" *The New York Times Book Review,* May 11, 2014, p. 39. 门德尔松文中的对比引自英国社会学家约翰·汤普森（John Thompson）。

第 64 页　**"以令人信服的方式惊到读者"**: E. M. Forster, *Aspects of the Novel* (London: Penguin Classics, 2005), p. 78.

第 64 页　**"难到令人心碎"**: Quoted in Richard Poirier, "How Far Shall I Take This Character?" *London Review of Books,* November 2, 2000, p. 5, in a review of James Atlas's *Bellow: A Biography.*

第 65 页　**"想出一个特定的场景"**: Iris Murdoch, *The Paris Review,* No. 115, Summer 1990.

第 66 页　**"也许刚开始你只了解自己笔下人物的外在"**: Anne Lamott, *Bird by Bird: Some Instructions on Writing and Life* (New York: Anchor, 1995), pp. 45–46.

第 66 页　**"人物内心世界的褶皱"**: Joe Wright, director of a recent film version of *Anna Karenina;* see also Terrence Rafferty, "Degrees of Fidelity to Tolstoy's Heroine," *The New York Times,* Arts and Leisure section, p. 23.

第 66 页　**"装扮得像"**: See Alberto Manguel, *A History of Reading* (London: Flamingo, 1997), p. 17.

第 67 页　**"精确到根本无法实现"**: 同上。

第 68 页　**"用她精明的散文手法禁锢他们"**: See James Wood, "Perfuming the Money Issue," *London Review of Books,* October 11, 2012, p. 3.

第 70 页　**"一个我原以为只是在书页上一笔带过的人物"**: See the contribution by "Pepper", June 23, 2009, at absolutewrite.com/forums/showthread.php?146007-the-maor-ness-of-minor-characters.

第 70 页　　**"我的人物告诉我"**：Harold Pinter, *The Sunday Times* (London), 1962.

第 70 页　　**"《归位》在我看来好像"**：Interview with Larry McCaffery and Sinda Gregory, 1982, *Conversations with Ann Beattie*, ed. Dawn Trouard, p. 48.

第 71 页　　**"醒来后意识到他会做什么"**：P. D. James in conversation with Peter Kemp at the 2012 Cheltenham Festival of Literature.

第 71 页　　**"我的良心"**：*Autobiography of Mark Twain*, ed. Harriet Elinor Smith, Vol. 1 (Berkeley: University of California Press, 2011), pp. 157–158.

第 72 页　　**"钻进一个人的灵魂"**："The Overcoat," *The Complete Tales of Nikolai Gogol, V*ol. 2, ed. Leonard J. Kent, trans. Constance Garnett (Chicago: University of Chicago Press, 1985), p. 320.

第 72 页　　**"在她所有"**：See John Walter Cross, *George Eliot's Life as Related in Her Letters and Journals* (New York: Biblio Bazaar, 2008).

第 72 页　　**"他写道"**：Thomas Mann, *A Sketch of My Life*, pp. 44, 46.

第 73 页　　**"所说的写作状态"**：Frederick R. Karl, *William Faulkner: American Writer* (New York: Weidenfeld, 1988), p. 318.

第 73 页　　**"创意思维所到之处"**：See Janet Malcolm, *Psychoanalysis: The Impossible Profession* (London: Vintage, 1982), p. 17.

第 73 页　　**"不进行任何篡改和矫饰，记下想到的一切"**：See Wikipedia entry for "free association".

第 74 页　　**"一件事是否会发生无关紧要"**：Entry for January 2, 1886.

第 74 页　　**"艾略特接收端的读者"**：New York Public Library seminar on George Eliot, November 2014.

第 74 页　　**"把拇指伸进锅里"**：D. H. Lawrence, *Study of Thomas Hardy and Other Essays,* ed. Bruce Steele (Cambridge: Cambridge University Press, 1985), quoted in Terry Eagleton, *How to Read Literature,* p. 100.

第 75 页　　**"E. M. 福斯特说他的主要人物"**：Vladimir Nabokov, *The Paris Review,* No. 41, Summer-Fall 1967.

第 76 页　　**"人物就失去了生命力"**：Jonathan Franzen, *Farther Away* (New York:

Farrar, Straus and Giroux, 2012), pp. 125–127. 在 2009 年 10 月的切尔滕纳姆文学节上，我聆听了杰夫·戴尔（Geoff Dyer）的讲座并记下了他的评论："我不喜欢故事被迫向前推进，超越人物力所能及的速度……"

第 77 页 **"这是与扮演上帝最接近的事情"**: See Sarah Lyall, "Three Beginnings, Reverse Chronology and a Novel That Starts Over in Every Chapter: What Will Kate Atkinson Think of Next?" *The New York Times Magazine,* March 24, 2013, p. 25.

第 77 页 **"作家总是说自己被笔下的人物惊到了"**: *The New York Times Style Magazine,* November 16, 2014, p. 138.

第 78 页 **"是一个过程，一种演变"**: See Rebecca Mead, *My Life in Middlemarch* (New York: Crown, 2014), p. 139.

第 79 页 **"我对写虚构人物的兴趣越来越淡"**: See James Wood, "True Lives," *The New Yorker,* June 25, 2012, p. 66.

第 80 页 **"对大部分作家而言"**: This point is well made by Zoë Heller, "Write What You Know," *The New York Times Book Review,* March 30, 2014, p. 31.

第 80 页 **"人们往往会低估我的想象力"**: Vladimir Nabokov, *The Playboy Interview,* p. 65.

第 80 页 **"小说不是一部隐秘的自传"**: *Conversations with John Cheever* (Jackson: University Press of Mississippi, 1988), p. ix.

第 80 页 **"事实和虚构，虚构和事实"**: Gail Godwin and Rob Neufeld, *The Making of a Writer: Journals 1961–1963* (New York: Random House, 2007), p. 236.

第 80 页 **"将人格化误为坦白"**: Philip Roth, *The Counterlife* (New York: Vintage, 1996); see also Philip Roth, *Reading Myself and Others,* and Martin Amis, *The War Against Cliché,* p. 288.

第 81 页 **"若将作者笔下人物的话语和想法等同于作者本人的话语和想法"**: Philip Roth, "My Life as a Writer," *The New York Times Book*

Review, March 16, 2014, p. 16.

第 3 章　失窃的文字：三种剽窃形式

第 83 页　**"抄吧，抄吧，抄吧！"**: Tom Lehrer, "Lobachevsky," from *Songs by Tom Lehrer,* 1953. 莱勒本人是大数学家，他唱了俄罗斯数学家是怎样影响他的：这首歌"不是为了贬损（罗巴切夫斯基）的性格"，选这个名字"纯属为了押韵"。

第 83 页　**"不是所有模仿都应被斥为剽窃"**: Samuel Johnson, "The Criterions of Plagiarism," *The Rambler,* Vol. 3, 1751, pp. 24–31.

第 84 页　**"仅凭记忆"**: See *The Library of Alexandria,* p. 38.

第 84 页　**"除图书馆馆长阿里斯托芬外"**: See John Burrow, *A History of Histories* (New York: Knopf, 2008), p. 158.

第 85 页　**"莎士比亚的故事讲得很棒"**: Bill Bryson, *Shakespeare: The World as Stage* (New York: Harper, 2007).

第 85 页　**"窃取整段文字"**: See Haydn Williams, "Illicit Shortcuts," *The Author,* Spring 2009, p. 11.

第 85 页　**"斯特恩的作品"**: Oliver Goldsmith, *The Vicar of Wakefield: A Tale,* Vol. 5, p. xviii.

第 87 页　**"我所有小说都是这样写的"**: Letter to Auguste Dumont, March 16, 1877, in *Émile Zola: Correspondence,* ed. B. H. Bakker, (Montreal: Montreal University Press, 1980), ii, pp. 548–549. See also Mario Vargas Llosa, *Aunt Julia and the Scriptwriter* (New York: Farrar, Straus and Giroux, 1982), p. 3, where the main character's actual job is to plagiarize.

第 87 页　**"这是诗人们一直在做的事"**: http://dash.hardvard.edu/handle/1/4000221.

第 88 页　**"天哪，'剽窃'闹剧是多么莫名其妙"**: Mark Twain, letter to Helen Keller, March 17, 1903, *Mark Twain's Letters,* Vol. 1 (1917), ed.

Albert Bigelow Paine (New York), p. 731.

第 88 页 **"最可靠的检验方法"**：T. S. Eliot, *The Sacred Wood* (New York: Knopf, 1921). 艾略特表示，《荒原》附录注释是为了"堵评论家的嘴，他们之前说我的诗歌剽窃"。*On Poetry and Poets* (London: Faber, 1957), p. 109.

第 90 页 **"将自己的名字署在他人原创的语言上"**：Letter to the Editor from Richard C. Doenges, *The New York Times,* August 10, 2010.

第 90 页 **"违背餐桌礼仪"**：The words of a copyright expert at Columbia University, quoted in Lizzie Widdicombe, "The Plagiarist's Tale," *The New Yorker,* February 13, 2012.

第 91 页 **"在英国，法律专业的学生"**：See Charles McGrath, "Plagiarism: Everybody in the Pool," *The New York Times Book Review,* January 7, 2007, p. 33; and Gary Slapper, "Cheating? No, It's All Our Own Work . . . ," *The Times* (London), October 15, 2009, p. 9.

第 91 页 **"正如法官理查德·波斯纳"**：Richard Posner, *The Little Book of Plagiarism* (New York: Pantheon, 2007), p. 36.

第 93 页 **"大量证据表明，作家"**：Bruce McCall, "The Dog Wrote It," *The New York Times Book Review,* November 14, 1999, p. 43.

第 94 页 **"但古德温始终没有承认"**：See Jon Wiener, *Historians in Trouble* (New York: The New Press, 2005), pp. 182–195.

第 94 页 **"我感到获得了辩护"**：See Bo Crader, "Lynne McTaggart on Doris Kearns Goodwin," weeklystandard.com, January 23, 2002.

第 94 页 **"但丁会把剽窃者送到哪儿去呢"**：Sandra Beasley, "Nice Poem; I'll Take It," *The New York Times Book Review,* April 28, 2013, p. 31.

第 96 页 **"奇怪的是，我们大部分"**：See "Novelists Speak Out in Defense of Colleague," *The New York Times,* December 7, 2006, C1.

第 97 页 **"他写道"**：See Charles McGrath, "Plagiarism," p. 33. 20 世纪 20 年代 *Punch* 某一期中刊登了编辑欧文·西曼爵士（Sir Owen Seaman）的一首小诗——转引自 H. M. 波尔（H. M. Paull）《文学道德》

"你明白吗？你先像雕塑那样站着一动不动，
然后迅速行动，接着再像雕塑那样一动不动，
完全是从我这儿偷师的。"

〔（*Literary Ethics*）Thornton Butterworth，1928〕，第 126 页："如
今已没什么新鲜 / 诗人不必为负债而红着脸 / 致曾经捷足先登的
先贤，/ 只要说法领先一步，/ 形式而已；致已故的诗人 / 感谢天
堂中的前辈 / 不因所言之物 / 而因巧妙的表述。"

第 98 页　**"我坐在家里"**：Malcolm Gladwell, "Something Borrowed: Should
a Charge of Plagiarism Ruin Your Life?" *The New Yorker,* November
22, 2004.

第 99 页　**"在写全新的东西"**：The phrase is critic and poet Peter Schjeldahl's.
Janet Malcolm deploys it in *Forty-One False Starts: Essays on
Artists and Writers* (New York: Farrar, Straus and Giroux, 2014), pp.
9–11.

第 100 页　"**第一次应用于接近现代意义的**": See Richard Posner, *The Little Book of Plagiarism,* p. 50.

第 100 页　"**写作就是一种盗窃行为**": See *The Week* (U.K. edition), June 1, 2013, p. 8.

第 100 页　"**在此类作品中**": Alexander Stille, "The Body under the Rug," *The New York Times,* February 10, 2013, p. 8.

第 101 页　"**概括了一家人**": See Michael Holroyd, introduction to *A Dog's Life* (London: Cape, 2014).

第 102 页　"**萨尔曼·拉什迪并未否认**": See Zoë Heller, "The Salman Rushdie Case," *The New York Review of Books,* December 20, 2012, p. 8.

第 103 页　"**作家好比一头狼**": Roger Rosenblatt, "The Writer in the Family," *The New York Times Book Review,* May 13, 2012, p. 43.

第 104 页　"**认出一大部分自己婚后没多久就神秘失踪的旧日记**": See Thomas Mallon, *Stolen Words,* p. 126.

第 104 页　"**我对您犯下了重罪**": *Letters of Thomas Mann, 1889–1955,* introduction by Richard Winston (Berkeley: University of California Press, 1990), p. 4.

第 105 页　"**年轻的时候**": Peter Carey, *The Paris Review,* pp. 134, 144.

第 105 页　"**小说家毁坏自己生活的房子**": Milan Kundera in *Art of the Novel* (New York: Harper, 2003) used as the epigraph to Hilary Spurling, *Paul Scott: A Life of the Author of the Raj Quartet* (New York: Norton, 1991).

第 105 页　"**肮脏的事情**": See Adam Begley, *Updike* (New York: Harper, 2014), pp. 6–9.

第 106 页　"**挪威作家**": See "Completely Without Dignity: An Interview with Karl Ove Knausgaard," *The Paris Review,* December 26, 2013.

第 4 章　其中的奥秘：视角

第 109 页　"**记住，写作就是翻译**": E. B. White quoted in Michael Sims, "Some

Book," *The New York Times Book Review,* April 22, 2012, p. 27.

第 109 页　**"你是谁?"**: Laurence Sterne, *Tristram Shandy,* vii, 33.

第 111 页　**"这种方法的难点之一是"**: See Diane Johnson, "At the Slumber Party," *The New York Review of Books,* November 8, 2012, p. 32.

第 112 页　**"《安娜·卡列尼娜》尤其明显"**: For a fuller discussion of the episode, see Janet Malcolm, "Dreams and Anna Karenina," *The New York Review of Books,* June 25, 2015, p.12.

第 113 页　**"这些文件是如何依次出现……"**: Susan Rieger, *The Divorce Papers* (New York: Crown, 2014).

第 113 页　**"你选用的叙述方式完全正确"**: See *Editor to Author: The Letters of Maxwell E. Perkins,* p. 38, letter of November 20, 1924. *The Great Gatsby* was published the following September.

第 114 页　**"故事由第三方讲述"**: Joan Didion, "The Art of Nonfiction No. 1," *The Paris Review,* No. 176, Spring 2006, p. 66.

第 116 页　**"撒谎的第一人称叙述者"**: Peter Carey, *The Paris Review,* p. 131.

第 116 页　**"在一篇论文中"**: Salman Rushdie, " 'Errata': Or, Unreliable Narration in *Midnight's Children,*" *Imaginary Homelands: Essays and Criticism, 1981–1991* (London: Granta, 1992), pp. 22–24.

第 117 页　**"你需要找出"**: *Conversations with Ann Beattie,* p. 83.

第 118 页　**"我在写的这本书"**: Quoted by Elif Batuman, "Get a Real Degree," *London Review of Books,* September 23, 2010.

第 120 页　**"第一人称开头总是更"**: Norman Mailer, "First Person Versus Third Person," *The Spooky Art: Thoughts on Writing* (New York: Random House, 2003), pp. 32–37.

第 123 页　**"换成第一人称叙述"**: 对罗斯·特里梅因来说,人物刻画同时要引发读者的认同感和惊奇感。"用不同角度"讲述读者已知信息是历史小说家的职责,需让读者认为:"我以为我了解那个年代,不过这我还真不知道。"她随后补充了自己多年前学到的经验——所有小说都应该有一条希望与恐惧的轴线。

第 124 页 **"在自始至终保持第一人称叙述的《大使》序言中"**: Henry James, *The Art of the Novel* (New York: Scribner, 1937), p. 321.

第 126 页 **"我发觉自己渐渐"**: See Marc Chénetier, "An Interview with Steven Millhauser," *Transatlantica,* October 1, 2003, available at transatlantica.revues.org/562.

第 129 页 **"此处的第三人称看似中性"**: See Michael Wood, "Report from the Interior," *London Review of Books,* January 9, 2014, p. 29.

第 129 页 **"不仅是在小说中"**: See David Nokes, *Samuel Johnson: A Life* (London: Faber, 2012).

第 129 页 **"在威廉·福克纳的《喧哗与骚动》中"**: See Frederick R. Karl, *William Faulkner: American Writer,* p. 533.

第 130 页 **"福克纳聚焦于"**: See the Wikipedia entry on the novel—an excellent précis.

第 131 页 **"威廉·斯凯德尔斯基在书评中论述"**: See William Skidelsky, "*In a Strange Room* by Damon Galgut," *The Observer,* July 24, 2010.

第 132 页 **"书信体让持续发生的过程……"**: The material on Richardson is based on David Lodge, *The Art of Fiction,* p. 22.

第 132 页 **"出现了'它一叙述'类型"**: See Elif Batuman, "Get a Real Degree".

第 134 页 **"贝克特的一位叙述者"**: Marc Chénetier, "An Interview with Steven Millhauser".

第 134 页 **"其中一位"**: Wendy Roberts, "The Art of Narrative Distance: The Sun Tsu Approach for Writers," manuscript in preparation.

第 135 页 **"1805 年 10 月"**: See *War and Peace,* trans. Richard Pevear and Larissa Volokhonsky (New York: Vintage, 2008), p. 112.

第 137 页 **"用这种空洞的叙述声音"**: The phrase is critic Wayne C. Booth's. See *The Rhetoric of Fiction* (Chicago: University of Chicago Press, 1961).

第 138 页 **"最终他选择牺牲小说家的传统特权"**: estowell.edublogs.org/files/ 2011/09/The-Principles-of-Uncertainty-in-Crime-and-Punishment-

1dwwd6z.doc.

第 138 页 **"弗朗辛·普罗斯和诺曼·梅勒一样"**: Francine Prose, *Reading Like a Writer*, p. 92.

第 138 页 **"也许，拉斯柯尔尼科夫"**: See Joseph Frank, "The Making of *Crime and Punishment*," in Robert M. Polhemus and Roger B. Henkle, *Critical Reconstructions: The Relationship of Fiction and Life* (Stanford, Calif.: Stanford University Press, 1994).

第 5 章 你说：对话的艺术和技巧

第 142 页 **"又被我去掉了"**: Di Trevis, in a talk at the 92nd Street Y, January 2014.

第 142 页 **"如果一本书没有图画或对话"**: Nell Leyshon, "Dialogue," *The Author*, Winter 2013, p. 128.

第 143 页 **"在《傲慢与偏见》中，对话处于核心的地位"**: Azar Nafisi, *Reading Lolita in Tehran: A Memoir in Books* (New York: Random House, 2003), p. 268.

第 144 页 **"太多情节"**: Sebastian Faulks, *On Fiction: A Story of the Novel in 28 Characters* (London: BBC Books, 2011), pp. 59–60.

第 145 页 **"皮埃尔看到每个人，每个人都在冲他和伊莲娜微笑"**: Leo Tolstoy, *War and Peace*, trans. Richard Pevear and Larissa Volokhonsky (New York: Vintage, 2008), p. 212.

第 148 页 **"如今读一页"**: Quoted in Charles Burkhart, ed., *The Art of Ivy Compton-Burnett* (London: Gollancz, 1972), p. 55. For this discussion of Compton-Burnett's use of dialogue cf. Jeanne Perry Sandra, *Disclosure and Ivy Compton-Burnett: A Guide to Reading Her Dialogue Novels* (Seattle: University of Washington Press, 1977); Frederick R. Karl, "The Intimate World of Ivy Compton-Burnett," in *A Reader's Guide to the Contemporary English Novel* (New York: Farrar, Straus and

Cudahy, 1962), pp. 201–219; and Walter Allen, *The Modern Novel* (New York: Dutton, 1964), p. 191.

第 148 页 **"她好像将我们从高空抛下"**: Francine Prose, introduction to Ivy Compton-Burnett, *A House and Its Head* (New York: New York Review Books, 2001).

第 149 页 **"磨成对话的碎末，得不偿失"**: Edith Wharton, *The Writing of Fiction,* p. 54.

第 150 页 **"厄特森，把枪放下！"**: Stephen King, *On Writing* (New York: Scribner, 2010), p. 120.

第 150 页 **"'哦！'拉尔夫咆哮道"**: Charles Dickens, *Nicholas Nickleby* (New York: Barnes and Noble), pp. 42–46.

第 151 页 **"读者无意识的评判"**: Anthony Trollope, *An Autobiography,* quoted in *Best Advice on How to Write,* p. 33.

第 152 页 **"这个问题很有意思"**: Tim Parks, "Poor with Words," letter in *The*

London Review of Books, July 28, 2011, p. 4.

第 153 页　**"1968 年，汤姆·斯托帕德写了"**：Tom Stoppard, *The Real Inspector Hound* (London: Samuel French, 1968), p. 15.

第 157 页　**"却并不代表"**：See Kingsley Amis, *The Paris Review,* No. 64, Winter 1975. "从定义来看，小说家算是模仿者。"艾米斯本人就是很棒的模仿者，可创造一系列不同的声音—不仅限于书页，谈话中也是。

第 157 页　**"忠实模仿现实话语的叙述风格"**：David Lodge, *The Art of Fiction,* p. 18.

第 158 页　**"从某种意义上来说"**：David Lodge, ibid., p. 172. He also mentions what he calls "the ultimate telephone novel" —*Vox* by Nicholson Baker.

第 158 页　**"修改方言时，我反复说"**：See Andrew Levy, *Huck Finn's America* (New York: Simon and Schuster, 2015), p. 44.

第 159 页　**"我跟到哈特丽家"**：John Crace, "The Sea, The Sea," *The Guardian,* January 21, 2010.

第 160 页　**"应一家可随意提出修改意见的知名出版商要求"**：Paul Scott, *On Writing and the Novel,* p. 49.

第 160 页　**"同一句话中"**：James Wood, "Away Thinking About Things," *The New Yorker,* August 25, 2014, p. 68.

第 162 页　**"大脑需要同时用两种不同的方式处理"**：See Jonah Lehrer, "The Eureka Hunt," *The New Yorker,* July 28, 2008, p. 40.

第 163 页　**"她给人的整体印象比较平淡"**：Thomas Mann, *Buddenbrooks,* trans. H. T. Lowe-Porter (Harmondsworth: Penguin, 1957), pp. 67, 159.

第 6 章　秘密活板门：讽刺的力量

第 167 页　**"别忘了讽刺"**：See Joachim Fest, *Not I: Memoirs of a German Childhood,* trans. Martin Chalmers (New York: Other Press, 2014).

第 168 页　**"可将讽刺定义为"**：Julian Barnes, *A History of the World in 10 1/2 Chapters* (London: Vintage, 1990), p. 54.

第 169 页 **"表示发现出乎意料的讽刺"**: August Boehm, "Boehm on Bridge," *Bridge Bulletin,* December 2012, p. 47.

第 169 页 **"绝非毫无讽刺"**: Kafka, *The Trial,* postscript to the first edition (1925) by Max Brod (New York: Knopf, 1957), p. 327.

第 170 页 **"像讽刺一样疼痛"**: Ali Smith, *Artful* (New York: Penguin, 2013).

第 170 页 **"发现了讽刺"**: Meg Wolitzer, *The Interestings* (New York: Riverhead, 2013).

第 170 页 **"有时，（斯万）还会不由自主地"**: Marcel Proust, *Remembrance of Things Past,* Vol. 1 (London: Chatto, 1965), p. 290.

第 174 页 **"绝不直接表达想法"**: Søren Kierkegaard, *On the Concept of Irony with Continual Reference to Socrates,* trans. Lee M. Capel (Bloomington: Indiana University Press, 1975), p. 86.

第 174 页 **"外在和内在"**: Ibid., p. 50.

第 174 页 **"看到树"**: Ibid., p. 56.

"孩子多大时可以告诉她，她很讽刺？"

第 175 页 **"一扇秘密活动板门突然打开了"**: Lila Azam Zanganeh, "His Father's Best Translator," *The New York Times Book Review,* July 22, 2012, p. 31.

第 175 页 **"小说中，二加二总是大于四"**: Flannery O'Connor, "Writing Short Stories," *Manners and Mysteries* (New York: Farrar, Straus and Giroux, 1970), pp. 99, 102.

第 177 页 **"可能会看到他"**: Hilary Mantel, *Wolf Hall* (New York: Holt, 2009), P. 186.

第 179 页 **"倾向于情绪频谱上冷漠的一端"**: Roxana Robinson, "The Big Chill," *The New York Times Book Review,* January 7, 2001.

第 180 页 **"观众与你合作写故事"**: David Carr, "HBO Bets on Two Thoroughbreds," *The New York Times,* January 29, 2012, p. AR1.

第 180 页 **"1946 年"**: See "Animal Farm: What Orwell Really Meant," *The New York Review of Books,* July 11, 2013, p. 40.

第 181 页 **"卡夫卡才一直没给许多故事安排结局"**：这个观点来自阿尔贝托·曼古埃尔《阅读史》，第 92 页。物理学家罗伯特·奥本海默（Robert Oppenheimer）曾评论道："准确来说，哲学中比诗歌更甚。隐含的缺失才是论点的诱因。"

第 181 页 **"从故事中刻意抽走一些材料"**: Rudyard Kipling, *Something of Myself: For My Friends Known and Unknown* (London: Penguin Classics, 1987), p. 156. Richard Holmes, in his introduction, calls this "implied" narrative. 理查德·霍姆斯在他的导读中称之为"隐性"叙述。

第 182 页 **"西比尔，你知道它们会做什么吗？"**: J. D. Salinger, "A Perfect Day for Bananafish," *The New Yorker,* January 31, 1948.

第 184 页 **"文字透露的"**: Quoted in David C. Lindberg, *Theories of Vision from al-Kindi to Kepler* (Chicago: University of Chicago Press, 1996); cf. Alberto Manguel, *A History of Reading,* p. 39.

第 184 页 **"除了显露的部分，水下还有 7/8"**: See also John McPhee, "Omission:

Choosing What to Leave Out," *The New Yorker,* September 14, 2015, pp. 42–49.

第 184 页　**"艺术不只是"**: See Penelope Niven, *Thornton Wilder: A Life* (New York: Harper, 2012).

第 184 页　**"据说国际象棋是在血泊中诞生的"**: Paolo Maurensig, *The Lüneburg Variation* (New York; Holt, 1998), p. 1.

第 186 页　**"结束了，作者似乎"**: 说出一切只会削弱效果，不过还是来一段：我猜弗里希和梅尔回到老纳粹军官家，再次展开以生命为赌注的较量——不过这次是赌弗里希的性命。棋盘是塔博里多年前辛辛苦苦拼凑缝制在一起，用于在集中营下棋的，这是他赠给梅尔的告别礼物。梅尔用师傅传授的绝技吕内堡战术获胜，两人走进整洁的花园，到底是弗里希自杀，还是允许梅尔杀了他，已经毫不重要：输了就要付出代价。

第 7 章　用叙事抓住小说

第 191 页　**"亚里士多德认为情节"**: Aristotle, *Poetics,* 23.1459a.

第 194 页　**"故事是我们日常生活中最重要的亮点之一"**: Christopher Booker, *The Seven Basic Plots: Why We Tell Stories* (London: Continuum, 2004), p. 2.

第 198 页　**"这些讲座的内容出版成书"**: See E. M. Forster, *Aspects of the Novel.*

第 198 页　**"故事仅有最直白的"**: Terry Eagleton, *How to Read Literature,* p. 115.

第 199 页　**"依我看，故事和小说"**: Stephen King, *On Writing,* p. 159.

第 200 页　**"好作家迫不得已才用"**: Ibid., p. 160.

第 200 页　**"像卖薄烤饼似的"**: Ibid., p. 164.

第 200 页　**"很不一样"**: Ibid., p. 167.

第 201 页　**"精致的谜"**: Edith Wharton, *The Writing of Fiction,* p. 61.

第 201 页　**"第 一 要 事"**: Dorothy Sayers, "Aristotle on Detective Fiction," *Fiction:*

A Collection of Critical Essays, ed. Robin W. Winks (Englewood Cliffs, N.J.: Prentice-Hall, 1980).

第 202 页 **"布鲁姆在一本书中称赞克蒙德"**: Harold Bloom, *The Shadow of a Great Rock* (New Haven: Yale University Press, 2011), pp. 232–233.

第 202 页 **"谋杀案要有强大的情节"**: Joan Acocella, "Doubling Down," *The New Yorker,* October 8, 2012.

第 203 页 **"A 类小说家"**: Martin Amis, *The War against Cliché.*

第 205 页 **"我看不出这有何意义"**: Henry James, "The Art of Fiction," *Longman's Magazine,* 1884. 詹姆斯创作此文是为了反击瓦尔特·贝赞特爵士（Sir Walter Besant）的讲座《小说是美术的一种》(*Fiction as One of the Fine Arts*)，其中贝赞特称情节比人物刻画更重要。

第 206 页 **"倘若故事没有"**: E. M. Forster, *Aspects of the Novel,* pp. 126–127. 怎样让情绪和叙述相契合呢？彼得·邓恩（Peter Dunne）在他的著作《情感结构：在情节之下创作故事》(*Emotional Structure: Creating the Story Beneath the Plot*)中建议，在索引卡片上写下场景标题，迅速写下关于情节的笔记，切记，只写重点。将卡片反过来，写下该场景情绪内容，迅速记下关于情绪变化的内容。如此翻动卡片能逼迫你思考这种场合下人物的真实体验，以简单却更强大的方式将内在和外在冲突联系起来。

第 206 页 **"我坐下，又用了 9 天的时间"**: Ray Bradbury, *Fahrenheit 451* (New York: Del Rey, 2004), p. 111.

第 8 章　思维的波浪：散文写作中的节奏

第 209 页 **"有两种书面语"**: Ezra Pound, *ABC of Reading* (New York: New Directions, 1960), p. 20.

第 209 页 **"真正的智者"**: Alexander Pope, *An Essay on Criticism*, Pt. II.

第 211 页 **"风格很简单"**: *Congenial Spirits: The Selected Letters of Virginia Woolf,* ed. Joanne Trautmann Banks (New York: Harcourt, 1990), p. 204.

第 211 页　"有节奏感的话语或文字"：Henry Watson Fowler, *Dictionary of Modern English Usage* (1926, reprinted by Oxford University Press, 2009).

第 212 页　"交响乐的展开"：John W. Crawford, *The New York Times*, May 10, 1925.

第 212 页　"关于 HB（布鲁斯特）的文字"：*Congenial Spirits: The Selected Letters of Virginia Woolf*, p. 282, letter dated March 23, 1931.

第 213 页　"如果作家不写诗"：Mary Norris, *Between You & Me: Confessions of a Comma Queen* (New York: Norton, 2015), p. 108.

第 214 页　"我们追求的和谐感"：Anthony Trollope, *An Autobiography*, Ch. 12.

第 214 页　"优秀的文字都带着乐感"：Willis S. Hylton, "Unbreakable," *The New York Times Magazine*, December 14, 2014, p. 43.

第 214 页　"我……下意识地让自己"：*The Letters of Robert Frost, Volume 1: 1886–1920*, ed. Donald Sheehy, Mark Richardson, and Robert Faggen (Cambridge, Mass.: Belknap Press, 2014), letter to John Bartlett, July 4, 1913.

第 214 页　"全靠耳朵"：Ibid., letter to John Bartlett, February 22, 1914.

第 215 页　"极度狂热"：*The Trial*, postscript to the first edition (1925) by Max Brod, p. 326.

第 216 页　"没有朋友在场"：Frederick Brown, *Flaubert* (New York: Little, Brown, 2006).

第 217 页　"詹姆斯·伍德从《包法利夫人》中抽出了一句话"：James Wood, *The New York Times Book Review*, April 16, 2006, p. 11.

第 218 页　"在歌德的时代"：Milan Kundera, *The Joke* (New York: Harper Perennial, 1992), p. 321. 英雄所见略同。著名美国评论家艾伦·泰特（Allen Tate）认为："福楼拜让小说最终赶上了诗歌。"[*Essays of Four Decades* (New York: Morrow, 1970), p. 140]

第 218 页　"是第一个献身于"：Jorge Luis Borges, "Flaubert and His Exemplary Destiny," *Selected Nonfictions* (New York: Viking, 1999), p. 90.

第 219 页　"有时并无内涵"：E. M. Forster, *Aspects of the Novel*, pp. 210–215.

第 219 页　**"节奏意味着连贯性"**: See Frank Kermode, *The Sense of an Ending* (London: Oxford University Press, 1967), p. 118.

第 219 页　**"也许是乐感"**: Thomas Mann, *A Sketch of my Life*, p. 32.

第 220 页　**"小说中简单的节奏"**: E. M. Forster, *Aspects of the Novel*, p. 215.

第 220 页　**"许多人死了"**: See Kurt Vonnegut, *Letters*, ed. Dan Wakefield (New York: Delacourt, 2012), pp. 7–8, 49.

第 221 页　**"散文写作中节奏的主题，最精彩的论著"**: F. L. Lucas, *Style*, 1955, Ch. 10, "The Harmony of Prose," pp. 214–250; cf. Littlehampton Book Services, 1974.

第 223 页　**"骂得不太好"**: Mark Twain, *A Connecticut Yankee in King Arthur's Court*, Ch. 35. See Garry Wills, *Lincoln at Gettysburg: The Words That Remade America* (New York: Simon and Schuster, 1992), p. 161, where Wills discusses Lincoln's use of word order.

第 225 页　**"愤怒的山石"**: *A Midsummer Night's Dream,* Act 1, Scene 2.

第 226 页　**"我会把你们引得团团转"**: Ibid., Act 3, Scene 1.

第 227 页　**"她走在他身边"**: See Peter Mendelsund, *What We See When We Read*, p. 308.

第 229 页　**"我敢说我自己是"**: Henry James, *The Turn of the Screw*, Ch. 3, p. 15.

第 230 页　**"但（厄尼斯特）无心从政"**: Michael Holroyd, *A Book of Secrets* (New York: Farrar, Straus and Giroux, 2010), p. 21.

第 231 页　**"优秀的散文富于节奏感"**: "The Rhythm of Prose," by Robert Ray Lorant, originally published in *The Century Magazine*, 1920.

第 232 页　**"他们说，我应该辞职离开"**: Ross Thomas, *The Porkchoppers* (New York: Morrow, 1972), pp. 170–172.

第 234 页　**"随后，我碰巧读到了"**: See Melvyn Bragg, *The Book of Books*: *The Radical Impact of the King James Bible, 1611–2011* (London: Hodder, 2011), p. 125.

第 237 页　**"我常被语气和语言的倾向性吸引"**: John Lahr, "By the Book," *The New York Times Book Review*, September 21, 2014, p. 8.

"我想我终于找到了自己的声音。"

第 237 页 **"他糟糕的文字，风格的确易于模仿"**: Paul Hendrickson, author of *Hemingway's Boat* (New York: Knopf, 2011), lecture at CUNY, New York, November 2, 2011. 在随后评论海明威某一有声书版本时，亨德里克森写这位作家"改变了美国话语在书页上的形象和声音"。"An Audible Feast," *The New York Times Book Review*, May 19, 2013, p. 18.

第 9 章 "像佐罗那样"：描写性爱

第 239 页 **"性爱是我们最激烈的交流形式"**: Edmund White, *The New York Times Book Review*, October 3, 2013, pp. 14–15.

第 239 页 **"这令人大惊小怪的事情说白了就是一起睡"**: Evelyn Waugh, *Vile Bodies*, 1930.

第 240 页 **"'性爱'——这次不是牧师校长说"**: Iris Murdoch, *The Paris Review*.

第 240 页 **"每种语言划分禁忌的界限"**: George Steiner, "The Art of Criticism No. 2," *The Paris Review*.

第 241 页　"尼克森·贝克的《声音》"：See Sam Lipsyte, "Story of O," *The New York Times Book Review*, August 14, 2011, p. 10.

第 241 页　"也许女性的胸部"：See *Angélique* for other fruit metaphors: "as firm as apples" (p. 109), and "like a melon ripening under glass" (p. 131).

第 243 页　"是件难事"：Tom Fleming, "O Glorious Pubes!" *Literary Review*, December 2007/January 2008, p. 72.

第 245 页　"喘息喘息"：Tom Wolfe, *Back to Blood* (New York: Little, Brown, 2012). See a discussion of Wolfe's writing in Nathaniel Rich, "Things You Never Thought Possible," *The New York Review of Books*, November 22, 2012.

第 247 页　"所学的大部分内容"：Celia Brayfield, *Bestseller* (London: Fourth Estate, 1996), p. 125.

第 247 页　"人们的态度发生了改变"：See Faramerz Dabhoiwala, *The Origins of Sex* (London: Allen Lane, 2012).

第 249 页　"皆为一语双关"：See Elizabeth W. Harries, *The Cambridge Companion to Laurence Sterne*, ed. Thomas Keymer (Cambridge: Cambridge University Press, 2009).

第 249 页　"你肯定会伤到自己"：Jane Austen, *Mansfield Park* (Ware: Wordsworth Classics, 1993), p. 99.

第 249 页　"简·奥斯汀的天赋"：Edith Wharton, *The Writing of Fiction*, p. 48.

第 250 页　"我几乎看不见主人的脸"：Charlotte Brontë, *Jane Eyre* (New York: Norton, 1987), p. 225.

第 251 页　"维多利亚小说中最接近"：David Trotter, quoted in Rebecca Mead, *My Life in Middlemarch*, p. 190.

第 251 页　"塔利弗夫人边说"：George Eliot, *The Mill on the Floss* (London: Collins, date unknown), p. 10. See also the withered, flaccid Casaubon "shrinking with the furniture" in *Middlemarch*, pp. 321–32, and Grandcourt's "lively, darting ... lizard" in *Daniel Deronda*, p. 177.

第 252 页　"谨慎的手法"：See F. W. Maitland, *The Life and Letters of Leslie*

Stephen (London: Duckworth, 1906).

第 252 页 "不得体的直白": Thomas Hardy, *The Life and Work of Thomas Hardy*, ed. Michael Millgate (Athens: University of Georgia Press, 1985), p. 215.

第 253 页 "英语小说的新世纪": D. F. Hannigan in the *Westminster Review*, December 1892, reprinted in Claire Tomalin, *Thomas Hardy* (New York: Penguin, 2007), p. 230.

第 254 页 "这里满是": George Orwell, "Inside the Whale," pp. 11–12.

第 254 页 "生活脏手帕的一面": Ibid., p. 17.

第 255 页 "雪白闪亮的球": Observations taken from the foreword of the unexpurgated edition of *Sons and Lovers* (Cambridge: Cambridge University Press, 1992).

第 257 页 "她异乎寻常地服从了": Ibid., pp.163–164.

第 258 页 "很少有小说": Jacques Bonnet, *Phantoms of the Bookshelves*, pp. 29–30.

第 258 页 "性爱场景": Elizabeth Benedict, *The Joy of Writing Sex: A Guide for Fiction Writers* (New York: Holt, 2002).

第 260 页 "她正吃着左手银杯中黑樱桃酒的冰块": See Lisa Scottoline, "English Class with Mr. Roth," *The New York Times*, May 4, 2014, p. 9.

第 260 页 "我父亲曾经说": See Ben Hoyle, "Sex? It's Impossible to Do It Well, Especially If There's Any Emotion, Amis Tells Readers," *The Times* (London), October 11, 2010, p. 4.

第 261 页 "淘气的小问题": See *The New York Times Book Review*, October 6, 2013, pp. 14–17.

第 263 页 "疝气一般的尽心尽力": See Allan Gurganus, in conversation with Sir Ian Dunham, "Fear of Sex in Fiction": *The New Yorker*, October 8, 2013.

第 263 页 "伟大的性爱作家": See Claudia Roth Pierpont, "The Book of Laughter", *The New Yorker*, October 7, 2013, p. 35.

第 264 页 **"我猜厄普代克避免"**: Adam Begley, *Updike*, pp. 200–201. The novels quoted are *Gertrude and Claudius* (New York: Knopf, 2000); *Villages* (New York: Knopf, 2005); and *Seek My Face* (New York: Knopf, 2002).

第 265 页 **"本身不是关于性爱的"**: See George Hunt, *John Updike and the Three Great Secret Things: Sex, Religion, and Art* (Grand Rapids, Mich.: Eerdmans, 1980), pp. 117–120. This Jesuit priestscholar has become Updike's principal apologist.

第 10 章 审阅和修改（第一部分）

第 269 页 **"如果听起来像写文章"**: Elmore Leonard, *The New York Times*, July 16, 2001.

第 269 页 **"废纸篓"**: Isaac Bashevis Singer, *Isaac Bashevis Singer: Conversations*, ed. Grace Farrell (Jackson: University Press of Mississippi, 1992). However, Singer was hardly the first to give such advice. Robert Graves, in *Goodbye to All That*, has his Charterhouse headmaster deliver the same comment (p. 5).

第 269 页 **"我手中有一本薄薄的册子"**: See *Two Chapters of Persuasion*, Printed from *Jane Austen's Autograph* (Oxford: Clarendon Press, 1926).

第 270 页 **"就自己的行为向安妮作了大段解释"**: See pp. 20–21 in Oxford University Press edition of *Persuasion*, pp. 430–432 in the Doubleday edition.

第 271 页 **"最后两章"**: Claire Tomalin, *Jane Austen: A Life* (New York: Knopf, 1997), p. 258.

第 271 页 **"这处场景成了一段眉目传情的芭蕾"**: Carol Shields, *Jane Austen* (New York: Viking, 2001), p. 169.

第 272 页 **布克奖获得者阿兰达蒂·洛伊**: Siddhartha Deb, "The Not-So-Reluctant Renegade," *The New York Times Magazine*, March 9, 2014, p. 37.

第 273 页 **"画满了线"**: See Mary F. Sandars, *Honoré de Balzac: His Life and Writings*, p. 123.

第 273 页 **"约翰·契弗只穿平角短裤写"**: See Mason Currey, *Daily Rituals: How Great Minds Make Time, Find Inspiration, and Get to Work* (New York: Knopf, 2013), p. 110.

第 274 页 **"他一写剧本就不想停下"**: See Graham McCann, *Spike & Co.* (London: Hodder, 2007).

第 275 页 **"修改版听起来"**: For a fuller examination of how Henry James rewrote his novels, see James Wood, "Perfuming the Money Issue," p. 5.

第 275 页 **"玻璃杯碎了"**: Diana Athill, "Too Kind?" in "From the Pulpit," *Literary Review*, December 2004/January 2005, p. 1.

第 276 页 **"写书就像造珊瑚礁"**: See P. G. Wodehouse, *A Life in Letters*, ed. Sophie Ratcliffe (New York: Norton, 2013), letter to William Townend.

第 277 页 **"报纸把休格报道得太好了"**: Norman Mailer, *The Spooky Art*, p. 41.

第 278 页 **"将原稿撕成碎片"**: See Herbert Leibowitz, *"Something Urgent I Have to Say to You"*: *The Life and Works of William Carlos Williams* (New York: Farrar, Straus and Giroux, 2012). The story is told by Adam Kirsch in "The New World of William Carlos Williams," *The New York Review of Books*, February 23, 2012, p. 34.

第 278 页 **"你们有一位好管闲事的职员"**: Recalled by Sir Sydney Cockerell in a letter to *The Listener* (London), September 4, 1947.

第 280 页 **"每页都有修订"**: *The Letters of Nancy Mitford and Evelyn Waugh*, ed. Charlotte Mosley (London: Hodder, 1996), pp. 217–218.

第 284 页 **"据卡佛《纽约客》的编辑查尔斯·麦格拉斯说"**: Charles McGrath, "I, Editor Author," *The New York Times*, October 28, 2007, pp. 1, 5; and Motoko Rich, "The Real Carver: Expansive or Minimal?" *The New York Times*, October 17, 2007, pp. E1, E7.

第 286 页 **"磨得破破烂烂的打印稿"**: This description, and the editorial history of Golding's novel, is taken from John Carey, *William Golding: The Man Who Wrote Lord of the Flies* (London: Faber, 2009), pp. 150–169.

第 11 章　审阅和修改（第二部分）

第 291 页　**"修改了数遍"**: Vladimir Nabokov, *Speak, Memory*.

第 291 页　**"我完全站在剪刀这边"**: Truman Capote, *Conversations with Capote* (New York: New American Library, 1985).

第 294 页　**"感情用事、叙事薄弱"**: Jonathan Franzen, "On Autobiographical Fiction," *Farther Away*, p. 124.

第 295 页　**"文学只是木匠活"**: Gabriel Garcia Márquez, *The Paris Review*.

第 296 页　**"东西很少的时候"**: See Jonathan Coe, "Clutching at Railings," *London Review of Books*, October 24, 2013, p. 21

第 297 页　**"作家、评论家"**: Geoff Dyer, "Next Time, Try 'Unflagging,'" *The New York Times Book Review*, February 19, 2012, p. 17.

第 297 页　**"仅在英语中，每 98 分钟就会诞生一个新词"**: See lexicographer Jonathon Green, quoted in Andrew Taylor, "Grub Street," *The Author*, Spring 2015, p. 26.

第 298 页　**"先舞蹈，后思考"**: 这是贝克特的名言，但他从未写过这句话——没用这种形式写。

第 298 页　**"应保持标点符号的一致性"**: Robert Graves and Alan Hodge, *The Reader over Your Shoulder* (London: Macmillan, 1943).

第 298 页　**"逗号是文艺复兴鼎盛时期"**: See Mary Norris, *Between You & Me*. 她巧妙地加了一句："逗号，像修女一样，从不独行。"

第 299 页　**"想使文学语言更具经济性的人"**: Martin Amis, *The War Against Cliché*, p. 326.

第 300 页　**"聪明人也许可以成功掩盖"**: See Francine Prose, *Reading Like a Writer*, pp. 68–69.

第 301 页　**"莫雷尔谨慎地遵循"**: See David Morrell, "The Tactics of Structure,"

Lessons from a Lifetime of Writing: A Novelist Looks at His Craft
(London: Writers Digest Books), 2003.

第 301 页　**"天赋是在隐蔽中诞生的"**: Marilyn Monroe, interview with Richard
Meryman, *Life*, August 17, 1962.

第 301 页　**"假如说作家在某个问题上达成一致"**: Mark Slouka, "Don't Ask
What I'm Writing," *The New York Times*, August 25, 2013.

第 302 页　**"行行好吧校长先生"**: David Markson, *This Is Not a Novel* (Berkeley,
Calif.: Counterpoint, 2001), p. 113.

第 302 页　**"与其将文学视为技艺，我更乐意将它视为"**: Elif Batuman, *The
Possessed* (New York: Farrar, Straus and Giroux, 2010), p. 19.

第 302 页　**"并没什么功利主义可言"**: Nick Hornby, *Ten Years in the Tub* (San

"没什么，在读一本已故白人女作家的书。"

Francisco: McSweeney's, 2014), pp. 69–70.

第 305 页　**"我想写一位女人"**: Richard Holmes, in an email to the author, April 19, 2014.

第 306 页　**"重新开始，重新，重新"**: See Philip Larkin, "The Trees," *The Complete Poems* (New York: Farrar, Straus and Giroux, 2012).

第 12 章　终结的感觉

第 309 页　**"小说的结尾"**: Anthony Trollope, *Barchester Towers*, Ch. 53.

第 309 页　**"善有善报"**: Oscar Wilde, *The Importance of Being Earnest*, Act Ⅱ.

第 309 页　**"最后一章被称作"**: See "Ending," available at www.ap.krakow.pl/nkja/literature/konwersatorium/ending.htm.

第 310 页　**"精彩的有戏剧性的结尾"**: See Christian Lorentzen, "God Wielded theBuzzer," *The London Review of Books*, October 11, 2012, p. 9.

第 310 页　**"'创作结尾'时需要花点心思"**: See Edith Wharton, *The Writing of Fiction*, p. 38.

第 310 页　**"意愿或能力"**: Saul Bellow, *Letters, ed. Benjamin Taylor* (New York: Viking, 2010), *letter to Richard Chase*, 1959.

第 311 页　**"解释者欧文"**: 戴维·卡亨（David Kahane）写道："该死，在欧洲电影院，每一个人物都是解释者塞姆。表亲或堂亲在抽烟或喝咖啡时全裸，详细解释为什么他／她要和自己的父亲、母亲、兄弟姐妹、叔父伯父舅舅或某个陌生人在圣伯纳德或沙滩中睡在一起。"[Explaining *In the Morning: Meet Hollywood Sam*（*National Review*），April 12, 2007]

第 311 页　**"我们当然不能"**: Frank Kermode, *The Sense of an Ending*, p. 23; see also pp. 51, 145, 175.

第 312 页　**"一阵战栗"**: Sally Beauman, "Encounters with George Eliot," *The New Yorker*, April 18, 1994, pp. 86–97.

第 312 页　**"每一道界线既是开头"**: George Eliot, *Middlemarch*, Vol. 2, pp. 492–

500.

第 318 页 **"如果狄更斯希望匹普"**: See Rupert Christiansen, "Charles Dickens' *Great Expectations*,"an excellent blog (exec.typepad.com/greatexpectations). The most detailed study of the case is "Putting an End to Great Expectations," an essay by Edgar Rosenberg, published in the Norton Critical Edition.

第 322 页 **"哈克全部的道德危机感"**: The Sparknotes summary of Huck's situation at the end of the novel is quite cogent. See www.sparknotes.com/lit/huckfinn/section15.rhtml.

第 324 页 **"我们愿意相信"**: Francine Prose, "Bookends," *The New York Times Book Review*, February 9, 2014, p. 31

版权声明

插图部分

p. : Leo Tolstoy, by Nikolai Ge, © Tretyakov Gallery, Moscow

p. 2: The Three of Hearts, by Guido Zibordi Marchesi, © Lo Scara-beo

p. 15: "Good writing is hard work!" by Charles Schulz, © Universal Uclick

p. 82: Plagiarism silhoutte, © buzzle.com

p. 108: Five-Way Portrait of Marcel Duchamp, unidentified photographer, 1917; private collection, © Succession Marcel Duchamp / ADAGP, Paris / Artists Rights Society (ARS), New York 2015

p. 165: "Lost" sign, © Getty Images

p. 176: Paul Cézanne, *Hortense Fiquet Sewing,* c. 1880, The Samuel Courtauld Trust, The Courtauld Gallery, London

p. 187: Portraits of E. M. Forster and Stephen King, photographers unknown. Despite our best endeavors, we have been unable to find the copyright holders.

p. 208: The Salambos at an equilibrium performance, 1901, © Ullstein Bild/ Getty Images

p. 238: *Lady Chatterley* on the Underground, © Corbis

p. 261: Sidonie-Gabrielle Colette, ©Picture Post/Felix Mann and Kurt Hutton

p. 290: Cartoon by DeeRing2011, © Cartoonists Group

p. 307: *And They Lived Happily Ever After (Do They?)* (Dina Goldstein's Fallen Princess series), © Dina Goldstein

pp. 331-367: Cartoons © The Cartoon Bank, The New Yorker/Condé Nast

文字部分

感谢以下机构允许我引用先前出版或发表过的文字资料：

The New York Times c/o Pars International Corp: Excerpts from "The Naughty Bits" by Nicholson Baker, Sheila Heti, and Edmund White, originally published in *The New York Times*, October 6, 2013, copyright © 2013 by The New York Times. All rights reserved. Used by permission and protected by the copyright Laws of the United States. The printing, copying, redistribution or retransmission of this Content without express written permission is prohibited.

The New Yorker c/o The Cartoon Ban: Excerpt from "Away Thinking About Things" by James Wood, originally published in *The New Yorker*, August 25, 2014. Reprinted by permission of The New Yorker c/o The Cartoon Bank.

The Wylie Agency LLC: Excerpt from "A Tale of Two Novels" by Martin Amis, originally published in *The Observer*, copyright ©1980 by Martin Amis; excerpt from "New Novelist Is Called a Plagiarist" by Martin Amis, originally published in *The New York Times*, copyright ©1980 by Martin Amis; excerpt from "Martin Amis Fears Age Will Rob Him of His Literary Bite" by Martin Amis, originally published in *The Sunday Times*, copyright © 2009 by Martin Amis; "Amis: Sex Is Impossible for Writers and Embarrassing for Readers" by Martin Amis, originally published in *The Sunday Times*, copyright © 2010 by Martin Amis; excerpt from *The War Against Cliché* by Martin Amis (New York: Talk Miramax Books, 2001), copyright ©2001 by Martin Amis; excerpt from *The Spooky Art* by Norman Mailer (New York: Random House, an imprint and division of Penguin Random House LLC, 2003), copyright ©2003 by Norman

Mailer; excerpt from "Vladimir Nabokov, The Art of Fiction No. 40" interview by Herbert Gold, originally published in *The Paris Review,* Issue 41, Summer Fall 1967, copyright ©1967 by The Paris Review; excerpt from "Peter Carey, The Art of Fiction No. 188" interview by Radhika Jones, originally published in *The Paris Review*, Issue 177, Summer 2006, copyright © 2006 by The Paris Review. Used by permission of The Wylie Agency LLC.

The Wylie Agency LLC: Excerpt from *Letters* by Saul Bellow, ed. Benjamin Taylor (New York: Viking, 2010), copyright © 2010, The Estate of Saul Bellow, used by permission of the Wylie Agency LLC.

The Wylie Agency LLC: Excerpt from Malcolm Gladwell, "Something Borrowed: Should a Change of Plagiarism Ruin Your Life?" *The New Yorker,* copyright © by Malcolm Gladwell, 2004; used by permission of the Wylie Agency, LLC.

Melanie Jackson Agency, LLC: Excerpt from a letter by Thomas Pynchon reprinted by kind permission of Melanie Jackson Agency, LLC.

Transatlantica: Excerpt from Marc Chénetier, "An Interview with Steven Millhauser," reprinted from Transatlantica: American Studies Journal, 1 : 2003. transatlantica.revues.org/562.

图书在版编目（CIP）数据

像托尔斯泰一样写故事 /（英）理查德·科恩著；
徐阳译 . — 郑州：大象出版社，2019.12（2021.1 重印）
ISBN 978-7-5711-0311-8

Ⅰ.①像… Ⅱ.①理… ②徐… Ⅲ.①小说创作 - 创
作方法 Ⅳ.① H054

中国版本图书馆 CIP 数据核字 (2019) 第 192833 号

How to Write like Tolstoy
By Richard Cohen
Copyright © 2016 by Narrative Tension, Inc.
Published in the United States by Random House, an imprint and division of
Penguin Random House LLC, New York.
This Chinese edition published by arrangement with The Robbins Office, Inc. and
Aitken Alexander Associates Ltd.
Simplified Chinese edition copyright © 2019 Ginkgo(Beijing)Book Co., Ltd.
All rights reserved.

本书中文简体版权归属于银杏树下（北京）图书有限责任公司。

著作权合同备案号：豫著许可备字 -2019-A-0145

像托尔斯泰一样写故事

XIANG TUOERSITAI YIYANG XIE GUSHI

[英]理查德·科恩　著
徐阳　译

出 版 人　汪林中
责任编辑　杨　倩
责任校对　安德华　张迎娟
书籍设计　陈文德
出版发行　大象出版社（郑州市郑东新区祥盛街 27 号　邮政编码 450016）
　　　　　发行科　0371-63863551　总编室 0371-65597936
网　　址　www.daxiang.cn
印　　刷　北京汇林印务有限公司　电话：010-87645581-817
经　　销　全国新华书店
开　　本　889 mm×1194 mm　1/32
印　　张　11.75
版　　次　2019 年 12 月第 1 版　2021 年 1 月第 2 次印刷
定　　价　56.00 元

若发现印、装质量问题，影响阅读，请与承印厂联系调换。